성격, 아는 만큼 자유로워진다

성격, 아는 만큼 자유로워진다

지은이 | 이무석
초판 발행 | 2014. 3. 24.
22쇄 발행 | 2022. 9. 6.
등록번호 | 제3-203호
등록된 곳 | 서울특별시 용산구 서빙고로 65길 38.
발행처 | 사단법인 두란노서원
영업부 | 2078-3333   FAX | 080-749-3705
출판부 | 2078-3477

▌책 값은 뒤표지에 있습니다.
 ISBN 978-89-531-2030-3 03230

▌독자의 의견을 기다립니다.

tpress@duranno.com   www.duranno.com

두란노서원은 바울 사도가 3차 전도여행 때 에베소에서 성령 받은 제자들을 따로 세워 하나님의 말씀으로 양육하
던 장소입니다. 사도행전 19장 8-20절의 정신에 따라 첫째 목회자를 돕는 사역과 평신도를 훈련시키는 사역, 둘째
세계선교TIM와 문서선교단행본 · 잡지 사역, 셋째 예수문화 및 경배와 찬양 사역, 그리고 가정 · 상담 사역 등을 감
당하고 있습니다. 1980년 12월 22일에 창립된 두란노서원은 주님 오실 때까지 이 사역들을 계속할 것입니다.

성격

아는 만큼 자유로워진다

이무석 지음

두란노

어떤 그리스도인들 중엔, 기독교 신앙에는 심리학이나 정신 의학의 도움이 필요 없다고 생각하는 분들이 있습니다. 저는 그런 관점에 동의하지 않습니다. 창조주 하나님은 해와 비를 신자와 불신자에게 똑같이 허락하십니다. 이것을 신학에서는 '일반 은총' 혹은 '일반 계시'라고 부릅니다. 기독교 철학자 아더 홈스Arther F. Holmes는 "모든 진리는 하나님의 진리"라는 말을 했습니다. 프로이트Sigmund Freud가 발견한 진리도 그것이 특별 계시인 성경의 교훈을 거스르지 않는 한, 하나님의 진리입니다. 저는 그런 의미에서 그리스도인들의 건강한 자아 찾기를 위해 이무석 박사님이 쓰신 이 책을 모든 영적 지도자들과 성도들에게 '반드시 읽어야 할 책must-read'으로 추천하고 싶습니다. 한번 잡으면 놓기 어려운 이 책의 흥미진진한 이야기 속에서 우리 모두는 뜻밖의 회심을 경험할지 모릅니다.

이동원 지구촌교회 원로목사, 국제 KOSTA 이사장

목회 현장에서 관계의 어려움을 겪는 많은 분들을 만나게 됩니다. 관계의 어려움을 겪는 분들의 이면에는 두려움이 자리 잡고 있습니다. 그리고 두려움을 해결하기 위한 방어 기제로

성격, 아는 만큼 자유로워진다

벽을 쌓고 갈등을 일으킵니다. 관계의 문제는 개인의 영역에 국한되지 않고 가정과 공동체에 영향을 미치게 됩니다. 그래서 때를 놓치지 않고 제대로 다루는 것이 중요합니다. 이무석 박사님의 책, 『성격, 아는 만큼 자유로워진다』는 개인의 내면을 다뤄야 하는 목회자에게 깊은 통찰력을 제공해 줍니다. 자신의 행동을 이해하고 자신을 발견하는 데 유익한 이 책은 목회자뿐 아니라 성도들에게 많은 도움을 줄 것으로 기대합니다. 이 책을 통해 자신과 이웃 그리고 하나님과의 건강한 관계 회복이 있기를 소망합니다.

이재훈 온누리교회 담임목사

'성령께서는 어떻게 왜곡된 하나님의 형상을 회복시키실 까?' 하는 문제가 나에게는 오랜 화두였다. 그 대답을 이무석 박사님의 『성격, 아는 만큼 자유로워진다』에서 상당 부분 찾을 수 있었다. 기쁘다! "모든 진리는 하나님으로부터 나온다."는 칼빈John Calvin의 진술대로 정신분석학에서 발견한 진리가 있다 면, 그것은 하나님께서 우리에게 주신 일반 은총이며 진리임을 믿는다. 특히 정신분석학의 이론들을 가지고 성경의 여러 인물들을 조명한 것을 보며 새로운 깨달음과 개안의 미소를 금할 수 없었다. 이 책이 신앙과 학문의 완숙한 통합의 모델로 한국 교회에 남게 되길 바란다. 그런 의미에서 진실한 신앙인이시며 한국 정신분석학계의 존경받는 원로이신 이무석 박사님의 이 책이 성화의 광야에서 헤매고 있는 우리들에게 길 안내를 해주는 내비게이션 같은 역할을 할 것이라고 믿는다.

이애실 생터성경사역원 대표, 「어? 성경이 읽어지네!」의 저자

살아 있는 것 중에 똑같은 것은 단 하나도 없습니다. 길가에 핀 꽃잎 하나도, 하늘을 나는 새 한 마리의 깃 하나도 모두 다르게 생겼습니다. 하나님이 그렇게 만드셨고, 그 안에서 아름다운 조화를 바라셨습니다. 우리의 내면도 마찬가지입니다. 사람마다 각각의 성질이 다르고, 울고 웃는 감정 포인트가 다릅니다. 그러나 우리는 겉모습의 다름은 개성으로 여겨도, 속모습의 다름은 쉽게 용납하지 못합니다. 자신과 '다름'을 '틀림'으로 여기고 정죄의 화살을 쏩니다. 모든 관계의 원흉이 여기에서 비롯됩니다. 한 발짝 물러서서 이해하고 받아들이려 하기보다는, 한 발짝 다가가서 힘차게 밀쳐 내고자 하기 때문입니다.

성격, 아는 만큼 자유로워진다

이무석 박사님의 『성격, 아는 만큼 자유로워진다』는 얽히고 꼬인 관계의 실타래를 푸는 키로 '성격'을 제시하고 있습니다. 우리의 내면을 조성하고 있는 성격을 이해하고 그것을 받아들일 때, 이 땅에서 천국을 누리는 조화로운 삶을 살 수 있다고 이야기합니다. 특별히 성경 속 인물들의 성격을 관찰하고 분석하는 저자의 깊은 통찰은 성경을 이해하는 새로운 접근법이 될 것입니다. 또 그러한 이해가 우리의 가정, 교회, 학교, 직장 등에 번져 하나님이 주시는 진정한 자유를 경험케 하는 계기가 될 것이라고 믿고 이 책을 추천합니다. 성격을 이해하는 일, 우리의 가정을 살리고 교회를 살리는 하나님 나라의 열쇠입니다.

박수웅 국제 KOSTA 강사, 『우리 사랑할까요?』의 저자

내가 정신과에 입문한지 42년이 되었다. 그중 30년은 의과 대학에서 후학들에게 정신과에 대해 가르쳤다. 논문도 118편을 썼다. 나의 주된 관심은 '사람이 왜 정신 질환에 걸리는가?' 그리고 '어떻게 하면 치료되는가?'였다. 그동안 수백 명의 정신 질환자들을 보았다. 정신 분열증, 우울증, 공황 장애 등 환자들은 말로 다 표현하기 어려운 고통을 겪고 있었다. 정신과에 입문한 초년기에 나는 정신 질환의 원인이 스트레스에 있다고 생각했다. 몸이 과로하고 시달리면 병이 나듯이, 마음도 스트레스 때문에 시달리고 고통을 받으면 그 결과 우울증 같은 정신 질환이 발병한다고 믿었다. 그래서 치료법을 스트레스의 원인에서 찾고자 집중했고, 환자들이 스트레스를 찾고 관리하는 것 stress management 을 도왔다. 예상대로 치료 효과가 좋았다.

예컨대, 사위에게 돈을 사기당한 후, 사소한 일들에 대해 심하게 절망하거나 극도의 후회·불안·초조 증상이 나타나는 '초조성 우울증'에 빠졌던 시골 부자가 있었다. 불안하고 고통스러워서 죽고 싶다고 호소했다. 그분은 그 돈을 포기하고 나서 마음의 평안을 찾고 잠도 잘 자게 되었다. 그분은 웃으며 "이제 살 것 같네요. 그 동안 지옥에 갔다 온 기분이에요."라고 말했다. 나는 보람을 느꼈다.

그런데 일이 그렇게 단순하지가 않았다. 정신과 경력이 쌓여 갈수록 차츰 회의가 들기 시작했다. 그것은 똑같은 스트레스를 받아도 어떤 사람은 심한 정신병에 걸리는데 다른 사람은 아무 일 없이 잘 사는 것을 보았기 때문이었다. 스트레스에 대해서 유난히 약한 사람이 있는가 하면 아주 강한 사람도 있었다. 어떤 사람은 남편의 외도, 사업 실패, 부인의 죽음 같은 스트레스 때문에 병이 드는데, 반면에 어떤 사람은 건강했다. 스트레스에 대한 취약이 문제였다. 이 취약성은 개인차가 컸다. 이 개인차는 성격에서 나오고 있었다.

예컨대, 자아가 건강한 사람은 남편의 외도와 같은 스트레스를 받아도 정신병에 걸리지 않았다. 물론 속은 상하고 말할 수 없이 괴롭기야 하지만…. 따라서 치료를 위해서는 성격 문제를 다루지 않으면 안 되게 되었다.

S는 30대 여성이다. 유난히 남들에게 인정받아야 마음이 편해지는 성격으로, 이런 성격의 사람은 '인기 수입'이 떨어지면 우울해진다. 어느 날 S는 사람들이 모두 자기를 버리고 떠나 버린 것 같은 기분에 빠졌다. 마치 우주 고아가 된 기분이었다. S는 이런 기분을 자주 느꼈다. 외롭고 고통스러워서 죽고 싶을 정도였다. 그러나 S가 실제로 그렇게 외로운 사람은 아니었다.

친구도 많고 사랑하는 남편과 자식들도 있었다. S가 이런 기분에 빠진 이유는 단 하나였다. 며칠 전에 여고 동창 모임에 갔는데 친구들이 저희들끼리만 이야기했다는 것이다. 자기에게 관심을 주는 친구가 하나도 없었다고 했다. 돌아오는 차 안에서 우울함이 몰려들었다. 이렇게 무시당하고 사는 자신이 한없이 초라하고 비참했다. 집에 돌아와도 매사에 짜증만 났다. 애들도 귀찮고 마음에 드는 게 하나도 없었다. 동창들의 관심을 받지 못한 것이 문제였다. '인기 수입'을 잃어버린 것이었다. 이건 성격 문제였다. 스트레스 때문이 아니었다.

성격은 파악하기가 쉽지 않다. 오랜 시간의 경험이 만들어낸 것이기 때문에 고치기도 어렵다. 우리는 갑자기 하늘에서 뚝 떨어진 존재가 아니다. 유년기에서부터 오늘에 이르기까지 다양한 인간관계 속에서 우리의 성격이 만들어졌다. 이런 경험들, 특히 유년기의 경험들은 대부분 무의식 속에 숨어 있다. 숨어서 우리의 행동을 조종한다. 무의식에 숨어서 우리 행동을 지배하는 이 부분을 정신 분석에서는 '무의식적 갈등'이라고 한다. 이 부분을 발견하고 이해하는 것이 성격을 치료하는 방법이다. 아주 단순하게 말한다면, '성격 이해가 곧 치료'인 것이다.

올해로 내 나이 일흔이 되었다. 요즈음 환자를 치료하면서 '이해가 곧 치료'라는 말이 자주 떠오른다. 지난 42년간 내

성격, 아는 만큼 자유로워진다

가 환자들을 통해서 배운 것이 이것이다. 인간의 내적인 고통은 스트레스에서 오는 것이 아니다. 그보다는 성격 문제 때문이다. 환자가 자신의 성격 문제를 이해하도록 도와주는 것이 치료의 핵심이다. 정신과 의사와 정신 분석가로서 나는 이 일을 주로 하고 있다.

이 책에서는 먼저 '성격이란 무엇인가?'를 다루었다. 이 부분은 성격에 대한 내 강의를 녹취해서 정리한 것으로, 주로 정신 분석의 입장에 기초해 있다. '어떤 성격이 건강한 성격인가?'에 대한 내용이다.

또 정신 의학에서 말하는 '성격 장애의 11가지 유형'에 대해서도 설명했다. 독자들은 이를 통해 자신의 성격이 갖는 특성을 발견할 수 있을 것이다.

내가 장로가 된 지 어느덧 30년이 되었다. 그동안 교회 안에서도 참으로 다양한 성격들을 만났는데, 이들에게도 성격 장애의 11가지 유형이 보였다.

성경 속 인물들의 성격 분석도 했다. 이삭, 야곱, 요셉, 모세, 사울 왕 등이다. 바울과 베드로도 소개했다. 거라사 귀신 들린 자를 모델로 정신 질환자와 귀신 들린 자의 구별도 해 보았다.

내가 목사님들의 설교를 들을 때 가장 감동받는 부분이 있다. 그것은 성경 속의 위인들도 현대를 사는 우리와 다를 바 없는 성정을 가진 인간이었다는 말씀을 들을 때이다. 마치 박제되었던 독수리가 살아나서 창공을 날아오르는 것 같았다. 친근감을 느꼈다. 성경 속의 위인들도 나처럼 분노하고 질투했다. 그들도 나처럼 열등감으로 괴로워했던 것이다. 때로는 시기심으로 몸을 떨기도 했고, 나처럼 유치하기도 했다. 제 욕심 채우려고 거짓말도 하고 살인도 저질렀다. 그들도 나처럼 상처받았고 양심의 가책으로 괴로워했던 것이다.

그러나 그럼에도 불구하고 어떻게 그들은 이런 유치한 성격을 갖고도 성경 속의 위인이 될 수 있었던 것일까? 나는 이것이 궁금했다. 내가 찾은 답은 두 가지다.

하나는, 인간적 측면에서 얻은 답이다. 그것은 성경 속의 위인들은 인생의 어떤 상황에서도 하나님을 인정했기 때문이었다. 유혹받는 순간에도 하나님을 생각했다. 욕먹고 비난받는 순간에도 하나님을 생각했다. 절망적인 순간에도 거기 하나님이 계심을 알았다. 위인과 범인의 차이가 이것이었다.

두 번째 답은, 성경 속의 위인들이 모두 하나님의 전폭적인 사랑을 받았다는 것이다. 무능하고 열등감 덩어리였음에도 불구하고 하나님은 그들을 용서하시고 지지해 주셨다. 교활한 욕심쟁이였음에도 불구하고 하나님은 그들을 사랑하시고 사명

성격, 아는 만큼 자유로워진다

을 맡기셨다. 하나님의 사랑을 받기 위해서 외모가 출중할 필요는 없었다. 능력이 모자라고, 소유가 보잘것없고, 심지어 도덕적으로 청결하지 못해도 그들을 향해 넘쳐흐르는 하나님의 사랑을 제한할 수는 없었다. 이것이 은혜였다. 어머니의 사랑을 논리적으로 설명할 수 없듯이, 하나님의 사랑도 논리적으로 설명할 수는 없을 것이다. 다만 은혜로 알고 감사할 뿐이다.

정신 분석은 자기를 발견하는 작업이다. 특히 자기 성격을 이해하는 작업이다. 이 책과 성경의 인물들을 보면서 독자들이 이웃을 이해하는데 도움이 되기를 바란다. 특히 자기의 진짜 모습을 발견할 수 있기를 진심으로 바란다. 그리고 자신에게 좀 더 너그러워졌으면 좋겠다.

이 책이 세상 빛을 볼 수 있도록 해 준 두란노서원에 감사드린다. 그리고 언제나 나의 일 번 애독자인 아내 문광자에게 이 책을 줄 수 있어서 기쁘다.

2014년 삼월에
청담동 정신 분석 연구소에서
교육 및 지도 정신분석가, **이무석**

목차

PART 1 성격을 알면 사람이 보인다
: 성격이란 무엇인가?

PART 2 성격 때문에 불행한 사람들
:성격 장애의 11가지 유형

"정신 분석의 창시자 지그문트 프로이트는
1923년 인간의 성격이 이드, 자아, 초자아
세 가지로 구성되어 있다고 설명했어요."

PART 1

성격을 알면 사람이 보인다

: 성격이란 무엇인가?

01

"성격은 그 사람의 행동 패턴이에요.
성격 때문에 사람이 행복하기도 하고
불행해지기도 하지요."

성격을 알면 삶이 행복해진다

이 책을 통해 정신 분석에서 성격을 어떻게 설명하는지 이야기하려고 해요. 이 책을 함께 읽어 가면서 당신의 마음속에서 문득문득 어떤 생각이 떠오를 거예요. 평소에는 그런 생각이 나면 '쓸데없이 왜 어릴 때 생각이 나는 거야.' 하고 무시했다면 그러지 말아요. 그런 기억들은 정신 분석적으로 매우 의미 있는 기억들이에요. 잘 따라가면 자기 성격을 이해할 수 있는 단서가 돼요.

너무 겁먹지는 말아요. 성격 이야기를 듣다 보면 어떤 부분은 꼭 자신의 이야기처럼 들리는 부분이 있어요. 그럴 때 마치 숨겨 두었던 부끄러운 부분을 들킨 것 같은 두려움이 엄습하지요. 나도 의대 다닐 때 정신과 시간에 이런 두려움을 느낀 적이 있었어요. 그런데 그럴 필요 없어요. 성격 이야기는 인간의 이야기이기 때문에 공통점이 많아요. 겁먹지 마시고 '아하, 내 모습에 저런 부분이 있었구나. 그래서 내가 대인 관계가 힘들었구나.' 하고 인정하는 것이 좋아요.

이렇게 자신의 성격 특성을 깨닫고 이해하는 것이 치유예요. 그게 성장의 출발이거든요. 그런데 안타까운 것은, 깨닫는 순간에 바로 치유가 되지는 않는다는 거예요. 그렇게만 된다면 얼마나 좋겠어요. 그런데 성격 문제는 오랫동안 익숙하게 사용하던 삶의 방식이기 때문에 쉬운 문제가 아니에요. 그렇게는 잘 안돼요. 그러나 이해하고 깨달으면 치유가 시작돼요. 이 글을 읽으면서 그런 경험을 하게 될 거예요. 읽다가 '저건 내 모습이야.' 하는 것을 발견했다면 그만큼 소득이 있는 거예요. 또 '아, 저건 우리 교회 이 집사 이야기네.' 그러면 그건 간접 경험이고요.

성격은 어렸을 때부터 여러 가지 경험이 농축되어서 만들어져요. 오늘 우리가 살아있는 것이 갑자기 하늘에서 뚝 떨어진 것이 아니잖아요? 여기까지 살아오면서 수없이 많은 경험들을 했을 거예요. 상처받은 아픈 경험도 있을 거고, 외롭고 슬픈 이야기들도 많을 거예요. 여러분이 살아온 이야기를 쓴다면 아마 소설을 써도 몇 권은 쓸 수 있을 거예요. 그런 긴긴 이야기들이 농축되어서 오늘의 성격이 만들어졌어요. 그리고 그 성격이 살다가 어떤 일을 당하거나 어떤 사람을 만났을 때 툭툭 튀어나와요. 그래서 어느 순간에 어떤 결정을 하는 것도 성격대로 하게 되고, 특징적인 반응을 보이게 되는 거지요.

A는 A처럼, B는 B처럼

성격을 정신 분석에서는 'lifelong behavior pattern'이라고 해요. 'lifelong', 즉 일생 동안 지속된다는 거죠. 'behavior

성격, 아는 만큼 자유로워진다

pattern', 즉 행동 패턴이에요. 사람들은 꼭 자기의 성격대로 행동해요. 예를 들어 볼까요?

내가 유럽에서 국제 학회를 끝내고 코치 투어를 했어요. 버스를 타고 유럽 단체 여행을 한 거예요. 여행을 하면 그 사람의 성격을 잘 알 수 있어요. 성격이 다 드러나기 때문이지요. 평상시에는 그렇게 교양 있는 척하고 내숭을 떨지만 여행할 땐 본색이 다 나와요. 그게 성격이에요.

우리 일행은 피렌체에 도착했어요. 가이드가 "내일은 우리가 가볼 곳이 많으니까 새벽 여섯 시까지 승차해 주세요. 수면에 방해가 되시겠지만 새벽 여섯 시까지 꼭 승차해 주셔야 합니다."라고 당부했어요. 저는 다음 날 새벽 여섯 시 전에 버스를 탔어요. 그런데 이미 타고 계신 분이 있었어요. 그래서 "어떻게 이렇게 일찍 나오셨습니까?" 했더니, "네, 일찍 일어나 나왔습니다." 그래요. "몇 시에 오셨는데요?" 하고 다시 물었더니 새벽 네 시에 왔대요. "아니 좀 더 쉬시지요. 어제 우리가 늦게 돌아왔으니 잠도 못 주무셨겠네요." 하니까 "네, 누워서 자려고 하니까 시차 때문에 잠은 안 오고, 이러다가 깜박 잠이 들면 새벽 여섯 시에 버스를 못 타지 싶었어요. 저 때문에 출발이 늦어지면 얼마나 미안합니까? 저는 그런 거 못 견뎌요. 그래서 안 자고 나와 버렸어요." 남에게 폐 끼치는 게 싫어서 잠을 안 자고 나와서 호텔 앞에서 서성거리고, 로비에도 가 보고 하다가 새벽 네 시에 버스에 올라와서 앉았다고 그러더라고요. 자기는 남에게 조금이라도 폐 끼치는 것을 못 견디는 사람이래요. 이 사람을 'A'라고 할게요.

　　그런데 새벽 여섯 시 반이 되었는데도 승차하지 않은 사람이 있었어요. 모두 승차를 했는데 한 사람이 안 나왔어요. 가이드가 애를 태우다가 호텔 방으로 뛰어올라 갔다 내려오더니 투덜거리는 거예요. 지금도 늦었는데 그 사람이 이제야 일어나서는 "나 샤워 좀 하고요." 하면서 샤워하러 들어갔다는 거예요. 조금 지나니까 그 사람이 왔어요. 이 사람을 'B'라고 할게요. 버스에 있는 사람들이 모두 화가 났어요. 일행 모두가 자기 때문에 한 시간 이상을 기다렸는데 B는 전혀 미안한 기색이 없었어요. 버스에 타더니 "Good morning, everyone!" 하고는 "자 출발합시다. 늦었어요." 하며 마치 자기가 제일 서두르는 사람처럼 행동했어요. 나는 몹시 불쾌했어요. '참 예의가 없는 사람이다. 자기밖에 모르다니.' 그러나 내색은 할 수 없었어요. 이것 또한 내 성격인 거지요.

　　버스가 출발하기 전에 가이드가 "여러분, 호텔 안에 잊고 온 물건 없는지 확인하세요. 카메라, 가방, 코트, 우산 등 잘 체크하세요. 가이드 하다 보면 꼭 차 떠난 후에 뭐 놓고 왔다고 해서 복잡하게 만드는 사람들이 있어요. 떠나기 전에 지금 체크하세요." 그러자 B가 "우린 없어요. 다 가지고 왔어요. 출발하세요. 출발! 출발!" 하는 거예요. 그렇게 차가 출발해서 아름다운 강을 따라 한 30분 정도 달리고 있었는데 갑자기 누군가 뒤에서 "내 바바리, 바바리!" 하는 거예요. 누굴까요? 누군지 알겠지요. B였어요. B가 자신의 바바리를 호텔에 두고 온 거였어

　　　　　　　성격, 아는 만큼 자유로워진다

요. 그땐 핸드폰도 없던 시절이라 강변의 휴게소에 내려서 공중전화로 그 호텔에 전화해 지금 우리가 어디로 가고 있으니까 거기로 보내 달라고 했어요. 그러느라 또 30분이 소요됐어요. B는 남들을 전혀 배려하지 않았어요. 오직 자기만 생각하죠.

점심 식사 시간이 되었어요. 가이드가 우리 입맛에 딱 맞는 좋은 식당을 예약해 놓았어요. 맛있게 먹다가 보니 배려형 A가 음식을 먹지 않고 있어요. "이렇게 맛있는 게 많은데 더 드시지 않고요?" 그러니까 "예, 먹고 있습니다." 그래요. 가만히 보니 A는 음식이 나오면 얼른 먹고 기다리고 있고, 얼른 먹고 기다리고 있고 그러는 거예요. 단거리 선수처럼 말이에요. 나중에 알고 보니 이분은 다른 사람들이 다 먹고 출발할 때, 자기 혼자 먹고 앉아 있으면 그 모습이 얼마나 민망하겠느냐는 거였어요. 그래서 얼른 먹고 대기하고 있다가 가이드가 "출발!" 그러면 일등으로 벌떡 일어나려고 했던 거죠. 마침 식사가 거의 끝났어요. 후식으로 과일도 먹고 차도 마셨어요. 가이드가 "이제 다 드셨죠? 출발할까요?" 그러자 "어, 나, 커피 한 잔만 더 마시고요." 하는 사람이 있었어요. 누굴까요? B예요. 여행하면서 보니까 가는 곳마다 A는 A같이 행동하고, B는 B같이 행동하더군요. 이것이 '행동 패턴'이에요. 바로 성격인 거죠.

교회에서 예배드릴 때도, 직분을 맡을 때도, 부부지간에도, 가는 곳마다 A는 A같이 행동하고, B는 B같이 행동을 해요. 그래서 성격 문제가 참 중요하지요. '내 인생이 왜 이렇게 불행하고 힘든가?' 그 원인은 성격에 있어요. 많은 사람이 '팔자소

관이다.', '운명이다.'라고 하지만 정신 분석에서는 '팔자소관'
이 아니고 '성격소관'이라고 해요. 성격이 A같은 사람은 매사
에 A처럼 행동하고, 성격이 B같은 사람은 매사에 B처럼 행동
을 해요. 그러니까 사람들이 B를 싫어하죠. 그래도 B는 끄떡없
어요. 뻔뻔할 정도로요. A 입장에서는 도저히 이해할 수 없지
만 그게 B의 성격인 거예요.

영적 성장을 방해하는 낮은 자존감

그런데 제가 보니까 성격은 영적 성장과도 관계가 있더라
고요. 교회를 20년이나 30년 다녀서 장로도 되고, 권사도 되었
는데 정직하게 말해서 자기 신앙 상태는 달라진 게 없다고 한
탄하시는 분들이 있어요. 하나님과 자기와의 관계, 즉 하나님
과의 친밀감 등을 살펴보면 10년 전이나 지금이나 똑같다는
거예요. 부끄러워서 누구에게 말도 못한대요. 성경도 많이 알
고 헌금도 잘하고 직분에 충성도 하지만 하나님은 항상 저만치
멀리 계신다는 거예요. 영적으로 성장하지 못한 거죠. 그 원인
이 뭘까요? 성격 때문이에요. 대개는 사람들이 '내가 성경 공부
를 게을리하고 새벽 기도에 나가지 못해서 그래.'라고 자신의
게으름을 탓해요. 그러나 그게 아닌 경우가 있어요. 진짜 이유
는 성격 때문인 경우가 많아요. 성격이 영적 성장을 가로막고
있는 거지요.

예컨대, 열등감이 많은 성격이 있잖아요? 자존감^{self-esteem}

이 낮은 경우를 열등감이 심하다고 해요. 자존감이란 '자기 가치감self-worth'을 말하는 건데, 사람들은 남의 점수만 매기는 것이 아니라, 스스로 자기 점수도 매겨요. 문제는 자기 점수를 높게 주는 사람이 있고 형편없이 낮게 주는 사람이 있다는 거예요.

자존감이 높은 사람은 자기가 가치 있는 존재라고 생각해요. '완벽할 필요도 없고, 미스 코리아일 필요도 없어. 그래도 나는 가치 있는 사람이야.' 이게 인간의 자존감이에요. '나는 하나님의 걸작품이야.' 이게 그리스도인의 자존감이거든요. 자존감이 높은 사람은 자기의 가치를 인정하는 사람이에요. 다이아몬드 좋아하죠? 다이아몬드를 싫어하는 사람은 없잖아요. 왜냐하면 가치가 있으니까요. 자존감이 높은 사람들은 자기가 다이아몬드처럼 가치 있는 존재라고 생각해요. 자기 가치를 인정하는 사람들은 사람들이 나를 좋아할 거라고 생각해요. 호감을 느낄 거라고 예상해요. '처음엔 몰라도 알면 알수록 나를 좋아하게 될 거야.' 자기 가치감을 가진 사람들은 이렇게 생각해요. 그런데 사람들이 모두 자기 가치감을 갖고 자신을 사랑할 것 같지만 그렇지 않아요. 자기를 인정해 주고 자기의 가치를 인정해 줄 것 같지만, 참 모순되게도 그렇지 않은 사람이 의외로 많아요.

저는 정신과 의사로서 이제껏 살아왔어요. 평생 인간의 내면세계를 들여다보며 살았어요. 정신과 의사 노릇한 지 42년이 되었으니까 긴 세월이죠. 그런데 많은 사람들, 특히 우울증이나 정신 질환을 앓는 사람들의 경우 자존감이 매우 낮다는 것을 알게 되었어요. 사람 만나기가 두려운 사람들, 대인 관계에 어려움을 겪고 있는 사람들은 자존감, 즉 자기 가치감이 형편 없어요. 심지어 '나는 쓰레기야.'라고 생각하는 사람들도 보았어요. '나같이 쓰레기 같은 놈을 누가 좋아하겠어. 아무도 좋아할 리가 없어.'라고 생각하는 거죠. 자기 가치감이 영점이 아니라 마이너스인 거고. 이런 사람들은 굉장히 우울해요. 삶이 어려워요. '모두 나에게 혐오감을 느낄 거야.'라고 생각하는 거예요. 심지어 '내게서 역한 냄새가 날지도 몰라.' 하고 걱정하는 사람도 보았어요.

자존감이 낮은 사람은 교회에 가도 불편해 해요. 왜냐하면 예배 시간에 옆에 앉은 사람이 자꾸 신경 쓰이거든요. '지금 이 사람은 내 옆에 앉은 걸 후회하고 있을 거야. 나는 혐오감을 주는 사람이니까. 나는 매력 없는 사람이니까.'라고 생각하는 거예요. 내 옆에 앉아서 '내가 어쩌다 이런 인간 옆에 앉게 되었을까' 하는 것 같아요. 그러다가 그 사람이 다른 쪽이라도 자꾸 쳐다보는 것 같으면 '응, 시작됐구나. 다른 쪽으로 자리를 옮기는 것은 이제 시간문제야!' 이런 생각을 해요. 옆 사람이 '언제 떠나나?' 항상 마음을 졸이고 있어요. 이렇게 불안하고 안쓰러운 삶을 살지요.

자존감이 낮은 사람들은, 자기 점수가 낙제점이기 때문에 사람들이 내 가치를 인정해 주지 않을 뿐만 아니라 혐오감을 느낄 거라고 생각해요. 아무도 자신을 좋아할 리가 없다고 생각해요. 이게 아주 큰 문제예요. 이런 낮은 자존감을 가지고 있

성격, 아는 만큼 자유로워진다

는 것은 성격 때문이에요. 성격 내면에 자기를 평가하는 초자아라는 부분이 있어요. 초월적으로 자아 위에서 자기를 평가한다고 해서 초자아라고 해요. 이 초자아가 자기 점수를 사정없이 깎는 거예요. '바보 같은 인간아. 이 한심한 인간아. 뭐 하나 제대로 할 줄 아는 게 있어야지. 뭘 제대로 해 봤냐. 아이고 언제까지 그렇게 살래. 끝까지 그렇게 살 거면 차라리 죽어라. 죽어!' 그래서 자살을 하는 거예요. 이게 성격 내면에서 굉장히 강력하게 작용해요.

낮은 자존감은 영적 성장을 방해해요. 이런 낮은 자존감 문제를 영적 성장과 관련지어 보면 이래요. '내가 나를 봐도 싫은데, 이렇게 혐오스럽고 형편없는 나를 하나님이신들 좋아하실 리가 있겠어?'라고 생각하는 거예요. 인간의 심정이라는 게 그래요. 누군가 나를 좋아하면, 그 사람을 자꾸 만나고 싶어요. 핸드폰으로 전화할 때도 "내가 네 전화 얼마나 기다렸는데, 왜 이제 전화해." 하고 반가워하는 사람에게는 막 전화하고 싶겠지요. 그런데 나를 싫어하는 사람에게는 전화도 하고 싶지 않아요. 자존감이 낮은 사람은 전화할 때도 고민을 많이 해요. 친구에게 전화할 일이 있을 때도 '친구가 지금 바쁠 텐데 이따가 하자.' 그러다가 또 핸드폰을 들고 '지금 점심 식사 중일지도 모르니 이따가 하자.' 또 핸드폰 들었다가 '이렇게 늦은 시간에 전화하면, 귀찮아할 텐데….' 하며 결국엔 전화를 못 하고 말아요. 들었다 놨다만 하지요. 상대방이 내 전화를 받고 반가워할 것이라는 기대가 안 드는 거예요. 나를 싫어할 것 같은 거예요.

그래서 자존감이 낮은 사람들은 전화할 때도 이렇게 타이밍을 놓치곤 해요. 인간은 자기를 싫어하는 사람에게 접근할 수 없어요. 어지간히 통 큰 사람이 아니고는 그게 참 어려워요.

이처럼 낮은 자존감을 가진 사람들은 대인 관계가 참 불편해요. 예를 들어, 시어머니한테 며느리가 혼났어요. "너는 음식도 못하고 도대체 뭘 배우고 시집왔냐?"라고 한마디 들었을 때 자존감이 높은 며느리는 어떤 생각이 딱 떠오르느냐면, '어머님이 지금 나를 몰라서 그래. 차츰 나를 알면 좋아하실 걸.' 이러니까 주눅들 필요가 없어요. "어머니, 제가 공부만 하느라 음식 만드는 법을 못 배워 왔어요. 어머니가 가르쳐 주시면 제가 열심히 할게요. 신랑이 좋아하는 음식도 가르쳐 주세요." 시어머니는 이런 며느리를 미워할 수 없어요. 그런데 자존감이 낮은 며느리가 문제예요. 시어머니한테 그런 말을 듣는 순간 이런 생각이 떠올라요. '어머니가 드디어 나를 알기 시작했구나. 이런 애는 도저히 감당할 수 없겠다고 말씀하실 날이 곧 오고야 말거야.' 그때부터 시어머니 대하기가 굉장히 어려워져요. 시어머니가 전화라도 하시면 전화받기가 얼마나 불편하겠어요. 그러면 남편을 얼른 바꿔 줘요. 시댁 행사가 있을 때에도 핑계를 대고 빠져요. 나를 싫어하는 시어머니를 대하기가 너무너무 고통스러우니까요. '내가 하는 일마다 어머니는 싫어하실 거야.'라고 생각하면서요. 이러면 대인 관계가 굉장히 어려워지겠지요.

하나님과의 관계에서도 이 같은 일이 일어나요. 하나님 앞에서도 그런 심리가 작용해요. 이성적으로는 '하나님은 달라.

성격, 아는 만큼 자유로워진다

하나님은 그런 분이 아니야.' 그러는데 성격은 무의식을 지배하거든요. 무의식에서는 나도 모르게 하나님께서 나를 보시고 "보기 싫은 인간아! 왜 나타났느냐. 제발 내 앞에 나타나지 마라." 꼭 그러실 것 같은 거예요. 나를 굉장히 싫어하시고, 나를 만나는 것을 귀찮아하실 것 같은 생각이 들어요. 교회 모임에서 친구 이 집사가 감동적인 간증을 할 때도 '아, 이 집사는 참 좋겠다. 부럽다.' 하고 부러워하기만 해요. 그러면서 '그건 이 집사의 일이고, 목사님에게나 해당되는 일이지, 나와는 무관한 일이야.' 이러니까 하나님과 항상 거리가 있어요.

이런 분들이 주로 사용하는 것이 있는데, 하나님과 자기 사이에 가면을 딱 세워 놔요. 완벽의 가면이지요. "하나님, 앞으로 저는 기도도 열심히 하고, 전도도 열심히 하고, 성경도 열심히 보고, 죄도 짓지 않고 완벽한 사람이 될 거예요. 그러니까 앞에 있는 이 가면만 봐 주세요. 이 뒤에 있는 저는 보지 마시고요." 이런 신앙생활을 하는 거예요. 이렇게 되면 중간에 벽이 있으니까 하나님과 가까워질 수가 없죠. 이게 영적 성장을 결정적으로 방해해요. 친구 지간에도 가면을 쓰고 만나면 오래 사귀어도 가까워질 수가 없어요. 자신을 노출하면 할수록 서로 더 가까워지지요. 어떤 친구는 양체처럼 이기적인 거리를 두어요. 자기 좋은 것만 보여주고 약간 구린 데가 있으면 얼른 뒤로 숨기는 친구가 그런 친구지요. 이런 친구는 10년이 지나도 가까워지지가 않아요. 그러나 자기 어려움도 이야기하고, 괴로움도 이야기하고, 울기도 하고, 내 얘기 듣고 감동도 하는 친구는 굉장히 쉽게 가까워지지요.

하나님과의 관계에서도 마찬가지예요. 하나님께서 예수 그리스도를 우리에게 보내 주신 것은 우리가 잘나서도 아니고, 의로워서도 아니에요. "우리가 아직 죄인 되었을 때에 그리스도께서 우리를 위하여 죽으심으로 하나님께서 우리에 대한 자기의 사랑을 확증"롬 5:8하셨어요.

하박국서의 키워드는 '그럼에도 불구하고 사랑하신다.'예요. 내가 쌍꺼풀이 없음에도 불구하고 하나님은 나를 예뻐해 주세요. 내가 일류 대학을 안 나왔어도 하나님은 나를 인정해 주시죠. "그래도 괜찮아, 내게 넌 보석보다도 더 귀한 사람이야." 우리 집안이 굉장한 집안이 아니어도 하나님은 나를 사랑하시고, 예수님은 나를 대신해 죽으셨어요. 내가 날씬한 쇄골 미인이 아니어도 하나님은 나를 사랑하세요. "얘야, 뚱뚱해도 괜찮아. 내게 넌 어떤 꽃보다도 더 예쁜 아이란다."

그런데 어떤 그리스도인에게는 이런 말씀이 실감이 안 나요. 성격적으로 과도하게 자존감이 낮기 때문이지요. 그런 분에게는 이런 하나님이 이해가 안 돼요. 하나님의 말씀도 받아들여지지가 않아요. '누가 나 같은 걸 좋아하겠어? 내가 어느 정도 수준이 되어야 좋아하시지. 현재 내 모습은 아니야. 아닐 거야. 절대로….'

그러나 그렇지 않아요. 하나님은 인간과 다른 분이시잖아요. 하나님은 사랑이시죠. 내가 비록 부족해도 현재의 내 모습을 사랑해 주시지요. 그래서 은혜예요. 은혜란, 내가 받을 수 없는 것을 그분이 대가 없이 주시기 때문에 은혜예요. 내가 의롭고 잘나서 사랑하시는 것이 아니고, 사랑받을 만한 아무 조건이 없는데도 불구하고 사랑해 주시니 은혜예요. 다 용서해 주시고 자녀 삼아 주시니 은혜인 거예요.

그런데 우리가 알아야 할 것은 은혜를 체험한 사람만 하나님과 가까워질 수 있다는 거예요. 하나님의 은혜에 감격하고 울어 본 사람만 하나님과 가까워질 수 있어요. 그때 신앙이 자라지요. 그런데 자존감이 낮은 사람들은 그게 안돼요. 성격이 가로막고 있기 때문이지요. '하나님이 나 같은 인간에게 그러실 리 없어.' 하고 믿거든요. 이것도 하나의 믿음이에요. 이런 잘못된 믿음 때문에 신앙이 자랄 수가 없어요. 안타까운 일이지요.

실존 철학자 키르케고르^{Kierkegaard}의 말처럼 "신 앞에 선 단독자"로서 벌거벗은 내 모습을 그대로 하나님 앞에 내놓고 "내가 보기에도 너무 실망스럽고 혐오스러운 나를 사랑해 주신 하나님 정말 감사합니다. 십자가 형벌이라는 엄청난 대가를 치르시면서까지 나를 구원해 주신 예수님 너무 감사하고 감격스럽고 고맙습니다."라고 고백할 때 신앙이 팍팍 성장해요. 그런데 자존감이 낮은 성격은 이게 안돼요. "아냐, 아냐 그럴 리가 없어." 이러거든요. 그러니까 하나님을 피하게 되고 신앙이 크지 못해요. 내 모습 이대로 나아가야 돼요. "내 모습 이대로 주 받으옵소서." 이런 찬송 있죠? 참 좋은 찬송이에요.

신앙을 성장시키는 또 다른 방법으로는, 주님이 바울에게 다메섹에서 하셨던 것 같은 수술 요법도 있어요. 극약 처방이지요. 주님이 딱 나타나셔서 눈을 멀게 하시고 목소리도 들려주시는 극적인 방법이에요. 그러나 대부분의 영적 성장은 이렇게 극적이지 않아요. 그런 경우는 드물어요. 이 책을 통해서 하나님과 나 사이가 가까워지는 것을 방해하는 성격 인자를 발견하게 되면 하나님과 더 가까워질 수 있어요. 방해 인자를 제거할 수 있다면 이것도 훌륭한 영적 성장의 기회가 될 거예요.

성격이란 한 사람의 행동 패턴이에요. 예컨대, 친구와 약속을 했어요. 아침 8시에 기차역에서 만나기로 했는데 늘 지각하던 친구예요. '이 친구 오늘도 늦게 나타나겠지.' 이렇게 예상하겠죠. 그 친구의 행동 패턴이 그랬으니까요. 그런데 만약 그 친구가 약속 시간보다 일찍, 8시 5분 전에 나타났다면 조금 놀라겠죠? "너, 웬일이냐?" 여러분이 놀라는 이유는 친구의 성격과 행동 패턴을 파악하고 있기 때문이에요. 친구의 성격을 알기 때문에 예측에 어긋날 때 놀라게 되는 거예요. 이렇게 성격은 그 사람의 행동 패턴을 말해요. 성격 때문에 사람이 행복하기도 하고 불행해지기도 하지요.

이제, 성격에 대해 세 가지 측면에서 이야기를 하려고 해요. 첫째는, 정신 분석에서 성격을 어떻게 설명하는지 알아보는 '성격 구조론'에 대해 이야기할 거예요. 성격 구조론에 대해 들으면서 '이 이론을 내 성격에 적용하면 내 성격은 어떤 성격이겠구나.' 하고 이해할 수 있었으면 좋겠어요. 둘째는, '방어 기제'에 대해 이야기할 거예요. 우리 자아가 자신의 마음이

성격, 아는 만큼 자유로워진다

고통당하는 것을 막아 주기 위해서 사용하는 방법들이 있어요. 그것을 '방어 기제'라고 하는데 건강한 방어 기제와 병적인 방어 기제가 있어요. 병적인 방어 기제를 너무 많이 사용하게 되면 병적인 성격이 될 수 있지요. '나는 어떤 방어 기제를 주로 많이 사용하는가?'를 이해하면 자신의 행동을 이해하는데 도움이 될 거예요. 셋째는, 정신 의학에서 말하는 '성격 장애의 11가지 유형'이 있는데, 그것을 설명할게요. 장애까지는 안 가더라도 인간 성격의 다양한 특성을 볼 수 있어요. 그걸 설명하고 그것이 영적 성장과 어떤 관계가 있는지 연결을 지어 설명하도록 할게요.

02

"건강한 자아를 가진 사람은
현실을 정확히 파악해요.
회피하거나 왜곡하지 않고 현실을 잘 받아들여요."

건강한 성격이란 건강한 자아를 말한다

　　먼저, '성격 구조론^{structural theory of personality}'에 대해 살펴볼게요. 아래 나무 그림이 보이나요? 세 그루의 나무는 반듯하게 잘 자라고 있는데, 한 그루는 옆으로 비뚤어져 있지요? 일종의 성격 장애를 뜻하는 거예요. 어릴 때, 어떤 잘못된 경험을 해서 이렇게 성격 장애가 나타난 거죠. 이런 나무는 바로잡기가 어

려워요. 그러나 사람은 자기 성격을 이해하면 바로잡을 수 있어요.

두 번째 그림은, 사람이 마차를 타고 말을 모는 모습이에요. 여기서 말은 이드^{id}이고, 사람은 자아^{ego}, 사람이 말에 재갈을 물리고 있는데 그 재갈 물린 끈은 초자아^{superego}를 뜻해요.

정신 분석의 창시자 지크문트 프로이트는 1923년 인간의 성격이 이드, 자아, 초자아 세 가지로 구성되어 있다고 설명했어요. 이게 바로 '성격 구조론'이에요.

성격, 아는 만큼 자유로워진다

만족을 추구하는, 이드

먼저 이드에 대해서 알아볼게요. '이드'가 그림에서는 야생마로 표현되어 있지요. '본능적인 욕구 충동instinctual drive'이에요. 우리 인간의 마음에는 누구에게나 본능적인 욕구 충동이 있어요. 대표적인 것이 성욕, 즉 '성적인 욕구sexual drive'죠. 그리고 '공격 욕구aggressive drive'가 있어요. 공격 욕구는 상대방을 공격하고, 파괴하고 싶은 욕망이에요.

그런데 이드가 작동할 때 따르는 원칙이 있어요. '쾌락 원칙pleasure principle'이지요. 이드는 이 원칙에 따라 작동해요. 쾌락 원칙은 만족만 추구하는 거예요. 불편한 것은 피하고 만족스러운 것은 취하는 것이 쾌락 원칙이에요. 달면 삼키고 쓰면 뱉는 것이지요.

예를 들어, 시댁에서 시누이들을 보면 쾌락 원칙에 따라 행동해요. 명절 때 준비해야 할 것이 많은데도 시누이들은 TV만 보고 놀아요. 맛있는 전을 부쳐 놓으면 날름 집어 먹고, 설거지나 청소, 부엌일처럼 하기 싫은 일은 안 하죠.

이게 쾌락 원칙을 따르는 사람의 모습이에요. 이처럼 이드는 욕구 충족만을 추구해요. 그러니까 성격 구조 중에서 이드가 너무 강한 사람은 쾌락 원칙대로 사는 사람이 돼요. 바람피우고 성적 욕구대로 사는 사람들이 있잖아요. 그런 사람들은 이드의 충동이 너무 강한 사람들이에요. 자아가 컨트롤하지 못하고 있는 거죠. 버럭버럭 화를 내고 폭행하는 사람도 그래요. 이드가 병적으로 너무 강해서 공격 욕구를 조절하지 못하고 있는 거지요. 이드는 본능과 욕구이기 때문에 고상하지 않아요. 입만 열면 욕설을 퍼붓고 음담패설을 일삼는 사람은 이드의 속성이 두드러지게 표면에 나타나는 사람이에요.

쾌락 원칙과 반대되는 것이 있는데 '현실 원칙 reality principle'이에요. 현실 원칙은 자아가 이용하는 원칙인데 성숙한 거예요. 이것은 현실에 맞고 궁극적인 만족을 주는 방향으로 행동하게 하는 원칙이에요. 후회 없는 만족을 추구하게 하는 원칙이지요. 이드와는 달라요. 이드는 욕구 충족 쪽으로만 가는데, 현실 원칙은 궁극적인 만족을 향해서 가요.

예를 들어, 성적인 어떤 행동을 하고 싶지만 그런 행동을 하면 내 평판이 형편없게 된다든지, 내가 궁극적으로 곤경에 처하게 된다든지 그러면 스스로 욕구를 연기해요. 이것이 현실 원칙이에요. 그런데 이드에 따라 사는 사람은 현실 원칙이라는 게 없어요. 이드는 쾌락 원칙에 따르니까 쾌락주의 쪽으로 나가 버리는 거죠. '우선 즐기고 보자.'는 식이지요. 그래 놓고는 합리화해요.

이렇게 말하면 이드는 나쁜 것이라고 생각하기 쉬워요. 그러나 이드가 반드시 나쁜 것만은 아니에요. 오히려 이드는 추진력의 원천이 되기도 해요. 또 이드는 쾌락의 근원이 되기도 하고 즐거움의 원천이 되기도 하기 때문에 너무 이드를 무시하고 덮어 버리는 사람들도 나름의 문제에 봉착하게 돼요. 이런 사람들은 인생에 재미가 없어요. 사는 맛이 없죠. 또 이드가 너무 억압된 사람들은 추진력이 없어요. 무기력하지요.

성격, 아는 만큼 자유로워진다

예를 들면, 동물들은 짝을 구할 때 공격적이 되잖아요. 공격적으로 투쟁을 해서 다른 수컷들을 물리쳐야 자기 짝을 차지할 수 있어요. 이게 이드의 속성이에요. 그런데 이드가 너무 억압된 사람은 프러포즈도 못 해요. 그래서 사랑하는 사람을 쟁취하지 못해요. 다 양보해 버려요. '너희들이 먼저 다 갖고 나면 남는 것 중에 하나 가질게.' 이렇게 해요.

실제로 그런 환자가 저를 찾아왔었어요. 대학생 때 자기가 사랑하는 사람이 생겼는데 이 여학생도 자기를 좋아하는 것 같았대요. 그런데 같은 과에 이 여학생을 좋아하는 다른 남학생이 있는 거예요. 자기가 그 여학생을 갖게 되면 그 애가 너무 상처받을 것 같아서 여학생에게 쌀쌀맞게 굴어 끊어 버렸대요. 그랬더니 그 여학생이 그 남학생 쪽으로 가버린 거예요. 몹시 실망하고 우울했대요. 이게 바로 이드 욕구를 과도하게 억압한 경우지요. 이래 가지고는 사랑하는 사람을 차지할 수 없어요.

또한 이드의 공격성은 가족을 적으로부터 보호해 주는 기능을 해요. 이드가 너무 억압된 사람은 그것을 못 해요. 다 양보하고 지기만 해요. 이기면 안 돼요. 그렇기 때문에 이런 가장은 가족을 보호해 주지 못해요. 아주 무기력하고, 나약한 가장이 될 수밖에 없지요.

심리학이나 정신 분석학을 잘못 공부한 사람들은 이드는 본능이니까 나쁜 것이고, 초자아는 도덕성이고 양심 기능을 하니까 좋은 것이라고 오해해요. 이것은 잘못된 거예요. 이드도 좋은 때가 있고, 나쁜 때가 있듯이, 초자아도 너무 과도하게 사용하면 나쁠 때가 있어요. 합리적인 초자아가 건강한 초자아라 할 수 있지요. 초자아에 대해서는 다음에 더 자세히 설명할게요.

현실을 파악하는, 자아

이제 자아를 살펴보지요. 자아의 주요 기능은 '현실 인식 reality testing'이에요. 예컨대, 설교 시간에 소리 내어 하품하면 안 되겠죠? 따라서 하품을 참는 사람은 현실 인식을 잘하고 있는 사람이에요. 이곳이 침실이 아니고 예배당이라는 현실 인식이 있기 때문이지요. 그것을 아는 사람은 자아가 건강한 거예요. 하지만 자아가 파괴되면 현실 감각이 없어져 버려요. 현실 감각이 심하게 없어지면 정신 분열에 빠져요.

예컨대, 역 광장에서 발가벗고 "나는 하나님이 보낸 사자다. 나는 옷을 입으나 안 입으나 똑같다." 하고 돌아다니는 대학원생이 있었어요. 정신 분열증을 앓고 있었죠. 이 사람은 지나친 죄책감을 갖는 사람이었어요. 과도한 초자아로 인해 매사에 자신을 죄인으로 취급했어요. 그러면 사람이 지쳐서 살 수가 없어요. 그렇게 정신적으로 시달리면 정신 분열이 와요. 과도한 죄책감으로 괴로우니까 그 죄책감에서 벗어나기 위해서 자아가 방어 기제를 사용해 죄책감을 부정해 버려요. 모든 것을 다 부정해 버리니까 현실 감각이 사라졌어요. 갑자기 과대망상증이 왔어요. 자기가 하나님의 사자가 되고 발가벗어도 부끄럽지 않은 상황이 된 거지요. 그렇게 외치고 돌아다니니까

　　　　　　　　성격, 아는 만큼 자유로워진다

사람들이 그를 저희 병원에 입원시켰어요. 어느 날 그가 정원 플라타너스 밑에서 열변을 토하고 있었어요. 그래서 무슨 말을 하나 하고 들어 보니 셰익스피어를 영어로 암기하고 있었어요. 발음이 아주 좋더라고요. 나는 정신과 하기 전에는 정신 분열에 걸린 사람들은 지능이 낮은 사람들일 거라고 생각했어요. 그런데 그게 아니에요. 이 환자의 영어는 거의 완벽했어요. 줄줄 잘도 외웠어요. 그 후 한 달 후에 치료받고 좋아져서 퇴원했는데, 수년 후에 미국에서 문학 박사가 되어 돌아왔어요. 얼마 후에 보니까 국제적으로 인정받는 교수가 되었더라고요.

그러니까 이 대학원생처럼 너무 죄책감에 시달리다 보면 자아가 정상적으로 기능할 수 없게 돼요. 현실 감각이 없어지고 현실 감각이 없어지면, 자기는 죄 많은 대학원생이 아니라 하나님의 사자가 되어 버리는 거죠. 종교적 과대망상에 빠져 버린 거예요.

치료의 궁극적 목표는 자아가 현실 감각을 회복하는 거예요. '나는 하나님의 사자가 아니야. 졸업하려면 공부를 더 해야 돼.'라고 현실적으로 생각하게 되는 거예요. 이렇게 되면 건강해진 거예요. 이처럼 현실 감각 기능이 자아의 기능이에요.

양심적인 판단자, 초자아

이드의 욕구가 올라올 때 마음속에서 작동하는 '초자아'라는 기능이 있어요. 초자아는 양심 기능이고 자기를 감독하고 비판하는 기능이에요. 그런데 자기를 감독하고 비판하는 부분인 초자아가 이드와 항상 대립하게 돼요.

예들 들어, 젊은 연인이 있어요. 남성은 자연스럽게 성적인 욕구가 일어나요. 성적 욕구는 이드지요. 사랑하는 연인과 성관계를 하고 싶어요. 이드 욕구가 올라온 거죠. 그럴 때 마음속 다른 한 편에서는 '그럼 안 돼. 혼전 섹스는 죄야.' 이런 말이 들려요. 초자아의 소리죠. 그럼 마음속에서 이드와 초자아가 서로 싸우겠죠. 이것을 갈등이라고 해요.

이 그림은 마음의 갈등상태를 잘 나타내주고 있어요. 이드와 초자아 사이에서 자아가 어찌할 바를 모르고 갈등하고 있는 그림이에요. 이드가 마치 깡패같이 생겼죠.

이드는 욕구를 채우는 쪽으로 가자고 해요. 반면 초자아는

성격, 아는 만큼 자유로워진다

도덕적인 신사죠. 초자아는 자아를 자기 쪽으로 끌고 가려고 해요. "안 돼. 성적 욕구는 안 돼." 초자아의 소리지요. 그런데 이드와 초자아의 가운데 있는 자아의 발이 어떻게 되었나 보세요. 땅에 붙어 있나요? 떨어져 있나요? 땅에서 떨어져서 공중에 둥둥 떠 있지요? 자아가 이드와 초자아 사이에 끼어서 이러지도 저러지도 못하는 거예요. 이것이 갈등상태죠. 이게 노이로제예요. 이럴 때 주관적으로는 불안을 느껴요. 마음이 불안하고 일이 손에 잘 안 잡히고 여러 가지 증상이 나타나죠.

그런데 이럴 때 '건강한 자아healthy ego'가 일을 시작해요. 중심을 잡고 현실을 직시하고 판단하죠. '초자아 쪽으로 따라 가면 궁극적인 만족을 얻을 수 있을까? 아니면 이드 쪽을 따라가도 될까?' 자아가 현실을 파악하고 결정해서 어떤 행동을 할 것인지 선택을 해요. 그렇게 되면 갈등이 해소돼요. 불안도 사라지고 일도 능률적으로 할 수 있게 돼요. 이것이 자아가 건강한 사람들의 특징이죠.

예컨대, 한 쌍의 연인이 있다고 가정해 볼게요. 남자가 성적인 욕구를 느껴요. 마음속에서 갈등이 시작되었어요. 이드는 호텔로 가자고 그래요. 그런데 초자아는 안 된다고 해요. 갈등 상황이지요? 이때 자아가 현실을 판단해야 해요. 만약 자아가 약해서 이드 쪽으로 자꾸 굴복하고 따라가면 성적으로 난잡한 사람이 되겠죠. 그러나 반대로 자아가 매번 초자아 쪽에 굴복하면 성적인 즐거움과 그 외의 모든 즐거움은 다 희생되어 버리겠죠. 이럴 때 건강한 자아는 현실에 발을 딛고 현실을 파악해서 가장 현실에 맞는 적응 방법을 찾아내야 해요. 예를 들자면 이런 해결 방법이지요. "혼전 섹스는 안 돼. 그러나 성관계는 하고 싶어. 그러면 어떻게 해야 좋을까? 아하, 결혼을 하면 되겠구나!"그래서 장가를 가요. 그러면 합법적인 성관계니까 초자아도 할 말이 없죠. 초자아도 인정해 주었고 이드는 만족하니까 갈등이 풀리는 거예요. 마음이 편안해지겠죠. 이것이 건강한 자아의 모습이에요. 그런데 어떤 사람은 초자아가 너무 강한 사람이 있어요. 그러면 자기의 모든 욕구를 다 억압하겠죠. 현실적이지도 않고 합리적이지도 않게…. 지나친 금욕주의자가 되는 거예요.

성격의 세 가지 구조에 대해서 간단히 요약해 볼게요. 이드는 본능적인 욕구 충동이에요. 초자아는 자신을 감독·감시하는 기능을 갖고 있어요. 자아는 초자아와 이드 사이에서 일어나는 충돌과 갈등을 해결해 주는 역할을 하지요. 마음을 편하게 해 주는 역할을 자아가 하는 거예요. 현실을 파악해서 적당한 해결책을 찾아내 줘요. 자아가 건강할수록 갈등은 적고, 마음은 평안을 누릴 수 있어요.

자아는 갈등 해결사

자아의 기능을 설명하기 위해서 예를 들어 볼게요. 어떤 가정에 시어머니와 며느리와 어린 손자가 있어요. 깐깐한 시어머니를 '초자아', 어린 손자를 '이드', 중재자 며느리를 '자아'라고 해 볼게요. 어느 날 어린 손자가 "엄마 떡 해 주세요. 떡이 먹고 싶어요." 하고 졸랐어요. 그때 안방 문이 드르륵 열리며 할머니가 소리쳤어요. "떡은 무슨 떡이냐, 저렇게 철딱서니 없는 놈을 봤나, 떡은 절대 안 돼." 이렇게 되면 집안의 평화는 깨지죠. 아이의 울음소리와 시어머니의 고함 소리로 집안은 불안해요.

이런 마음의 상태가 갈등 상황이에요. 이드의 욕구와 초자아의 금지가 충돌하는 것이죠. 노이로제의 상태예요. 갈등을 풀어 주는 역할은 자아의 역할이라고 했죠. 중재자 며느리의 역할이라고 할 수 있어요. 그런데 시어머니한테 완전히 쥐어 사는 며느리라면 제 역할을 할 수 없을 거예요. 이런 어머니라면 아들이 떡을 먹고 싶다고 조를 때 시어머니 편에 붙어 서서 아들에게 이렇게 말하겠죠. "떡은 절대 안 돼. 떡은 구경할 생각도 말아. 너한테 떡 주었다가는 집안 난리 난다. 떡은 절대 안 되는 줄로만 알아."

이런 어머니를 가진 아이는 평생 떡을 못 얻어먹을 거예요. 떡으로 상징되는 인생의 모든 즐거움은 금지될 거예요. 그런 집안은 분위기가 엄하고 경직되겠죠. '즐거움^{pleasure}'이 없는 거예요. 인생의 즐거움이란 있을 수가 없어요. 개인의 내적 상태로 바꿔 본다면, 모든 욕구를 죄악시하는 사람이 될 거예요. 지독한 금욕주의자가 될 거예요. 죄책감 때문에 자기 처벌적인 경향이 강해질 거고요. "나같이 쓸모없는 놈은 떡 먹을 자격도 없어." 이러면서 자기를 막 내려치겠지요. 이런 자학적인 성격은 겨울에 따뜻한 옷도 못 입어요. "이런 따뜻한 옷을 입고 추위를 피하다니 네가 그럴 자격이 있냐? 너는 벌벌 떨며 살아야 돼." 하는 거지요.

빈센트 반 고흐^{Vincent Van Gogh}가 그랬어요. 고흐가 목사가 되려고 신학교에서 히브리 어 시험을 보는데 늘 떨어졌어요. 그때 네덜란드에는 탄광촌이나 이런 데 가서 선교를 하거나 전도사로 사역하면 목사로 인정해 주는 제도가 있었어요. 그래서 고흐가 지독하게 가난한 탄광촌에 가서 전도사 생활을 했는데 무척 자학적인 삶을 살았어요. 침대 매트리스나 따뜻한 이불을 다 가난한 광부들에게 줘 버리고 자기는 맨바닥에서 떨며 살았대요. 히브리 어 시험에 떨어졌을 때는 자기가 자기 몸을 회초리로 내리쳤답니다. 자학했대요. 결국 그는 서른일곱의 젊은 나이에 총으로 가슴을 쏴 자살하고 말았어요.

초자아가 너무나 비대한 사람의 삶이었어요. 자아가 제 역할을 못하고 초자아에 눌려 살고 있는 것을 볼 수 있어요. 인생의 모든 즐거움이 전부 차단되어 버린 것이지요. 떡을 못 얻어먹는 이 집 손자하고 비슷해요. 어머니가 할머니한테 꽉 쥐어 사니까 손자가 떡을 못 얻어먹게 되는 것이죠. 며느리가 건강한 자아를 갖고 있다면 현실을 잘 파악했을 거예요. 자아의 중요한 기능이 현실 검증이거든요. 현실을 잘 파악하는 거, 이것이 자아의 기능이에요.

예를 들어, 건강한 자아를 가지고 있는 며느리라면 이렇게 현실 파악을 할 거예요. 오늘이 남편 생일이고 남편이 떡을 좋아해요. 그러니까 시어머니에게 가서 "어머니, 오늘 애비 생일

성격, 아는 만큼 자유로워진다

인데 애비도 떡을 좋아하고, 또 아이가 떡을 먹고 싶어 하니까 오늘 떡을 좀 해서 애비도 주고, 애한테도 주면 어떨까요?" 이렇게 말해요. 보통 시어머니들은 자기 아들 좋아하는 것은 반대하는 법이 없어요. "응, 그래라." 그러죠. 그러면 시어머니 허락이 떨어졌으니까 안심하고 떡을 해서 애에게 줘도 돼요. 애도 만족하고 시어머니도 만족하고 집안이 편안해지죠. 분쟁이 있던 집안이 평화롭게 돼죠.

이게 건강한 자아 덕분이에요. 집안이 시끄러운 것은 상황 때문이 아니에요. 자아의 작용에 달려 있어요. 자아가 어떤 선택을 해서 어떤 해결책을 내놓느냐에 달려 있어요. 그에 따라서 내면의 평화로운 삶을 사느냐 아니면 굉장히 불안하고 욕구 불만에 찬 삶을 사느냐 이것이 결정된다는 말이에요. 자아가 건강할수록 그 사람은 만족스럽고 건강한 삶을 사는 거예요. 그래서 건강한 자아가 굉장히 중요한 거죠.

앞에서 본, 야생마의 고삐를 잡고 있는 사람의 그림처럼, 야생마는 콩밭에도 들어가려고 하고, 고추밭에도 들어가려고 해요. 그럴 때 사람인 자아가 초자아라는 도덕성의 고삐를 쥐고 말을 몰지요. 마차가 길 위로만 달리게 하는 것이 자아의 기능이죠. 그런데 사람이 힘이 없고 기술이 없으면 마차는 고추밭으로도 가고, 콩밭으로도 들어가게 돼요. 즉 알코올 중독자가 되고, 도박꾼이 되고, 바람둥이가 되어 버리고, 심지어 신경증이나 성격 장애가 되기도 하는 거죠. 인생이 엉망진창이 되어 버려요. 이것이 성격 구조론으로 설명하는 인생론이에요.

자아의 형성

인간은 태어날 때 모두 이드 덩어리예요. 즉, 막 태어났을 때는 본능에 충실한 욕구 덩어리죠. 초자아도 없고, 자아도 없어요. 자아란 게 현실 검증 능력인데 현실이라는 것은 나와 나 아닌 것, 그중에서 나 아닌 것이 현실이죠. 나를 중심으로 내 '안'과 '밖'이 있다면 바깥이 현실이죠.

아이들의 자아가 어떻게 발달되기 시작하는지 살펴볼게요. 막 태어난 아가는 '나'와 '나 아닌 것'을 구별하지 못해요. 그런데 엄마가 나를 안아 줬다 났다 할 때 접촉하는 부분이 있고 떨어지는 부분이 있어요. 이때 그대로 있는 부분이 '나^{me}'이고, 나로부터 떨어져 나가는 부분이 '나 아닌 것$^{not me}$'으로 인식돼요. 나와 나 아닌 것, 이게 구분이 돼요. 이때부터 자아가 생기기 시작하는 것이죠. 자아가 '나'와 '나 아닌 것'을 구별하기 시작해요. 여기서 '나 아닌 것'이 현실이에요. 그래서 자아의 중요한 기능이 현실 인식이에요. 건강한 자아를 가진 사람은 현실을 정확히 파악해요. 회피하거나 왜곡하지 않고 현실을 잘 받아들여요. 따라서 정신 치료는 자아의 기능을 강화해 주는 것이에요.

이드와 초자아 사이에서 발을 동동 구르며 이리 갈 수도 저리 갈 수도 없는 갈등에 빠졌을 때, 자아가 땅에 발을 딛고 해결사 역할을 해야 해요. 자아의 할 일은 현실에 맞게 이드를 선택해 주거나, 아니면 초자아를 선택하기도 하면서 마음의 평화를 찾아 주는 거예요.

성격, 아는 만큼 자유로워진다

이 그림의 제목은 '만족'인데요, 아이의 얼굴이 무척 만족
스러워 보이죠? 아이의 신발을 한번 보세요. 운동화가 다 떨어
졌죠. 전쟁고아인데 적십자사에서 오신 고마운 분들이 새 구
두를 준 거예요. 얼마나 좋은지, 얼마나 만족하는지 쉽게 알 수
있죠? 이런 만족한 삶을 사는 것이 건강한 삶이에요. 그러려면
초자아도 만족해야 되고, 이드도 만족할 수 있어야 해요. 다 만
족해서 마음이 평화롭고 안정되게 살 수 있게 하는 게 자아의
역할이에요.

초자아의 형성

초자아는 두 개의 요소로 구성되어 있어요. 하나는 '자아이상ego ideal'이에요. '예수님처럼 살고 싶다.'는 마음처럼 내가 지향하는 롤 모델role model이라고 할 수 있어요. 또 하나는 양심 기능이에요. '자기 감독 기능self-monitoring function'이라고도 하는데, 선과 악을 가르쳐 주는 기능이에요.

초자아를 만들 때 아버지의 태도가 중요한데요, '어떤 아버지냐?'가 중요해요. 옆의 그림을 보면 아버지가 미장이예요.

시멘트를 저쪽에서부터 잘 발라 오고 있었어요. 그런데 아들이 아직 굳어지지 않은 시멘트를 밟고 오다가 아버지에게 들켰어요. 어린 아들이 몹시 당황했겠죠? 이때 아빠가 어떤 태도를 취하느냐 하는 것은 아빠의 성격에 따라 달라져요.

어떤 아빠는 아이의 실수에 대해서 "아빠가 힘들게 일 했는데 네가 이렇게 발자국을 내면 어떻게 하니? 다음엔 그러지 말렴." 하고 번쩍 안아서 다른 쪽으로 내려 주겠죠? 이렇게 아이가 실수를 했을 때, 합리적인 벌을 주는 아버지를 둔 사람은 '합리적인 초자아rational superego'를 갖게 돼요.

그런데 어떤 아빠는 미장이 주걱으로 아이의 뺨을 후려치며 "이놈이 피곤해 죽겠는데, 장난치고 있어. 너 혼날래!"하고 고함치는 아버지가 있어요. 처벌적인 아버지예요.

문제는, 아이가 이런 아버지와 살면서 뺨 맞는 경험을 한두 번 했겠느냐 하는 거예요. 수백 번 그런 경험을 했을 거예요. 이런 반복 경험은 가치관이나 성격에 뿌리를 내리게 돼요.

분석 용어로는 '내재화^{introjection}'라고 하는데, 내 인격의 한 부분을 형성해 버리죠. 그게 초자아가 되고요. 화를 내는 미장이 아버지가 내면에 초자아로 있게 되면 이 아이의 초자아는 몹시 처벌적이고 가혹해요. 합리적이지 못해요. 처벌적 초자아를 가진 사람은 별것도 아닌 일을 저지르고도 굉장한 처벌을 예상해

요. 굉장히 무서운 벌을 받을 것 같은 두려움에 휩싸이고, 죄책감에 빠지게 되죠. 이건 삶 자체를 비극으로 만들어요.

한 예를 들어 볼게요. 20대 후반의 남자 분이 정신과에 입원했어요. 하나님이 자신을 죽이려 한다는 공포감 때문에 입원을 했대요. 이분은 가혹한 초자아$^{harsh\ superego}$를 가지고 있었어요. 발병 과정이 인상적이었어요.

미니스커트가 유행할 때였어요. 육교를 올라가는데 고개를 드니까 앞에서 계단을 올라가는 처녀의 미니스커트 속으로 속살이 보였어요. 이 청년은 굉장히 도덕적이고 가톨릭의 열렬한 신자로 매우 금욕주의적인 사람이었어요. 여성의 속살이 보이니까 "아이쿠!" 하고 얼른 손으로 눈을 가렸어요. 그런데 이때 눈을 안 가려야 했어요. 가리는 순간, 상상으로 넘어가거든요. 인간은 놀라운 상상력을 가지고 있기 때문에 눈을 가리면 실제보다 훨씬 더 야한 상상을 하게 돼요. 인간의 무의식은 상상한 것과 실제의 일을 똑같이 취급해요. 이분은 성적 상상에 대한 죄책감으로 괴로웠어요. 기도를 해도 계속해서 성적인 상상이 떠올랐어요. 육교에서 본 여성의 속살이 자꾸 떠오르는 거예요. 잠잘 때도 밥 먹을 때도 항상 그 생각이 지워지지 않았어요. 학원 선생이었는데 학원에 가서도 계속 떠올랐어요. 너무나 음란하다고 벌 받을 생각에 머리가 터질 것 같았어요. 견딜 수가 없대요. 그렇게 일주일을 보내고 있었어요.

청년은 누나 집에서 직장을 다니고 있었어요. 그때가 여름이었는데 안방 문을 확 열고 들어가니까 누나가 한복을 갈아

성격, 아는 만큼 자유로워진다

입고 있었어요. 치마를 입고 저고리를 막 입으려는 순간이었어요. 그런데 여성들이 치마를 입으면 흰 젖가슴 살이 보이잖아요. 그게 굉장한 성적 느낌을 준 거예요. 육교 사건만으로도 괴로워 죽겠는데 남도 아닌 누나한테 이런 욕구를 느낀 거예요. '이런 천벌을 받을 놈.' 그래서 하나님이 자기를 죽이려고 한다는 생각을 하게 되었어요. 환자의 입장에서는 얼마나 무서웠겠어요. 그러나 사실은 가혹한 초자아 때문에 생긴 병적 망상일 뿐이었어요. 죄책감을 느끼니까 천벌을 받을 것이라고 생각했는데 그 생각을 하나님한테 투사하니까 하나님이 나를 죽이려고 한다는 피해망상으로 변했던 거예요.

한 달 정도 입원했다가 많이 호전되어 퇴원했어요. 그 후, 일주일에 한 번씩 저와 만났어요. 그런데 그를 계속 괴롭히는 것이 있었어요. 자기는 거룩한 노래만 듣고 싶은데 버스를 타면 라디오에서 세상 노래인 유행가가 흘러 나오는 거예요. 길을 가다가도 라디오나 노래방에서 유행가가 나오죠. 어떤 때는 자기가 자기도 모르게 세상 노래를 흥얼거리고 있대요. 청년은 그런 자기가 싫은 거예요. 거룩하게만 살고 싶은데 말이죠. 그래서 그것 때문에 고민하고 괴로워했어요. 자기가 유행가를 흥얼거리는 것을 발견하면 얼른 찬송가로 바꿔요. 그런데 조금하다 보면 금방 유행가로 돌아가 있는 거예요. 이렇게 시달리다가 어느 날 그러더라고요. 도저히 이 더러운 세속 세상에서 못 살겠다고. 이 세속적이고 음란한 세상에서 더 이상 못 살겠다고 하더니 무등산으로 들어가 버렸어요. 그때는 무등산이 지금처럼 개발이 되지 않아서 화전민들이 많이 살았어요. 무등산에 들어가서 겨울에는 눈이 쌓여서 먹을 것이 없으니까, 가족들이 일주일 먹을 것을 부대에 넣어서 산중턱에 갖다 놓으면 산에서 눈을 뚫고 내려와서 음식을 놔둔 데서 음식을 가져다 먹으면서 일 년을 살았어요.

어느 날 밤에 이 청년이 저를 찾아왔어요. 이제 하나님께서 자기에게 힘을 주셨대요. 영적인 능력을 주셨대요. 그래서 이 음란한 세상을 이겨 낼 자신이 생겼다고 그러더라고요. 그래도 저하고 일주일에 한 번씩 만나고 싶다고 해서 만나서 이야기를 했어요. 그런데 그의 하숙집이, 군인들이 많고 하숙생들을 많이 뒀어요. 주인이 하숙방을 많이 만들려고 방 중간을 막아서 두 개로 만들었는데, 벽돌을 쌓아서 막은 것이 아니라 종이로만 막으니까 옆방에서 말하는 소리가 다 들리는 거예요. 옆방에는 군인들이 하숙을 하고 있었는데, 군인들이 야한 이야기도 많이 하고, 욕도 잘하고 하잖아요? 그런 더러운 소리 때문에 못 살겠다는 거예요. 귀를 막고 별 노력을 다하더라고요. 이 사람은 CM송도 싫어했어요. 버스도 안 타고 걸어 다니더니 어느 날 제게 그러더라고요. 도저히 안 되겠다고. 결국 무등산으로 다시 들어가 버렸어요. 벌써 몇십 년 되었는데 그 뒤에 어떻게 되었는지 몰라요.

그 사람을 보면서 '사람의 성격이 사람을 이렇게 괴롭힐 수도 있구나.' 하고 생각했어요. 인간이 가지고 있는 욕구는 인간의 것이거든요. 성적인 욕구나 이런 것들이 다 나쁜 것일 수

성격, 아는 만큼 자유로워진다

는 없어요. 그리고 인간은 자기 상상까지 책임질 수는 없는 거예요. '어떤 생각을 했느냐?' 그것은 어쩔 수 없어요. '어떤 행동을 했느냐'가 중요한 것이죠. 행동에 대한 책임만 있을 뿐이에요.

한국 대학생 선교회^{CCC}의 『10 Step CCC 10단계 성경교재』^{순, 2013}를 보면 이런 비유가 나와요. "새가 내 머리 위로 날아가는 것을 우리가 책임질 필요는 없다. 하지만 새가 내 머리 위에 둥지를 틀지는 못하게 해야 한다." 성적인 생각이나 부도덕한 생각들은 얼마든지 일어날 수 있어요. 인간은 욕구, 즉 이드를 가진 존재이기 때문이지요. 그런 생각들에 대해서까지 과도하게 죄책감을 느낄 필요는 없어요. 인간의 한계로 받아들일 뿐이지요. 이 청년처럼 자학적이고 가혹한 초자아를 가진 사람은 하나님의 용서와 사랑도 받아들이지 못해요. 용서와 사랑이라는 단어를 실감할 수 없기 때문이에요. 이게 가혹한 초자아가 만드는 비극이지요.

우리 자신도 혹시 이렇게 살고 있지 않은지 성찰해 봐야 돼요. 가혹한 초자아를 가지고 있는 사람들은 마음에 무섭고 엄한 검사를 두고 있는 것과 같아요. 변호사는 없고 검사만 있어요. 그래서 자기 자신을 늘 정죄해요. '너는 천벌을 받을 놈이야. 너 같은 놈은 즐길 자격이 없어. 너는 어떤 즐거움도 누려서는 안 돼.' 이렇게 자기를 정죄해요. 죄책감 속에 빠져 살죠. 교회에 와서 울며 회개하는 사람들을 보면서 다른 성도들이 은혜 받을 때가 있잖아요. 칭찬하고, 참 은혜롭다고 감동도

하고요. 그런데 자학적인 사람들이 교회에 와서 그것을 즐기고 있는 경우가 있어요. 자학과 참회는 달라요.

초자아는 자기 평가 기능을 갖고 있어요. 주된 기능은 '자기 처벌self-punishment', '자기 관찰self-observation', '자기 인정 self-approval'이지요. 여기서 강조하고 싶은 기능은 '자기 인정 기능'이에요. 초자아는 자기를 인정해 주고, 칭찬해 주는 기능도 갖고 있어요. 우리가 때때로 유혹을 이겨 내잖아요. 그러면 마음속에서 "잘했어. 참 잘했어." 이런 소리가 들려요. 그 소리가 초자아의 소리에요. 가혹한 초자아는 이런 말을 안 해요. "잘했어." 이런 법이 없어요. 오히려 "자만하지 마. 잘난 체하지 마." 이래요. 뭘 잘해 놓고도 마음속에서 항상 비난을 듣고 있는 거죠.

가혹한 초자아가 문제

예컨대, 한 아이가 공부를 열심히 했어요. 아버지가 1등하라고 해서 열심히 공부해서 1등을 했어요. 아이는 곧장 아버지에게 달려가 1등 성적표를 테이블 위에 올려놓았어요. 아버지가 신문을 보다가 그것을 곁눈질로 슬쩍 보고는 "자만하지 마라."라고 말했어요. 아이는 아버지의 말에 너무 큰 실망을 했어요. 절망감을 느꼈어요. 화도 났고요. 그 이야기를 하면서 마흔이 넘은 남자가 아이처럼 엉엉 우는데 안타까운 마음이 들었어요.

너무나 가혹한 초자아를 갖고 있는 사람들은 마음속에 자

성격, 아는 만큼 자유로워진다

기를 인정해 주는 목소리가 없어요. 항상 부족하고 항상 못난 이인 거죠. 이런 사람들은 분석 치료를 해서 좀 좋아지면 좋아하기는커녕 오히려 불안을 느껴요. 초자아가 견디질 못해요. 성공해서 기분 좋아지면 가혹한 초자아가 "네가 무슨 자격으로 그런 즐거움을 누릴 수 있단 말이야. 너는 그럴 자격이 못 돼." 라고 말하는 거예요. 이렇게 마음속에서 비합리적인 초자아가 자신을 비난하기 때문에 오히려 정신 분석도 실패로 만들어 버려요. 분석이 잘되다가도 분석가가 "많이 좋아진 것 같아요."라는 조로 이야기하면, "좋긴 뭘 좋아져요. 나 그만 오렵니다." 하며 분석을 중단해 버려요. 이렇게 해서 치료가 안되는 쪽으로 가게 만들어요. 이게 가혹한 초자아죠.

성공 우울증이라는 것이 있어요. 뭔가 성공하면 이유 없이 우울해져요. 어떤 분은 사장이 되면 행복할 줄 알았는데, 오히려 우울증으로 힘들어해요. 성공한 나를 마음속에 있는 초자아가 용서는 안 해 주고 계속 비난하기 때문이죠. 이런 사람들은 항상 성공 앞에서 주저하고 망설이게 돼요. 자기는 성공보다 실패가 더 어울린다고 생각해요. 참 이해하기 어렵죠? 정치가들 중에도 성공에 대한 두려움을 보이는 사람이 있어요. 모순되는 심리인데 초자아가 엄한 사람들은 성공을 두려워해요. 모두 성공을 원하잖아요. 그런데 무의식이 발목을 잡아요. 결정적 순간에 실패를 선택해 버려요. 그러고 보면 무의식이라는 것이 참 신비로워요.

나약한 초자아도 문제

초자아가 너무 가혹하면 인생을 사는 맛이 없어요. 재미가 없어요. 항상 죄책감만 느껴요. 그런데 초자아가 너무 약해도 문제가 돼요. 이런 사람들은 전혀 죄책감을 느끼지 못하는 사람들이에요. 대표적인 사람들이 깡패들인데요, 〈친구〉라는 영화 보셨죠? 거기 나온 주인공들이 다 이런 사람들이에요. 영화 보니까 재미있죠? 그렇지만 사실은 초자아가 마음속에서 거의 발달하지 못한 사람들의 이야기예요. 친구를 칼로 죽이고도 죄책감을 느끼지 못하는 거죠. 어떻게 그럴 수 있을까요? 초자아가 약해서 그런 거예요.

제가 군의관으로 있을 때는 장병 신체검사를 해서 몸에 흉터나 문신이 있으면 무조건 정신과에 보냈어요. 군대 가서 사고 칠지 모르니까요. 어느 날 키가 크고 잘생긴 애가 하나 들어왔어요. 팔에는 담뱃불로 지진 자국이 줄줄이 있었죠. 제가 "너 흉터는 어디 있냐?" 하고 물었어요. 그러자 윗옷을 확 올려서 배를 보여 주는데 흉터가 온통 배를 덮고 있었어요. 흉터가 마치 고기 굽는 석쇠 같더라고요. 어떤 흉터는 아주 컸어요. 그런 흉터는 칼로 그었을 때 바로 꿰매야 하는데 안 꿰매고 그대로 놔둬서 생기게 된 거였어요. 그래서 "이건 어떻게 된 거냐?" 하고 물어봤어요. 그의 말이 광주 동방극장 앞에서 어떤 놈하고 싸우는데 어떤 신사가 와서 싸움을 말렸대요. 그 신사가 말리는데 자기만 붙들더래요. 화가 나서 그 옆에 있는 횟집으로 들어가 회칼을 들고 나와 그 신사를 확 그어 버리니까 사람들이

성격, 아는 만큼 자유로워진다

다 도망가 버렸대요. 경찰이 자기를 체포하려고 해서 칼로 자기 배를 쫙 그어 버렸대요. 피가 튀니까 경찰도 접근을 못 하더래요.

그런 잔인한 이야기를 하는데 마치 백두산에 태극기라도 꽂은 듯 신이 나서 이야기를 해요. 결코 인간의 감정이 아니었어요. 그의 말이 자기는 때때로 기분이 저조해질 때가 있대요. 그럴 때 칼로 배를 그어서 피가 튀면 기분이 확 좋아진대요. 담뱃불로 지져도 기분이 좋아지고요. 초자아가 망가진 사람이죠. 자기를 컨트롤할 수 없게 된 거예요. 초자아가 마음속에 제대로 만들어지지 못한 사람들을 사이코패스psychopathy라고 해요. 여러분은 그런 사람들의 심리를 이해 못 할 거예요. 어떻게 인간으로서 저런 죄를 지어 놓고도 저렇게 뻔뻔할 수 있을까요. 도무지 이해가 안 되요.

제가 본 환자 중에 고3인데 검사가 정신 감정을 해 주라고 저한테 보냈어요. 아버지를 쇠스랑으로 찍어 버렸대요. 검사가 도무지 이해가 안 되어 제게 보낸 것이었어요. 정상적인 사람이라면 감정이 격해서 아버지를 폭행했더라도 피투성이가 된 아버지를 보면 금방 죄책감을 느껴야할 텐데 이 애는 전혀 죄책감을 못 느낀다는 거예요. 검사가 "너 왜 그랬냐?" 그러니까 "내가 창고에서 자전거를 끌고 나가려는데 하도 지랄을 해서 그냥 찍어 버렸어요." 물건을 내다가 자주 팔아먹으니까, 아버지가 못 가져가게 말리다가 그런 일을 당한 거였어요.

이것이 초자아가 발달하지 못한 사람들의 심리예요. 죄책감을 전혀 느끼지 못한다는 것이 문제죠. 초자아가 펑크가 나도 문제고, 너무 가혹해도 문제예요. 초자아는 합리적이어야 건강한 초자아지요. 합리적이라는 것은 무엇일까요? 아이가 잘못을 했을 때 거기에 맞는 벌을 주는 거예요. 합리적인 벌을 주는 초자아가 건강한 초자아예요.

여기까지 성격의 구조에 대해서 살펴보았어요. 이제는 성격 발달 과정에 대해서 중요한 것 몇 가지를 말씀드리려고 해요.

"초자아가 펑크가 나도 문제고, 너무 가혹해도 문제예요.
초자아는 합리적이어야 건강한 초자아지요."

03

"'불행한 태아기 체험'이
'불행한 인간'이 될 확률을 훨씬 높게 만들어요."

태내에서 시작되는 건강한 성격 형성

인생은 태내에서부터

성경의 대표적인 태아 이야기는 아무래도 아기 예수와 관련된 내용일 거예요. 누가복음에 보면 아기 예수를 임신한 마리아가 세례 요한을 임신한 엘리사벳을 방문해요. 그러자 엘리사벳이 태중의 아기 요한이 마리아의 방문을 알고는 기뻐 뛰논다고 말해요.

> "엘리사벳이 마리아가 문안함을 들으매 아이가 복중에서 뛰노는지라 엘리사벳이 성령의 충만함을 받아 큰 소리로 불러 이르되 여자 중에 네가 복이 있으며 네 태중의 아이도 복이 있도다 내 주의 어머니가 내게 나아오니 이 어찌 된 일인가 보라 네 문안하는 소리가 내 귀에 들릴 때에 아이가 내 복중에서 기쁨으로 뛰놀았도다"눅 1:41-44.

인생은 출산 후부터가 아니고 태내에서부터 시작해요. 그래서 고대 그리스의 임신한 어머니들은 태아를 위해 악한 것이나 추한 것을 피하고 영감을 주는 아름다운 것을 보려고 했어요. 우리나라 조선 왕조 500년간의 초등 교육 교과서 역할을 했던 『소학小學』에서도 태교에 대한 내용이 나와요.

> "부인이 자식을 잉태함에 기울게 자지 아니하고 가에 앉지 아니하고… 밤이면 시를 외우게 하며 바른 일만을 이야기하게 하느니라."

어머니의 정신적 자세의 중요성을 강조하고 있는 거죠.

태아는 놀라운 능력을 갖고 있어요. 촉각은 1-2개월이면 돌 지난 아이만큼 민감해져요. 엄마가 냉수를 마시면 엄마의 배를 차고, 머리를 건드리면 마치 피하기라도 하듯이 머리를 빨리 움직여요. 태아도 미각이 있어요. 양수에 단맛이 나는 사카린을 타면 더 많이 마시고, 쓴맛이 나는 요오드를 타면 덜 먹고 얼굴을 찡그려요.

일부 학자들의 연구에 따르면 갓 태어나 우는 아기들에게 엄마의 심장 박동 ^{태내음: 아이가 배 속에 있을 때 들었던 소리} 소리를 들려주었을 때, 아기들이 울음을 그치고 평온하게 잠들었다고 해요. 태내에서 친숙하게 듣던 소리이기 때문에 평안함을 준 것이죠. 엄마의 심장 박동음과 관계있는 또 다른 연구 보고에 의하면 엄마가 아기를 안고 있는 시간의 78%가 왼쪽이라고 해요. 엄마의 심장이 있는 쪽으로 아기를 안고 있는 거죠. 원숭이의 경우 40마리의 어미 원숭이 중 39마리가 새끼 원숭이를 왼쪽으로 안고 있었다고 해요. 성모 마리아가 아기 예수를 안고 있는

성격, 아는 만큼 자유로워진다

명화의 대부분도 아기 예수를 왼쪽으로 안고 있어요. 이것은 왼손잡이 엄마에게서도 마찬가지 결과를 보였다고 해요. 이는 학습된 것이 아니라 배 속에서 들었던 엄마의 심장 박동음을 아이에게 들려주고자 하는 엄마의 본능적 행위인 거죠.

이처럼 아기는 엄마 배 속에서부터 무언가를 들을 수 있고, 그 소리에 익숙해져 있기 때문에 생후에도 심장 박동 소리를 들으면 안심하게 되는 거예요. 실제로 특수 촬영을 통해 아기의 태내 활동을 찍어 보면 임신 4개월이 되었을 때, 아기의 귀의 형태가 분명해지고, 엄지손가락을 입에 물고 빨고 있으며, 손가락이 입에서 빠져나가면 찡그린 표정을 짓는다고 해요. 또 청각이 발달해 6개월 이후부터는 귀를 기울이고 있는 모습을 볼 수 있다고 해요. 엄마의 심장 박동 소리를 듣는 것이지요.

알버트 릴리Albert Lily 박사의 실험에 의하면, 사람들에게 메트로놈metronome: 음악의 박자를 맞추는 기계 속도를 조정하라고 하면 대부분의 사람들이 1분에 50-90회에 고정한다고 해요. 이는 1분간의 어머니의 심장 박동수와 같아요.

캐나다 온타리오 주의 해밀턴 교향악단 지휘자인 볼리스 프로트는 악보를 보지 않고도 특정 곡의 다음 선율이 떠오르곤 했대요. 알고 보니 어머니가 그를 임신했을 때 늘 연주했던 곡이었다고 해요. 태아에게 의식이 생기는 시기는 태생 7-8개월이에요. 꿈 수면은 8개월 정도에 나오고요. 태아의 기억 능력에 대해서는 학자에 따라서 3개월, 6개월, 8개월로 다양하다고 해요.

임신한 엄마의 심리 상태는 태아의 뇌 발달에 큰 영향을 미쳐요. 특히 엄마의 불안은 태아에게 곧 전해져서 발달에 이상을 가져올 수 있어요. 임신 중인 엄마의 섭생이 태아의 뇌세포 발달에 미치는 영향은 매우 중요해요. 인간의 뇌세포 발달은 태중에서부터 이루어지는데 뇌 생리학에 의하면 임신 4개월 반부터 생후 2세까지가 일생 중 가장 빠르게 뇌세포가 발달하는 시기예요. 즉 뇌의 중량의 80%가 4살 때까지 이루어지기 때문이에요. 참고로 뇌세포 발달에 중요한 인자는 단백질 섭취와 자극에 있다고 해요.

멕시코의 어느 부락민을 대상으로 한 연구 결과예요. 이 부락민은 대대로 영양실조에 시달리고 있었고, 대부분의 지적 능력이 평균치보다 떨어졌어요. 이들 중 임신한 여인들을 두 집단으로 나누어 한쪽에는 임신 중 섭생을 잘 시켰고, 다른 집단은 종래대로 두었는데 섭생이 좋았던 임산부의 아이들은 출산 후 태아의 머리가 상대적으로 더 컸다고 해요. 신체적 성장도 빠르고 어휘 획득도 빨랐으며 호기심이 많아 활동적인 특성을 보였다고 해요.

이상의 연구들을 종합해 볼 때, 아기는 엄마의 배 속에서부터 들을 수 있어요. 또 엄마의 정서적 안정이 곧 아기의 정서적 안정으로 이어져 안정감 있는 인격 형성의 기초가 된다는 것을 알 수 있어요. 엄마가 임신 중 섭생이 좋지 않아 영양실조에 빠지면 아기의 뇌세포 발달에 장애가 오니 정신 위생은 태아 때부터 시작해야만 해요.

태아에 대한 어머니의 태도에 따라 출생 후 아기의 건강이 달라질 수 있어요. 독일 잘츠부르크 대학의 게르하르트 로트만 박사는 411명의 임산부를 네 부류로 나누어 실험을 했어요. 첫째는, 아기를 원하는 임산부 부류였어요. 임신 자체가 즐거웠고 출산의 고통도 적고 아이도 건강했어요. 둘째는, 아이를 싫어하는 임산부 부류였어요. 임신 중 엄마가 많이 아팠어요. 아이도 조산, 미숙아를 낳는 비율이 높았고 정신적으로 불안정한 아이를 낳았어요. 셋째는, 남편이나 가족들은 모두 임신을 기뻐하지만 본인은 무의식적으로 아이를 거부하는 임산부 부류였어요. 넷째는, 임산부가 아이를 원치 않는다고 노골적으로 말하면서도 무의식적으로는 아이를 원하는 임산부 부류였어요. 아이를 거부하는 임산부에게서는 무기력하고 둔한 아이가 태어났어요. 태아가 자기에 대한 어머니의 감정을 안다는 것이에요.

부모의 결혼 생활도 태아에게 큰 영향을 줘요. 영국 글래스고 대학의 데니스 스토트 박사가 1,300명의 아기와 가족을 대상으로 조사를 했어요. 화목한 부모에 비해서 적대적인 부부에게서 장애아가 태어날 위험이 2.5배나 높았어요. 불안한 부부 생활을 하는 부모의 아이는 공포에 잘 빠지고 약하고 신경질적인 아이가 태어날 확률이 5배나 높았지요. 다시 말하면, '불행한 태아기 체험'이 '불행한 인간'이 될 확률을 훨씬 높게 만든다는 거예요. 따라서 자궁 내 환경이 따뜻하고 안전하면 그

만큼 태아의 인격이 안정되는 거예요. 자궁과 마찬가지로 외부 세계도 안전하고 사랑 넘치는 곳이라고 기대하게 되는 거죠.

태아가 엄마의 사랑을 감지할 때는 사랑이 보호막으로 작용하여 외부 스트레스를 막아 준다고 해요. 한 예로, 임신 6개월인 한 엄마가 있었는데 난소암이 발견되었어요. 당장 수술을 해야 했어요. 그렇게 되면 태아를 유산해야 했죠. 이건 엄마에게 큰 쇼크였어요. 그러나 엄마는 임신 중절을 거부했어요. "아기를 위해서라면 어떤 위험도 각오하겠어요."라고 했어요. 이런 엄마의 각오와 사랑이 보호막이 되었어요. 다행히 아기는 정상적으로 건강하게 태어났고 잘 자랐어요. 스트레스보다 아이에게 더 중요한 것은 엄마의 감정이에요. 아기는 엄마의 감정을 읽는 듯해요.

인간의 성격은 태아 때부터 형성이 돼요. 이태리의 한 정신분석가가 쌍둥이 태아를 관찰한 기록은 매우 흥미로워요. 둘 중 하나는 우세하고 공격적인데 이런 성격은 태어난 후에도 계속되었어요. 배 속에서 하던 놀이를 태어난 후에도 하는 것은 신기한 일이었어요. 예컨대, 양수 막을 사이에 두고 놀던 쌍둥이가 태어난 후에는 커튼을 사이에 두고 노는 것을 관찰했어요.

성격은 뇌의 회로에 따라 형성되는 것이에요. 그런데 뇌의 회로는 태아기에 가장 많이 형성이 되요. 그도 그럴 것이 인간의 뇌가 일생 중 가장 빨리 자라는 시기가 태중 열 달이에요. 눈에 보이지도 않던 수정란이 불과 10개월 만에 300그램의 뇌를 가지고 태어나요. 임신 중 엄마의 섭식이 좋아야 뇌가 건강

성격, 아는 만큼 자유로워진다

한 아이를 낳을 수 있어요. 엄마가 불안하면 태아도 불안하고 성격 형성에 장애를 가져올 수 있어요. 태아 교육이 중요한 이유지요.

갓난아이 시절, 엄마의 반응

그리스 신화에 나오는 나르시스^{Narcisse} 이야기를 아시나요? 어떤 유혹에도 눈을 돌리지 않는 나르시스에게 거절을 당한 요정들이 복수의 여신 네메시스^{Nemesis}에게 부탁해 호수에 비친 나르시스 자신의 모습만을 사랑하게 되었다는 비극적인 이야기죠. 나르시스는 샘물에 비친 자기 얼굴에 도취돼 헤어 나오지 못했어요. 이것을 '자기애'라고 해요.

인간은 태어나서 유년기까지 다 '나르시시스트^{narcissist}'라고 할 수 있어요. 자기가 최고거든요. 엄마 형편 같은 것은 아이가 알 바 아니죠. 자기가 배고프면 막 울어대요. 빨리 젖 가져다 대령하라고. 그러면 엄마들은 아무리 바빠도 아이한테로 달려가요. 아이의 욕구를 만족시켜 주려고요. 그래서 프로이트는 "아기는 집안의 황제다."라고 했어요. 황제도 그런 황제가 어디 있겠어요? 완전히 엄마를 지배하고 있으니까요. 그래도 엄마는 기꺼이 종노릇을 해요. 종노릇하면서도 좋아하는 존재는 엄마밖에 없을 거예요. 그때 아이들은 '건강한 나르시시즘^{healthy} ^{narcissim}'을 갖게 돼요. "내가 대단한 사람이구나. 내가 한마디 하니까 엄마가 즉각 대령하잖아!" 엄마는 아이가 필요로 할 때 바로 이용 가능한 대상^{available mother}인 것이죠. 엄마가 이렇게 즉 각적으로 반응해 줄 때 아이는 자기가 최고라고 느껴요. 이게 굉장히 중요한 거예요. "엄마, 나 예뻐?"하며 방긋 웃을 때, 엄마가 "그럼 그럼, 우리 새끼가 제일 예쁘지." 이런 반응을 보여주면 아이는 그때 만족을 느끼면서 자아상^{self image}을 갖게 돼요. '예쁜 아이 자아상'이지요. 그때까지 아이는 자기가 진짜 예쁜지, 미운지 잘 몰라요. 그런데 엄마의 거울에 비친 자신을 보면서 내가 예쁜 아이인지 미운 아이인지를 알게 돼요. 엄마가 그렇게 거울처럼 반응해 주는 것을 '반사^{mirroring}'라고 해요. 나르시스가 샘물에 비친 자기 얼굴에 반하듯이 아이는 엄마라는 거울에 비친 자기를 보고 반하는 거죠. 그래서 '아, 나는 예쁜 아이이고, 최고구나.'라는 인식을 갖게 되는 거죠. 이게 건강한 자기애이고 굉장히 중요한 거예요.

'반사'를 잘 받은 아이들은 건강한 자기애를 갖게 되고 '견고한 자기^{cohesive self}' 개념이 자리를 잡아요. 이런 애들은 자존심이 상할 일이 있어도 자기가 깨지지 않아요. 자기가 깨진다는 것은 자존심이 조금만 상해도 금방 마음이 무너져서 "직장도 안 나갈 거야. 사람들도 안 만날 거야. 나 같은 게 어디를 가. 누가 나 같은 것을 인정해 주겠어." 하는 거예요. 그러면서 두문불출하고 무너져 버리는 사람이죠. 이것이 자기가 깨진 증상이에요. 나라는 존재를 주장하지 못하는 것이죠. 자기가 견고한 사람들은 자존심이 상해도 절대로 그러질 않아요.

예컨대, 목사님에게 인사를 했는데 목사님이 인사를 받지

성격, 아는 만큼 자유로워진다

않고 지나쳤다고 해요. 그럴 때 견고한 자기가 형성된 사람은 '목사님이 내 인사를 안 받은 것은 그럴 만한 사정이 있을 거야.' 이렇게 생각해요. 하지만 자기가 깨진 사람들은 '내가 얼마나 못나고 하찮고 한심해 보였으면 인사도 안 받겠어. 목사님만 그러는 게 아니야. 권사님도 그러시고 친구들도 나를 무시해. 나는 인간도 아니야.' 인사 한 번 안 받아줬는데 생각이 여기까지 가요. 인사를 안 받는 것은 여러 가지 가능성이 있잖아요. 그런데 그쪽 가능성은 안 보이고, 다 못난 자기하고 연관시켜서 무너져 버리는 거예요.

건강한 자기애를 가지려면 엄마한테 사랑을 받고, 인정을 받고, 엄마로부터 반사를 잘 받아야 해요. 그런데 만일 아이가 "엄마" 하고 부르는데 엄마가 우울증에 빠져서 반응을 못 해 주고, 아이가 배고파서 울어도 엄마가 자기 할 일만 한다면 견고한 자기를 가질 수 없어요. 자기가 깨지는 거예요.

보통, 엄마들은 무척 바빠요. 가정을 돌보는 일 외에도 많은 일을 해요. "엄마는 돈 버느라 바쁘단다." 그러나 아가는 돈을 몰라요. "엄마는 논문 때문에 바빠." 아기가 논문을 어떻게 알아요? 다만 아이가 엄마로부터 반사를 못 받으면, '내가 최고가 아니구나. 내가 사랑받는 존재가 아니구나.'라고 생각할 뿐이에요. 성장하면서 이런 결핍 경험을 수백 번 하다 보면 '자기'가 '깨어지기 쉬운 자기 fragmenting self'가 되는 거죠.

그러다가 어디서 조그만 충격이 가해지면, 마치 모양만 겨우 맞춰 놓은 금 간 유리그릇처럼 아작하고 깨져 버리는 거예요. "나 직장 안 나가. 나 학교 그만둘 거야. 파혼할 거야." 하며 완전히 무너져 버려요. 이런 것을 '깨진 자기fragmenting self'라고 하는데 이런 것이 어릴 때 어머니와의 관계에서 경험했어야 할 '건강한 자기애'를 경험하지 못했기 때문에 생기는 거예요.

이런 사람들은 나중에 굉장히 거만한 사람이 되기도 해요. '자기애적 성격 장애'자가 되는 거예요. 남들을 굉장히 착취하고 지배하려는 성향이 돼요. 왜냐하면 그 마음속이 사랑에 굶주려 있기 때문에 그것을 보상하기 위해서 남들을 착취하게 되는 거죠.

이런 일들이 유년기 경험에서 생겨요. 그러니까 어릴 때 애들은 예쁨받고 자라야 해요. 엄마들은 우울하면 안 돼요. 엄마가 우울하면 아무리 아이한테 좋은 반사를 해 주고 싶어도, 엄마도 인간이니까 그게 안 돼요. 그러면 애들은 인격의 성장이 잘 안 돼요. 그래서 엄마들은 우울할 권리도 없어요. 예뻐해 줘야 해요. 아빠들도 애들을 예뻐해 줘야 하고요.

어떤 분의 아버지 이야기가 인상적이었어요. 어릴 때 놀이터에서 놀다가 문득 시선이 느껴져서 돌아보니까 아빠가 자기를 보면서 웃고 계시더래요. 굉장히 행복했대요. 뭔지 모르게 뿌듯하고 안심이 되고요. 등 뒤에서 나를 보는 아빠가, 내가 좋아서, 사랑스럽고 귀해서 웃어 주는, 그런 시선을 받고 자란 아이가 건강한 사람이 되는 거예요. 그런데 "아이고, 귀찮게 굴지 말고 저리 좀 가." 이러면 문제가 복잡해져요. 그게 암암리에 성격 내면에 자리 잡아서 현재의 대인 관계에 영향을 준다는

성격, 아는 만큼 자유로워진다

거예요.

　이런 사람들은 하나님을 뵐 때도 '하나님도 우리 아버지 같을 거다.' 하고 단순 논리를 적용해요. 하나님은 우리 아버지와 다른 분이잖아요. 날 외면하시는 분이 아니잖아요. 그런데 꼭 나를 외면하는 분으로 보여요. 마음속으로 그렇게 알고 있어요. 머리로는 '하나님은 나를 위해서 자기 아들을 세상에 보내어 십자가에서 죽게 하신 사랑의 하나님이시다. 하나님은 사랑이시다.' 하고 달달 외지요. 하지만 막상 어떤 문제에 부딪히면 '하나님은 내가 지은 죄만 기억하시고 처벌하는 분이야. 하나님도 나를 싫어할 거야.' 이렇게 자기 아버지를 하나님 아버지로 착각해요. 이것이 신앙생활에 큰 영향을 주는 거예요. 그런 아버지한테 어떻게 기도하겠어요.

　어릴 때, 그런 무서운 아버지한테는 용돈 달라고도 못 해요. 엄마한테 가서 하죠. 그러면 엄마는 "용돈은 아버지한테 달라고 해라."라고 말하죠. 그러면 "엄마가 대신 좀 말해 줘요." 하죠. 그래서 성모 마리아가 나온 것 같아요. 하나님과 나와의 사이에 뭔가 가로막는 게 생기면 영적 성장은 안돼요. 왜 가로막히게 되느냐면 하나님도 나를 외면했던 우리 아버지 같은 줄 알기 때문이에요. 그대로 단순 논리로 적용해 버리는 거예요. 그럼 영적 성장을 위해서 어떻게 해야 될까요? 자기 성찰이 필요해요. '내가 내 아버지와 하나님을 착각하고 있었구나. 그래서 하나님의 용서와 사랑과 은혜를 내 사건으로 받아들이지 못하고 있었구나.' 그러면 하나님에 대한 착각에서 벗어날 수 있어요. 하나님을 하나님으로 제대로 볼 수 있게 되는 거죠. '하나님 인식'에 변화가 일어나요. 이때 비로소 하나님과 가까워질 수 있게 되죠.

유아기 때 부모와 가졌던 관계가 하나님과 맺는 관계에도 영향을 줄 수 있어요. 무의식중에 영향을 주기 때문에 인식하지 못하는 경우가 많지요.

중요한 숙제, 대소변 가리기

강박 성격이 왜 생기는가에 대해 정신 분석에서는, 어릴 때 부모가 아기들에게 대소변 가리기를 너무 엄하게 빨리 시키면 완벽주의 성격, 강박 성격이 된다고 해요. 보통 2-3살 때가 되면 아이들은 '대변을 갖고 있느냐 아니면 싸 버리느냐.' 하는 문제로 주도권control을 즐겨요. 그러니까 아이는 자기가 하고 싶은 대로, 싸고 싶을 때 아무 데서나 싸고 싶은데 그때 엄마와 충돌해요. 엄마는 깨끗해야 하고 꼭 제자리에서만 해야 해요. 엄마 말대로 따르지 않으면 벌을 받아요. 그러면 주도권을 엄마에게 빼앗기는 거죠. 그때 애는 화가 나요. 자기 마음대로 하고 싶은데 엄마가 못 하게 하니까요. 엄마와 갈등 관계가 이때 일어나요. 이때 엄마가 너무 무섭고 강하게 훈련시키면 아이는 자기의 주도권 행사를 포기하게 돼요. 엄마에게 복종하게 되죠. 그래서 성장 후에 강박 성격이 되는 거예요.

강박 성격은 청결이 제일 중요해요. 대소변 가리기 훈련

　　　성격, 아는 만큼 자유로워진다

때 엄마가 원하는 게 청결이었잖아요. 정리 정돈하는 것, 청결한 것, 시간 엄수하는 것, 이런 것이 강박 성격의 특징인데 이것은 엄마 쪽에 완전히 복종하고 들어간 모습이죠. 그 대신 주도권을 엄마에게 빼앗겼기 때문에 어떤 식으로든지 자기가 주도권을 갖고 있다는 것을 확인하고 싶어 해요. 그래서 강박 성격의 사람들은 '주도권을 갖느냐, 놓치느냐.' 하는 것에 목을 매다시피 해요. 굉장히 중요하게 생각해요. 무엇이든지 자기 뜻대로 하고 싶어 해요. 자기가 정해 놓은 기준대로 해요. 남들이 "괜찮아, 그럴 필요 없어." 하는 말은 아무 소용이 없어요. 이처럼 강박 성격은 2-3살 때 어머니의 대소변 가리기 훈련과 관련이 있다고 해요.

오이디푸스 콤플렉스 이야기

30대 여류 화가가 있었어요. 제주도로 신혼여행을 갔는데, 첫날밤에 신랑이 샤워하고 침대 속으로 들어오자 불안 발작을 일으켰어요. 비명을 지르고 오들오들 떨었어요. 다음 날 바로 병원으로 왔어요. 알고 보니까 성관계에 대한 죄책감 때문에 그렇게 된 거였어요. 문제는 아버지에게 있었어요. 아버지가 이 딸을 지나치게 예뻐한 거예요. 딸을 자기 식으로 예뻐한 거죠. 예컨대, 이 딸은 시집갈 때까지 생리대를 아버지가 사 주는 것만 써야 했어요. 딸의 모든 행동을 아버지가 다 지배했어요. 반면에 어머니는 아버지에게 노예 취급을 당했어요.

이렇게 되면 '오이디푸스 콤플렉스Oedipus complex'에 문제가 생겨요. 딸이 아버지를 사랑하고 어머니를 라이벌로 느끼는 거지요. 엄마를 제거하고 아빠를 독점하고 싶은 것을 '엘렉트라 콤플렉스Electra complex' 또는 '오이디푸스 콤플렉스'라고 해요. 요즘은 남녀 모두 오이디푸스 콤플렉스라고 하는데, 남자아이들도 4-5세가 되면 엄마를 독점하고 아빠를 제거하고 싶어 해요. 누구나 다 이런 과정을 거쳐요. 인류의 보편적 현상universal process 이지요.

인류학자 마거릿 미드Margaret Mead 여사가 아마존의 원시 민족을 탐사했는데, 그 민족의 아이들에게도 오이디푸스 콤플렉스가 있었어요. 이 콤플렉스는 너무나 큰 죄책감을 일으키기 때문에 무의식 깊은 곳에 숨어 있죠. 그래서 정신 분석을 통해서만 밖으로 나와요.

이 화가 처녀가 오이디푸스 콤플렉스에 빠져 있었어요. 성장하면서 아버지로부터 벗어나야 되는데 그게 안 된 거예요. 아버지가 문제가 있는 아버지였어요. 딸을 놓아 주지 않았어요. 아버지 자신의 오이디푸스 콤플렉스가 해결이 안 된 거예요. 자기 어머니 대신에 이 딸을 오이디푸스 대상으로 삼은 거죠. 아버지가 놓아 줘야 딸도 성장할 수 있는데 아버지가 꽉 붙잡고 있었어요. 딸도 아버지로부터 벗어나려고 갖은 노력을 다 했더라고요. 아버지와 충돌이 일어나면 주로 많이 사용하는 방법이 밥을 굶는 거였어요. 별로 효과를 보진 못했어요. 그 집에서는 아버지가 제왕이었어요. 자기 부인한테도 제왕이더라고

성격, 아는 만큼 자유로워진다

요. 내가 회진 갔을 때 부인이 침대머리에 서 있으면 나가라는 말 대신에 부인을 노려보며 턱으로 말해요. 그럼 부인은 황급히 병실을 떠났어요. 부인이 완전히 노예더라고요. 이런 아버지 아래서는 딸의 오이디푸스 콤플렉스가 해결되기 어려워요.

더구나 딸의 신랑이 아버지의 친구 아들이었어요. 환자보다 일곱 살이나 위였고요. 딸이 태어나니까 아버지들끼리 미리 정혼했던 거예요. 무슨 조선 시대도 아니고요. 그렇게 아버지의 뜻대로 성사된 결혼이었어요. 딸 입장에서는 이 신랑이 또 다른 아버지였어요. 첫날밤 성관계를 하려고 접근해 오는 신랑이 무의식에서는 남편으로 안 보이고 아버지로 보였어요. 초자아는 그때 굉장히 비난하겠죠. 근친상간이니까요. 무서운 죄악이잖아요. 그래서 공포증이 일어났던 거죠. 다행히 치료가 잘 되었어요. 치료를 통해서 자아가 건강해지니까 '아 내가 그러고 있었구나.' 하고 이해하게 되었어요. 이후 신랑과 성생활도 가능해졌어요.

자기 성찰 능력이 생기면 치료가 일어나요. 이 성찰 능력을 '자아의 관찰 기능observing function'이라고 해요. 무의식의 갈등을 이해하지 못할 때는 '나는 성질이 본래 이래.'라든지 '이게 다 내 팔자야.' 하고 덮고 넘어가요. 그런데 관찰 기능이 발달하면 전후 관계가 이해가 돼요. '아 이것이 팔자가 아니라 내가 그렇게 선택하고 있었구나.' 하면서 달라지죠. 그래도 극적으로 금방 달라질 거라고 기대하진 마세요. 사람 마음이 그렇게 쉬운 게 아니에요. 성격은 하루 이틀도 아니고 몇십 년이 걸려서 만들어진 것이니까요.

성격은 어릴 때부터 만들어진 거예요. 자기 나름대로는 가장 안전하고 가장 만족을 주는 방법이라고 믿고 사용해 온 거예요. 그것을 버리고 다른 방법을 선택한다는 것은 모험이에요. 그래서 성격을 고친다는 게 쉽지가 않아요. 정신 분석을 받아야 이것이 되거든요.

제가 알기로는 성격을 개조하는 방법 중 가장 좋은 것이 정신 분석이에요. 그런데 정신 분석이 돈도 많이 들고 시간도 많이 걸려요. 나는 일회기에 45분간 분석하는데 20-30만 원을 받아요. 비싸죠? 그런데 일주일에 4번씩 몇 년을 해야 해요. 저도 350시간을 받았어요. 이렇게 분석을 받기가 쉬운 일이 아니에요. 이런 이유로 모두 분석을 받을 수 없으니까, 강의나 책을 통해서 관찰 기능을 강화하기도 해요. 자기 성찰의 도구를 찾으려고요. 그 도구를 이용해서 자신을 이해하려는 노력을 계속해야 해요.

오이디푸스 콤플렉스 이야기를 계속할게요. 보통, 성장 과정에서 4-5세 때 최초로 오이디푸스 콤플렉스를 느껴요. 초등학교 다닐 때는 그런 갈등이 수면 아래로 숨지요. 왜냐하면 유치원에 적응하고 학교에 적응하느라고 바빠서 드러나지 않는 거예요. 잠복기에 접어든 거죠. 하지만 사춘기 때 다시 표면으로 올라와요. 이때 호르몬 분비가 증가하기 때문에 성적인 욕구가 생기고, 남자아이들은 아빠하고 많이 싸워요. '엄마같이 저렇게 좋은 여자를 독점하다니 아빠는 너무해. 뭐가 잘났다고.' 그래서 아빠한테 유감이 많아요. 아빠를 미워할 다른 표면적 이유가 많죠. 하지만 진짜 이유는 오이디푸스 콤플렉스인 경우가 많아요.

반면, 사춘기 때 딸들은 엄마하고 많이 싸워요. '저런 매력적인 남자를 독점하면서도 만족할 줄 모르다니, 엄마가 아빠한테 너무해.' 이러면서 여러 가지 복잡한 현상들이 나타나요. 변형된 현상들도 있고요.

거세 공포증과 초자아

사춘기에 나타나는 오이디푸스 콤플렉스는 4-5세 때 하고는 달라요. 4-5세 때는 현실을 잘 모르지요. 그냥 욕구만 있을 뿐 아직 성적 능력이 없어요. 엄마하고 섹스할 수 있는 능력이 없어요. 그런데 사춘기가 되면 육체적으로 성장했기 때문에 섹스가 가능해지고 임신의 두려움도 일어날 수가 있어요. 그래서 무서워진단 말이죠. 그런데다가 또 한 가지는 '엄마를 좋아하는 나를 아빠가 예뻐할 리가 없다.'는 생각을 해요. 그래서 아빠가 내가 남자 구실을 못 하게 하려고 내 성기를 잘라 버릴지도 모른다는 두려움을 느껴요. 이것을 '거세 공포증castration anxiety'이라고 해요.

이 글을 읽는 여러분들은 실감이 안 날 거예요. 그런데 이게 무의식에서 진행되는 일이에요. 정신 분석학자들이 100년 이상 연구해서 입증한 내용이에요. 남자아이들은 거세 공포증을 느낄 때 아빠가 굉장히 두려워져요. 아빠가 거인같이 보여요. 굉장히 큰 인물로 보이고 자기는 너무너무 작고 무력한 존재로 보여요. 그 아빠가 와서 아이 성기를 자르려고 하면 도저히 저항할 수 없어요. 그러니까 아이는 살길을 찾아요. 어떻게 찾느냐 하면 '아빠 말을 잘 듣자.' 하는 거지요. 아빠가 원하는 도덕 기준, 아빠가 원하는 가치관을 그대로 받아들여요. 순종하게 돼요. 무의식의 언어를 들어 볼 수 있다면, '아빠 말대로 할게. 내 거 자르지마.' 이러는 거지요. 이 과정을 통해서 아빠의 가치관이 아이의 인격 내면에 들어오게 돼요. '내재화'라 하지요. 이렇게 해서 아이의 인격 내면에 들어온 아빠가 초자아가 되는 거예요. 말하자면 초자아란 내 마음속에 들어와 있는 아빠인 거예요. 아빠가 무서워서 생긴 거지요.

그래서 초자아의 가장 중요한 부분은 아빠 이미지예요. 내 성격 내면에 들어와서 살고 있는 아빠가 초자아라고 볼 수 있어요. 아주 단순하게 말하면 내가 어떤 행동을 할 때 마음속에 아빠가 나타나는 거죠. "그건 안 돼!" 그래서 어릴 때 너무 잔인한 아빠를 경험한 아들은 극단적으로 두려운 초자아를 갖게 돼요. 아들이 작은 실수를 해도 몽둥이로 패고, 고드름 맺힌 추운 겨울 날 발가벗겨서 쫓아내는 아빠도 있어요. 별로 잘못한 것도 없는데 무시무시한 벌을 주면 마음속의 아빠가 굉장히 무서운 초자아가 되는 거죠. 앞에서 말씀드린 아이의 뺨을 주걱으로 때린 그 미장이 아빠도 이런 아빠라 할 수 있지요. 이런 초자아를 가진 사람은 살면서 만나는 어른들이 무서워요. 윗사람

성격, 아는 만큼 자유로워진다

은 다 무섭게 느껴져요. 또한 실수를 지나치게 두려워해요. 실수할까 봐 매사가 너무너무 두려워요. 늘 죄책감을 느끼고요.

초자아가 다 같은 것 같아도 그렇지 않아요. 사람마다 다 다른 초자아를 갖고 있어요. 주일날 예배당에 300명쯤 모여 있다고 하면 300여 개의 다른 초자아가 있다고 할 수 있어요. 예를 들어 볼게요. 자동차를 몰고 가는데 신호등이 바뀌었어요. 빨간불이 켜졌어요. 그런데 새벽이라 사람이 안 다녀요. 경찰도 보이지 않고요. 그래서 신호를 무시하고 지나갔어요. 이때 마음에서 일어나는 반응이 300여 개가 된다는 말이에요. 어떤 사람은 신호를 무시하고도 아무렇지 않아요. '야호, 시간 벌었다.' 오히려 기분이 좋아져요.

그런데 어떤 사람은 심한 양심의 가책을 느껴요. '신호를 어기다니 나는 사람도 아니다.' 심한 불안을 느끼는 사람도 있어요. '큰일 났다. 경찰이 숨어서 봤을 거야. 체포되어 감옥에 가면 직장에서도 해고되고, 교회에 소문나서 장로가 신호 어겼다고 인터넷에도 뜰 거야. 아, 나는 망했어.' 하고 생각하죠. 사무실 문이 벌컥 열리면 '나 잡으러 경찰이 왔나?' 하고 놀라서 돌아보죠. 이런 사람은 초자아가 굉장히 비대한 사람이라 할 수 있어요. 초자아가 비만증에 걸린 거예요. '가혹한 초자아'예요.

이처럼 신호 위반은 똑같은 범법 행동인데 이 행동에 대해서 일어나는 내적 반응은 천차만별이에요. 각기 다른 초자아의 반응인 거죠. 유년기에 어떤 아버지를 두었느냐에 따라서 이처럼 반응이 달라지는 거예요.

오이디푸스 콤플렉스의 해결

이제부터 오이디푸스 콤플렉스가 어떻게 해결되는지에 대해서 말씀드릴게요. 앞에서 사춘기가 되면 4-5세 때와는 다르다고 말씀드렸어요. 지적으로 성장했기 때문에 사람이 어떻게 행동해야 하는지를 알아요. 사회적으로 이런 행동을 하면 어떻게 된다든지 그런 것을 어느 정도 아는 나이가 되었어요. 그래서 아이는 나름대로 오이디푸스 콤플렉스를 해결할 길을 찾아요. 아이도 살길을 찾는 거예요. 아들의 경우는 '엄마는 아빠의 아내야. 나는 포기해야 돼. 엄마와는 도저히 이루어질 수 없는 사랑이야.' 그래서 엄마를 포기하는 단계가 있어요. 딸들 같으면 '아빠가 아무리 매력이 있어도 아빠와 결혼할 수는 없지. 아빠는 엄마 거니까. 둘이서 잘 먹고 잘 사세요.' 그러나 아들들은 엄마를 포기하는 순간부터 다른 여성들이 보이기 시작해요. 그래서 사춘기 애들이 연애편지를 보내죠. 여성에 대한 관심도 많아져요. 여성하면 엄마밖에 없었는데 엄마가 자리를 비켜 주는 순간, 엄마가 가리고 있던 몇십 억의 여성이 확 부상되지요. 그러면서 교회 고등부 부회장 여학생이 자꾸 눈에 들어오는 거예요.

한 남학생이 "저는 잡념 때문에 괴로워서 못 살겠어요." 하고 고통을 호소해 왔어요. 그래서 "무슨 잡념이냐?"고 했더니 고등부 부회장 여학생을 사랑한다는 거예요. 그 여학생이 자꾸 생각나서 공부를 못 하겠대요. 그래서 내가 그랬죠. "너한테는 그 여학생 생각이 잡념이 아니라 진짜 생각이다. 너한테는 공

성격, 아는 만큼 자유로워진다

부가 잡념이야."

많은 사람들이 사람 마음을 너무 몰라요. 사람 마음이 무슨 기계인 줄 알아요. KBS 보다가 'KBS는 볼 게 없네. MBC 봐야지.' 하고 채널을 MBC로 돌려요. 그러면 KBS는 안 나오잖아요. MBC만 나오죠. 사람 마음도 이렇다고 생각해요. 생각을 마음먹은 대로 바꿀 수 있다고 생각해요. 그리고 그게 잘 안되면 이것 때문에 너무 자기 마음을 구박해요. 의지가 약하다고. 그러나 마음은 그렇게 쉽지 않아요. MBC로 넘어와도 KBS 방송은 계속 진행되고 있는 거예요. 마음이 그러는 거예요.

어쨌든 그런 과정을 밟아서 엄마를 포기하고 다른 여성들을 보고 그 여성들과 데이트하고 그러다 '아, 여자들이 다 똑같은 여자가 아니구나. 이런 스타일의 여성이 있고 저런 스타일의 여성도 있구나.' 하고 깨닫게 되죠. 이런 과정이 꼭 필요해요. 여성 구별 능력이 필요해요.

그런데 전혀 여성을 사귀어 보지도 못하고 한 여자를 만나자마자 결혼해 버리고 후회하는 사람도 있어요. 너무 자기 스타일이 아닌 거예요. 사귀어 봐야 해요. 그리고 그중에서 자기 스타일에 맞는 사람을 골라 결혼하는 거예요. 그런데 대개는 그 여성의 가장 결정적 특징이 엄마의 어떤 결정적 특징하고 같을 때가 많아요. 오이디푸스 콤플렉스의 영향을 받는 거예요.

예컨대, 어떤 남자분은 배우자를 선택할 때 생활력이 강한 여성을 선택했대요. 그런데 이분의 어머니가 그렇게 생활력이

강한 분이었어요. 그래서 확 마음이 끌려 버린 거였어요. 대개 남성들은 어머니의 결정적인 특징을 가진 여성에게 필이 꽂혀요. 여성들은 아버지의 특징을 가진 남성에게 필이 꽂히고요. 아버지를 미워해도 그러더라고요. 어떤 부인의 경우인데요. 아버지가 술만 마시고 가정을 돌보지 않았대요. 그래서 아버지를 미워했어요. 그런데 이상했던 것은 이 분이 세 번 결혼했는데 결혼만 하면 남자가 알코올 중독자였어요. 아버지의 결정적 특징이 술이었어요.

참 모순이죠? 배우자 선택에 오이디푸스 콤플렉스가 무의식적으로 작용하는 것을 보여 주는 경우들이죠. 어쨌든 인간은 부, 모를 포기하는 이런 과정을 겪으면서 오이디푸스 콤플렉스를 벗어나요. 그리고 어른이 되는 거예요. 정신 분석적인 인간 성장 과정이라고 볼 수 있어요. 이 과정이 잘못되면 앞서 말씀드린 화가 처녀와 같은 경우의 일이 벌어져요.

성격에도 롤 모델이 필요하다

성격 발달에서 중요한 것은 '동일화'예요. 인간의 성장에 있어서 가장 중요한 방법이 동일화하는 거예요. 보고 흉내 내면서 배우는 것. 이게 아이들에게 가장 중요한 과정이에요. 동일화를 통해서 남자도 되고, 인격도 성장해 가는 거죠.

예를 들면, 고추만 달고 나온다고 해서 다 남자가 되는 게 아니에요. 고추를 달고 나온 다음에도 자라면서 아버지를 보고

성격, 아는 만큼 자유로워진다

남성다움에 대해 배워야 남자가 되는 거예요. 그런데 아버지를 보고 남성다움에 대해 배울 기회를 잃어버린 트랜스젠더가 돼요. 딸들이 아빠의 남성다움 쪽을 동일화해서 받아들이면 사내아이 같은 여자아이가 되는 거예요. 이런 여자 애들은 절대 치마는 못 입고 바지만 입어요. 남자 역할을 하는 동성애자도 이 과정에서 생겨요. 남자애들은 아버지를 보고 남성으로 가고, 여자애들은 어머니를 보고 여성으로 가는 것이 정상적인데, 어떤 이유에서인지 이것이 안 되면 동성애가 생기고 성 주체성 장애가 오게 돼요.

어느 날 정신과 외래를 보는데 예쁜 처녀가 왔어요. 까만 단발머리에 살결은 뽀얗고, 토끼털처럼 뽀송뽀송한 하얀 스웨터를 입었어요. 검은 미니스커트에 검은 부츠를 신고 키도 1미터 70은 넘겠더라고요. 꼭 모델 같았어요. 정신과에서는 보기 힘든 미모였어요. 저는 '동생 약 지으려고 누나가 대신 왔나 보다.' 하고 생각했어요. 그래서 "동생분은요?" 하고 물었어요. 그러자 "전데요." 하는 거예요. 분명 차트에는 남자였는데 말이죠. 트랜스젠더라고 하더라고요. 스물한 살이 되니까 영장이 나온 거예요. 군대에서는 정신과 의사가 진단서를 끊어 주면 면제가 되거든요. 그래서 진단서를 받으러 왔더라고요. 진단서를 끊어야 하니까 신체검사를 해야 했어요. 옷을 벗겨 놓고 보니까 정말 아름다운 여체였어요. "에스트로겐 썼나요?" 1년 반 되었대요. 그것을 보고 호르몬이라는 것이 이렇게 신기한 거구나 하고 생각했어요. 평생에 분비되는 에스트로겐을 다 모아도 작은 간장 종지 하나도 안 되는데, 그렇게 소량의 호르몬이 여체를 만들더라고요. 그런데 보니 고추가 떡 하니 달려 있어요. 관찰을 해야 하니까 입원을 시켰어요. 남자니까 남자 병실에 입원시켰는데 밤새도록 잠을 못 자고 침대 위에 웅크리고 앉아서 달달 떤다고 간호원이 그래요. 아참, 심리적으로는 여자인데, 여자를 남자 방에 넣어 놓은 것과 똑같은 것이었어요. 그래서 간호원 사무실로 데려다 놓으니까 의자에서 잠이 들었어요. 고추는 달려 있는데 심리적으로는 여자인 거예요. 왜냐고요? 동일화할 대상을 상실했을 때 이런 일이 생기는 거예요. 그렇다면 동일화할 대상을 어느 때 상실하는지 아세요?

지금 한국 가정에서 큰 문제가 되는 점인데, 아버지가 권위를 잃어버릴 때 '아버지 부재'가 일어나요. 제일 중요한 문제예요. 아버지가 권위가 있고 강하고 좋아 보여야 애들이 아버지를 닮을 마음이 생기잖아요. 어떤 가정은 엄마는 호랑이인데, 아버지는 허수아비예요. 아버지를 찾으려면 현미경을 가지고 찾아야만 해요. 집안에 아버지란 존재가 없어요. 아버지가 무능해서도 그렇지만, 요즘 아버지들이 바빠서 아이가 자고 있을 때 출근하고 잠들었을 때 퇴근하니까요. 유치원에서 아이들한테 가족 그림을 그리라고 하면 그림 속에 아버지가 없대요. 동생하고 엄마하고 자신만 그린 거예요. 아버지는 어디 갔느냐 물으니까 그림 뒷장에 있었어요.

아버지들이 권위를 잃어버린 게 가장 큰 문제예요. 권위를 잃어버리니까 닮을 마음이 없어지고 그러니까 그렇게 나약한

성격, 아는 만큼 자유로워진다

아이들이 되는 거예요. 동성애나 성 주체성 장애가 나오고 그래요. 왜 이런가 봤더니 엄마들 책임이 크더라고요. 월급이 전부 엄마한테 가 버리니까 엄마들이 경제권을 다 가졌어요. 엄마들하고 애들하고는 사이가 긴밀해요. 공부를 주로 엄마가 시키니까요. 엄마들은 권위가 세지고 아빠들은 권위를 잃어 가고 있는 거예요.

예를 들어, 아빠가 아들에게 훈계를 했어요. "너 그 따위로 행동하면 안 돼. 똑똑히 해. 알았으면 들어가 공부해." 아들이 혼났으니까 입이 나와 자기 방으로 들어가요. 그때 엄마가 쪼르르 따라 들어가지요. 그리고 아들에게 대개 이렇게 말해요. "네 아버지 성질 네가 잘 알잖아. 네가 이해해." 아버지는 갑자기 성질 더러운 인간이 돼 버려요. 이러면 안 돼요.

인간이 지구 상에서 가장 좋아하고 사랑하고 의지하는 대상 한 사람을 꼽으라고 하면 엄마예요. 그럴 수밖에 없어요. 아이 때 엄마는 애들의 생존과 관계가 있어요. 엄마가 젖 안 주면 자기들은 굶어 죽었어요. 추울 때 엄마가 따뜻하게 안 해 줬으면 얼어 죽었어요. 위험할 때 보호 안 해 줬으면 어떤 맹수가 채 갔을지 몰라요. 그 모든 상황에서 엄마는 내 생존을 지켜 준 대상이에요. 엄마와 아기와의 관계는 '좋아요'나 '싫어요' 하는 낭만적인 개념이 아니에요. 이것은 엄마 없으면 살 수 없는 그런 관계예요. 그렇게 중요한 대상인데 안 좋아할 수가 있겠어요?

그러니까 아빠의 권위 세우기는 엄마에게 달려 있어요. 엄마가 아빠를 존경하잖아요? 그러면 끝나요. 더 이상 필요가 없어요. 아빠는 존경스러운 사람이 돼요. 그런데 엄마가 아빠를 무시하잖아요? 예컨대 아버지가 좀 늦게 들어오면 "어디서 술 처먹는가 보다." 하죠. 그러면 아버지의 권위는 순식간에 무너져 버려요. 엄마들이 아버지의 권위를 높여 줘야 해요. 아빠들이 때로는 속없는 짓거리를 할 때도 있지만 그래도 애 앞에서 내색해서는 안 돼요.

아빠에게 꾸지람 듣고 삐친 아들에게도 이렇게 말해 줘야 해요. "아빠가 너 나무랐다고 삐치고 그러지 마라. 아빠가 너를 얼마나 사랑하시는데. 너 지난번에 밤에 핸드폰 안 되고 소식이 단절되고 그랬을 때 아빠가 얼마나 걱정하고, 너를 찾으려고 뛰어다니고 그러셨는지 알아? 네 점퍼 사준 것도 아빠가 네가 추워 보인다고 사 주라고 해서 사 준 거야. 아빠는 너를 사랑하시고 너를 자랑스러워하셔."

어떻게 해서라도 아빠의 자리를 만들어 줘야 해요. 점점 가정에서 아빠의 자리가 없어지는 게 큰 문제예요. 아빠의 자리를 만들어 주면 아들은 아빠의 남성다움을 배워서 남자가 돼요. 딸들은 권위 있는 아빠와 사랑받는 엄마를 보면서 여성성에 대한 자랑을 갖게 되는 거죠. 성경적인 가족 구조가 가장 건강한 거예요. 정신 분석적으로 봐도 그래요.

"남편들아 아내 사랑하기를 그리스도께서 교회를 사랑하시고 그 교회를 위하여 자신을 주심 같이 하라"엡 5:25.

성격, 아는 만큼 자유로워진다

그리스도가 교회를 어떻게 사랑했느냐 하면 목숨을 걸고 사랑했어요. 그러니까 남편들은 아내를 목숨을 걸고 보호해 주고, 사랑해 줘야 하는 거예요. 성경은 아내들에게 "아내들이여 자기 남편에게 복종하기를 주께 하듯 하라 이는 남편이 아내의 머리 됨이 그리스도께서 교회의 머리 됨과 같음이니 그가 바로 몸의 구주시니라 그러므로 교회가 그리스도에게 하듯 아내들도 범사에 자기 남편에게 복종할지니라"^{엡 5:22-24} 고 말씀하고 있어요. 남편을 존경해 주고 높여 주라는 거예요. 남편들은 존경받는 대상이 돼야 해요. 그것이 성경적이에요.

부자 관계는 어떻죠? "아비들아 너희 자녀들을 노엽게 하지 말고"^{엡 6:4}. 노엽게 한다는 것이 뭐죠? 억울한 것이 노여운 거예요. 합리적으로 해야죠. 아이들을 노엽게 하지 않고, 억울하게 만들지 않는 것, 이것이 성경적인 가족 구조예요. 아이들에게는 "네 부모를 공경하라"^{마 19:19}고 했어요. 부모를 공경하지 않으면 큰 벌을 받아요. 부모는 존중의 대상이에요.

성경적 가족 관계가 우리 한국적 가족 구조하고도 같아요. 아버지는 권위를 갖고, 어머니는 사랑을 받고, 자식들은 아버지를 존중하고. 아버지는 아이들한테 대단히 합리적이고. 이렇게 될 때 아이들이 건강하게 자라는 거예요. 그런데 아버지의 권위가 살려면 어머니에게 아버지의 실망스러운 면이 보이더라도 어머니가 아버지를 존경해 줘야 해요.

어떤 엄마들은 남편하고 부부싸움하고 나서 애들을 자기편으로 만들려고 해요. 아이들한테 하소연하는 엄마들이 있어요. "네 애비가 때려서 이렇게 피멍이 들었다." 아버지를 악당으로 만들고 엄마는 피해자로 만들어서 아이들의 동정을 사고 아이들을 자기편으로 만들려고 해요. 아주 계산이 잘못된 거예요. 그러면 애들이 문제아가 돼요. 닮고 싶은 부모를 가진 아이들이 건강하게 자라는 거예요.

"인생은 출산 후부터가 아니고
태내에서부터 시작돼요."

04

"마음이 불안할 때 편안을 찾으려고
자아가 시도하는 것이 방어예요."

나를 지키는 방어 기제

자아가 우리 마음을 보호하기 위해서 '방어 기제[defense mechanism]'라는 것을 사용해요. 정신 분석가 프로이트가 그것을 발견하여 발표했어요. 방어 기제에 대해서 좀 이야기할게요. 방어는 무의식중에 일어나요. 자기도 모르게요. 그리고 방어는 자아의 기능이에요. 마음이 불안할 때 편안을 찾으려고 자아가 시도하는 것이 방어예요. 불안이 방어를 일으키는 동기가 되는 거예요.

① 억압: "나의 아픔을 남에게 알리지 말자."

'억압[repression]'이라는 방어 기제는 억누르는 거예요. 무의식중에 억누르는 것인데 마음에서 감당하기 어려운 것들이 의식에 있으면 괴로우니까 무의식으로 쫓아내는 거예요. 의식의 지하실로요. 이런 것들이 모아져서 무의식이 돼요. 무의식은 억압 때문에 형성된다고 할 수 있어요. 무의식에는 우리가 의식에서 감당하기 어려운 부끄러움, 분노, 슬픔 이런 것들이 많이 들어 있어요. 그게 의식으로 올라와 있으면 괴로우니까 눌러

놓는 거죠.

    예를 들어, 남편이 돌아가신 분이 있었어요. 돌아가신 남편
에게 너무 미안해서 살 수가 없을 것 같았대요. 겨울에도 따뜻
한 침대에서 잘 수가 없었어요. '남편은 차디찬 땅바닥에 누워
있을 텐데 나는 이렇게 따뜻한 데서 자다니 나는 나쁜 아내야.'
그리고 고기 같은 것도 먹으려고 하면 속에서 '내가 이런 것을
즐기고 있다니, 그럴 수는 없어!' 그래서 맛있는 음식도 먹지
못했어요. 남편을 그리워하고 괴로워하면서 살았어요. 그런데
어느 날 놀라운 일이 일어났어요. 자기가 고기를 맛있게 먹고
있는 거예요. 뿐만 아니라 TV를 보면서 깔깔거리며 웃고 있고
요. 충격을 받았대요. '나는 인간도 아니다. 어찌 이럴 수가 있
단 말인가.' 하며 비난했대요. 돌아가신 남편에 대한 미안한 마
음에 심한 죄책감을 느꼈어요. 그런데 사실은 그게 정상이에요.

    배우자가 죽으면 마음에서 '보내는 과정'이 진행돼요. 배
우자가 떠나간 빈자리의 아픔, 괴롭고 슬픈 기억들을 자아가
억압해서 지하실로 다 쫓아내니까 점차 의식이 편해져요. 그래
서 웃음도 나오고 고깃국도 먹고 그럴 수 있는 거예요. 그렇다
고 해서 아주 잊은 것은 아니잖아요? 문득문득 남편이 생각나
지요. 남편 친구 아들이 결혼한다고 청첩장이 날아오면 그걸
붙들고 엉엉 울어요. 무의식에 억압해 놨던 기억이 청첩장 때
문에 의식으로 올라와서 이런 일이 일어나는 거예요. 이것이
인간의 억압 과정이고 이것을 통해서 우리가 많이 보호받고 있
어요.

성격, 아는 만큼 자유로워진다

그 동안의 기분 나쁜 일들을 다 기억하고, 의식 속에 다 들어와 있으면 우리는 살 수가 없어요. 예컨대, 중학교 다닐 때 나만 괴롭히고 때렸던 그놈, 나를 미워했던 그 여자 영어 선생님 등등. 자존심 상하고 괴로웠던 기억들이 다 의식으로 올라오면 견딜 수가 없어요. 그래서 억압이 필요한 거죠.

그런데 억압을 너무 많이 해서 무의식이 포화 상태가 되면 괴로운 기억들이 막 치고 올라와요. 무의식에 있는 것들이 의식으로 올라오면 두려움이 생겨요. 살다 보면 어떤 때 속마음을 들킬 때가 있잖아요. 그럴 땐 가슴이 철렁 내려앉고 불안해지지요. 무의식에 있는 것들, 즉 속마음이 의식으로 올라와서 그런 거예요.

저는 교회에서 하는 내적 치유가 굉장히 위험하다고 생각해요. 억압을 통해서 자아가 무의식, 즉 의식의 지하실에 괴로운 감정이나 사건을 겨우 보내 놨는데, 내적 치유한다고 마음속에 있는 것을 다 이야기하라고 해요. 그럼 분위기 때문에 이 말 저 말 다 하게 되죠. 의식으로 올라오는 것을 감당할 만해서 받아들인 게 아니라 분위기 때문에 의식에 올라온 거예요. 분위기에 밀려 의식으로 밀고 올라오니까 자아가 압도되어 버린 거죠. 그럴 때 심한 정신 이상 증상이 나올 수 있어요. 모든 것을 다 꺼내 놓고 이야기하고, 버리라고 해요.

하지만 조심해야 돼요. 자아가 허용하는 것만큼만 꺼내 봐야 마음이 감당해요. 그 이상을 다 끄집어 내놨다가는 감당하지 못해서 자살하는 경우도 있어요. 아주 위험해요. 마음 갖고

함부로 이러면 안 돼요.

자아의 허용 범위가 있어요. 분석은 그 허용 범위 안에서 진행하거든요. 그러니까 안전하죠. 억압이라는 것은 말 그대로 의식에서 감당하기 어려운 욕구나 기억들, 감정들을 무의식으로 의식의 지하실로 추방하는 거예요. 이런 일은 나도 모르게 일어나죠. 억압 때문에 무의식이 생겨요.

② 이타주의: "이웃을 향해 섬김의 부메랑을 던지자."

이번에 말씀드릴 방어 기제는 '이타주의altruism'예요. 옆 그림에서 보면 남성이 여성을 위해서 진흙탕에 젖지 않고 건널 수 있게 다리가 되어 주고 있죠? 이런 남자 만나 봤으면 좋겠죠?

그러나 지나치게 이타주의적인 행동 속에는 죄책감이 숨어 있어요. 자기 죄를 속죄하는 행동으로 이타주의적인 행동을 해요. 예컨대, 가족은 굶고 있는데 월급 타서 고아원에 가져다주는 사람이 있어요. 이것은 이렇게 고아원에 갖다 줌으로써 자기 죄가 용서받을 거라는 생각을 하기 때문이죠. 이런 것이 이타주의 방어예요.

이타주의란, 문자 그대로 남들의 본능적 욕구 충족을 집요하게 건설적인 쪽으로 충족해 주는 거예요. '이타적 포기altruistic surrender'라는 흥미로운 방어가 있어요. 이타주의 방어의 일종인데요. 이룰 수 없는 자신의 욕망을 충족하는 방법 중 하나예요. 자기는 그 욕망을 포기하는 대신에 타인이 그 욕망을 충족하도

성격, 아는 만큼 자유로워진다

록 헌신적으로 돕는 거예요. 대리 만족을 얻는 거지요. 프로이트의 딸인 안나 프로이트$^{Anna\ Freud}$가 발견한 방어 기제예요.

예컨대, 오누이가 있었어요. 여동생이 언니의 연인을 사랑하게 되었어요. 그러나 그는 그녀에게 무관심했어요. 그에게 사랑받기란 불가능했어요. 이때 그녀가 불완전하게나마 자신의 욕구를 충족하는 방법이 이타적 포기였어요. 그녀는 언니가 그와 데이트하러 갈 때 언니를 예쁘게 꾸며 주고, 시간에 늦지 않게 챙겨 주며 자기가 아끼는 액세서리들을 빌려 주는 등 매우 헌신적이었어요. 자기는 포기하고 언니를 통해서 대리 만족을 얻은 거예요. 이타적 포기였어요. 이렇게라도 해야 아픈 마음이 위로를 받을 수 있었던 거예요.

이타주의(altruism)

이타주의적인 행동이 다 속죄 행위라는 말은 아니에요. 순수한 의미의 이타주의도 있어요. 방어 기제로서 이타주의가 이렇다는 것이지요. 이타주의는 비교적 성숙한 방어 기제에 속해요.

③ 승화: "냄비가 터져 버리기 전에 뚜껑을 열자."

'승화sublimation'는 예컨대, 미운 사장님 대신 골프공을 두들겨 패는 거예요. 분노를 스포츠로 승화한 것이라 볼 수 있어요. 우리가 화가 났을 때 상대방을 칼로 찌르면 안 되잖아요. 분노의 감정을 스포츠를 통해서 가장 합법적이고, 사회에 공헌이 되는 방향으로 발산하는 거죠.

승화 과정을 댐에 비유하는 사람들이 있어요. 홍수가 났을 때 그대로 방치하면 다 파괴되어 버리잖아요? 그런데 물이 범람할 때 댐에 물을 받아 놓으면 나중에 수력 에너지로 사용할 수 있죠. 이것이 승화예요.

어떤 성적 욕구를 예술로 표현하는 분들이 있어요. 그림을 통해서 표현하기도 하고, 음악으로 표현하기도 하죠. 예술이라는 아주 건강하고 합법적인 방법으로 내적 욕구가 표현되고, 발산되니까 좋은 방법이죠. 자아가 좋은 사람들은 이런 승화를 잘하는 사람들이에요.

승화는 가장 성숙한 방어 기제예요. 본능적 욕구나 참기 어려운 충동 에너지를 사회적으로 용납되는 형태의 것으로 돌

성격, 아는 만큼 자유로워진다

려쓰는 방어 기제예요. 승화는 다른 기제와는 달리 욕구를 비난하거나 반대하지 않아요. 욕구를 억압하지 않고 발산하게 허용해요. 다만 도덕적으로 어긋나지 않는 방법으로 충족하는 거예요. 충동 에너지가 그대로 사회적으로 쓸모 있게 전용되는 거죠. 예술은 성적 욕망의 승화요, 외과 의사가 되는 것은 잔인한 공격 충동의 승화지요. 똥 장난을 치고 싶은 욕망이 기생충학자의 길로 승화되기도 하고, 공격 충동이 권투로 승화되기도 하며, 성적 충동이 춤으로 승화되기도 해요. 특히, 성적 욕구가 스포츠로 승화된 경우가 많아요. 작은 구멍에 공을 넣기 위해

승화(sublimation)

서 어려운 과정을 거쳐서 난관을 극복하는 스포츠는 성교와 유사해요. 성욕을 상징적으로 만족시켜 주는 거죠.

직업 선택도 그래요. 한 예로, 어머니의 품에 파고들고 싶은 욕구가 강한 분이 있었어요. 어릴 때 어머니에게 버림받고 타지로 쫓겨났기 때문이었어요. 그는 어머니와 함께 살던 그때가 항상 그리웠어요. 그는 모국^{mother land}의 역사를 연구하는 유명한 역사학자가 되었죠. 승화의 결과였어요. 모국은 어머니를 상징하고 있었던 거예요. 또, 어떤 산부인과 의사는 자기가 산부인과를 선택한 이유를 정신 분석 중에 발견했어요. 다섯 살 때 어머니가 집에서 동생을 분만하고 있었어요. 안방에 사람들이 들락거리고 뭔가 심상치 않은 일이 벌어지고 있는 것 같았어요. 몹시 궁금하여 안방에 들어가려 했지만 번번이 쫓겨났어요. 나중에 엄마가 동생을 분만하느라 그랬다는 사실을 알게 되었어요. 이때의 좌절감과 궁금증이 산부인과를 선택하게 하였어요. 어머니의 분만을 보고 싶은 욕구가 승화된 거예요. 산부인과 의사가 되었으니 이제는 원 없이 볼 수 있게 되었지요. 마음은 승화를 통해서 욕구 충족의 길을 찾아요. 비록 상징적인 만족이지만요.

④ 유머: "긴장된 자리에는 웃음이 약이다."

'유머^{humour}'도 성숙한 방어 기제인데요, 상대방과 싸움이 일어날 것 같은 그런 공격적인 분위기를 웃는 상황으로 바꾸어

성격, 아는 만큼 자유로워진다

놓는 거예요. 이야기할 때 별로 웃을 일도 아닌데 웃으면서 이야기하는 사람이 있죠? 그것은 상대방의 공격이 두려워서 그래요. 웃으면 분위기가 웃는 분위기로 바뀌죠. '나는 당신을 공격할 의도가 없어요.'라고 말하는 거니까요. 유머를 잘 쓰는 사람들은 건강한 사람들이죠.

유머 하나 이야기해 줄까요? 부잣집 담장 밑을 못생긴 아가씨가 걸어가고 있었어요. 부잣집 담장 위에 그 집 앵무새가 앉아 있다가 못생긴 아가씨를 조롱했어요. "못생긴 아가씨, 못생긴 아가씨." 아가씨가 화가 나서 집에 쳐들어가서 주인에게 항의를 하니까 주인이 미안하다고 사과했어요. 다음 날 유사한 상황이 벌어졌어요. 부잣집 담장 밑을 어제의 그 못생긴 아가씨가 걸어가고 있었어요. 담장 위에 있던 앵무새가 못생긴 아가씨를 내려다보고 있어요. 담장이 다 끝나 가는데 앵무새가 아무 말도 안 해요. '요것이 오늘은 왜 아무 말도 안하지?' 하고 담장 위를 쳐다보았어요. 앵무새하고 눈이 딱 마주쳤어요. 그러니까 앵무새가 뭐라고 한 줄 알아요? "말 안 해도 알지?"

하나 더 얘기해 드릴게요. 젊은 부부가 병원에 남편 건강을 체크하러 갔어요. 피도 빼고 혈압도 재고 다 검사했어요. 소변 검사를 할 때는 컵에 오줌을 받아서 부인더러 검사실에 갖다 주라고 했어요. 그런데 부인의 성격이 좀 덜렁거렸어요. 그때도 덜렁대고 가다가 어떤 신사하고 콱 부딪혀서 오줌을 엎질러 버렸어요. 부인은 난감했어요. 남편이 성질이 사나워요. 오줌을 다시 받아 달라고 하면 병원 복도에서 난리를 칠 거예요. '이 노릇을 어떻게 하지….' 걱정하다가 '에라, 모르겠다.' 하고 자기 소변을 받아다가 내 버렸어요. 3일 후에 검사 결과를 보러 갔어요. 의사 선생님이 남편 이름을 불렀어요. "김 아무개 씨.", "예." 그러니까 의사 선생님이 "임신 3개월이에요." 그랬대요.

유머를 사용하세요. 유머를 사용하면 우리 몸에 특히 좋은 것이 면역 세포, 즉 암세포를 죽이는 '자연 살상 세포^{natural} killer Cell' 같은 것들이 굉장히 강해져요. 그래서 암에 잘 안 걸리고 걸렸던 암도 나아요. 이 좋은 세포가 강해지려면 많이 웃어야 해요. 그런데 웃으면 좋다는 것을 모르는 사람이 어디 있겠어요? 웃을 일이 있어야 웃지…. 이젠 창조적으로 살아야 해요. 유머를 많이 이용하세요. 유머로 웃음을 창조하세요. 친구들한테도, 부부지간에도 자꾸 유머를 사용하세요. 내 아내는 나한테 늘 유머를 이야기해 줘요. 소스의 출처는 우리 막내 처제예요. 막내 처제가 유머를 많이 아는데 그것을 듣고 저한테 하는 거죠. 이야기하다가 말이 막히면 처제에게 전화해서 "그 다음이 뭐냐?"고 물어요. 그것도 웃음을 주죠. 유머는 아주 건강한 방어 기제예요. 유머를 사용하세요.

⑤ 상징화 : "나무 십자가는 예수님의 죽음을 뜻한다."

어떤 대상이나 사상이 다른 것을 나타내는데 사용되는 것을 '상징화^{symbolization}'라 해요. 한 대상으로부터 그 대상을 나타

       성격, 아는 만큼 자유로워진다

내는 상징물^{symbol}로 감정 가치$^{emotional\ value}$가 이동을 하는데, 대체로 원래의 대상은 금기의 성질을 띠고 있으며 내세워지는 대상은 그 점에서 중립적이거나 또는 무난한 경우가 대부분이에요. 태극기나 무궁화는 한국을 상징해요. 칼은 '남성 성기'를 상징하고, 신발은 '나를 아픔과 추위로부터 보호해 주는 엄마'를 상징할 때가 많아요. 정신과 환자가 보여 주는 증상들은 상징일 경우가 많아요.

예를 들어, 자기 형님은 태양이고, 자신은 달이라고 말하는 정신 분열증 환자가 있었어요. 알고 보니 그는 형에게 마치 달이 태양에게 의존하듯이 의지하고 있었어요. 억압된 충동이 상징화를 통하여 증상으로 나타날 때는 이해하기 어려워요. 그 양상이 원래의 충동과 너무나 다르므로 그 상징의 의미를 파악하기 어려울 때가 많아요. 그래서 정신 질환자의 말이 이해하기 어려운 거예요. 시간을 두고 이해하는 태도가 필요해요.

꿈에서도 상징화가 많이 사용돼요. 예컨대, 자식을 낳을 수 없는 부인이 아기처럼 예쁜 꽃송이를 안고 행복했던 꿈을 꾸었어요. 부인이 어릴 때 아버지가 화단의 꽃들을 '내 새끼들'이라고 부르던 것을 연상했어요. 아기가 꽃으로 상징화되어 표현된 것이었지요. 그 외에도 판타지, 농담, 문학이나 다른 예술 작품에서도 상징화를 볼 수 있어요.

성경에서도 상징이 많이 사용돼요. 예를 들어, 광야에서 하나님과 모세를 원망하던 이스라엘 백성들이 불뱀에 물려 고열에 시달리며 죽어가고 있었어요. 그러자 모세가 하나님께 간절히 기도하고 놋뱀을 만들었어요. 그것을 나무에 달아 높이 세워 두었어요. 이스라엘 백성은 그 뱀을 쳐다보기만 해도 열이 내리고 살아났어요^{민 21:9}. '뱀을 쳐다보기만 하면….' 정말 쉽고 간단하지요? 모세의 놋뱀은 예수님을 상징해요. 십자가에 달리신 그분을 쳐다보기만 하면 인간은 구원을 받지요^{벧전 2:24}. 상징은 숨은 의미를 갖고 있어요.

유월절의 어린 양도 예수님을 상징해요. 모세가 이집트 왕 바로에게 이스라엘 백성을 해방하라고 요구했어요. 바로의 입장에서는 엄청난 노동력을 포기할 수 없었겠지요. 자존심도 상하고요. 하나님은 열 가지 재앙으로 바로를 치셨어요. 이스라엘 백성이 바로의 소유가 아니고 하나님의 백성이라는 것을 알려 주셨어요. 재앙의 결정타는 장자를 죽이는 재앙이었어요^{출 11:5}. 애굽 땅의 모든 장자들을 하나님이 치시는 거였어요. 그런데 문설주에 어린 양의 피를 바른 집은 재앙을 면할 수 있었어요. '죽이지 않고 건너가겠다.'는 약속을 지키셨어요. 이스라엘 백성들이 산 것은 양의 피를 문설주에 발랐기 때문이었어요^{출 12:7, 13}. 약속을 믿었던 거예요. 양의 피는 예수님의 피를 상징해요. 십자가에서 흘리신 피를 상징하는 거예요. 예수를 믿는 자는 이스라엘 백성이 문설주에 양의 피를 바르고 죽음을 면했던 것처럼 죽음을 면할 수 있어요. 영생을 얻지요^{요 3:16}.

성격, 아는 만큼 자유로워진다

⑥ 지식화: "당신의 감정은 네이버도 모른다."

'지식화intellectualization'라는 방어 기제가 있어요. 뭔가 감정을 느낀다는 것이 굉장히 괴로울 때가 있거든요. 그러니까 감정으로 느끼는 대신에 지적으로 해결해 버려요. 정신 분석 시간에 지식화 방어가 자주 일어나요.

예를 들어, 내담자의 연인이 그를 버리고 떠나갔어요. 너무 분하고, 슬프고, 외롭고…. 이런 감정을 느끼면 너무 아프니까 지식화로 방어해 버려요. 감정은 숨긴 채 그녀가 떠날 때 기차는 몇 시 몇 분 차였고, 요금은 얼마짜리 표를 끊었고, 기차를 타고 떠날 때 옷은 무엇을 입었고, 색깔은 무슨 색이고…. 이런 얘기만 하는 거예요. 지식수준의 이야기를 하는 동안에는 감정 이야기는 안 해도 되잖아요. 그러니까 이런 식으로 자신을 방어해요.

어떤 사람은 분석을 받으러 올 때 프로이트 책을 읽고 와서 나한테 강의를 하는 사람이 있어요. '여기가 지금 치료실인가, 강의실인가' 모를 정도예요. 그것은 불편한 감정을 피하기 위한 하나의 방법이죠.

⑦ 격리: "생각으로 감정을 덮자."

'격리isolation'는 감정을 생각과 떼어 놓는 거예요. 감정은 느끼기가 괴롭거든요. 그러니까 감정 이야기를 하는 대신 그냥 생각만 이야기하는 거예요. 감정은 무의식에 숨겨 놓고요.

다시 말하자면, 과거의 고통스러운 기억과 관련된 감정을 의식에서 몰아내는 방어 과정이에요. 고통스러운 사실은 기억하지만 기억에 붙어 따라오던 감정은 억압되어 느낄 수 없게 되지요. 즉, 고통스런 사실은 의식 세계에 남고, 이와 관련된 감정은 무의식 세계에 보내서 각기 분리되어 있어요. 덜 고통스럽지요. 격리는 강박 장애에서 흔히 볼 수 있어요.

예컨대, 프로이트의 환자 이야기 중에 '격리'에 대한 이야기가 나와요. 서른넷의 가정주부 엘리자베스가 딸의 생일 케이크를 굽다가 친정아버지와 심한 말다툼을 하였어요. 그녀는 아버지에게 무례하게 화를 내고 있는 자신에 대한 죄책감과 불안을 느꼈어요. 화를 내지 않으려고 애를 썼어요. 그날, 싸우느라고 과자가 타 버려서 새 과자를 구워야만 했어요. 그날 밤 그녀는 한 가지 생각이 떠올라서 몹시 불안했는데, '내가 실수로 새 과자에 독약을 넣은 건 아닐까?' 하는 무서운 생각이었어요. 그 후 정신 분석을 받기까지 4년간 그녀는 요리하거나 아이들에게 약을 줄 때마다 심한 불안을 느꼈어요. 반복적으로 음식의 내용을 점검하고 약의 양과 상표를 점검하고 확인해야만 했어요. 강박증 증상이지요. 그녀는 자신이 '가족을 독살하거나, 아이들에게 다른 약을 잘못 주거나, 너무 많은 양을 줄지도 모른다.'는 생각에 공포를 느끼고 있었어요. 게다가 그녀가 혼자서 차를 운전할 경우에는 운전했던 과정을 다시 생각하고 확인해야만 했어요. '혹시 누구를 치거나 심하게 상처를 주었을지도 몰라….' 하는 두려움 때문에 불안했어요. 따라서 그녀는 집에

성격, 아는 만큼 자유로워진다

도착한 후에는 꼭 차를 조사하고 차 밑에 피 흔적은 없나 확인하는 강박증이 생겼어요. 이 어리석은 행동을 남편에게도 털어놓을 수가 없었어요. 분석을 통하여 환자의 무의식을 볼 수 있었어요.

환자는 아버지와 다투던 그날, 아버지가 미웠고 죽여 버리고 싶은 충동을 느꼈어요. 이런 감정과 공격 욕구는 너무도 부도덕하고 무서운 것이기 때문에 그녀의 마음은 심히 괴로웠어요. 괴로운 마음을 위로하기 위하여 아버지에 대한 증오심을 외면해야 했어요. 살해 충동을 마음에서 쫓아내야 했어요. 아이들을 독살하는 것을 두려워하는 것이나 차로 사람을 죽이는 생각 같은 강박증은 실은 아버지를 죽이고 싶은 충동에서 나온 것이었어요. 아버지 살해 욕구가 상징화되어 나타난 것이었어요.

이 부인의 강박증에서는 두 가지 특징적인 방어 기제를 볼 수 있어요. 먼저 첫 번째는 '격리'예요. 사고로 아이들을 독살하고 사람들을 치어 죽이는 생각을 말할 때, 그녀는 미움이나 다른 공격적인 감정을 느끼지 못하고 있었어요. 아무런 감정도 느끼지 않고 책 읽듯이 이야기했어요. 공격적인 생각은 강박 관념이 되어 의식에 떠올랐지만 감정은 격리되어 무의식에 억압되어 있었기 때문이었어요. 따라서 그녀는 "이런 강박증은 웃기는 것들이에요." 하고 분노 감정을 느끼지 않고 말할 수 있었어요.

두 번째 방어 기제는, '취소'예요. 약의 양과 음식의 내용을 검토하고 차 밑을 확인하는 검열 check & recheck 행동은 아버지를 독살하고 싶은 충동과 반대되는 행동이에요. 죽이는 행동이 아니고 이런 행동을 하지 않으려는 행동이었어요. 이렇게 충동을 막는 행동을 함으로써 그녀는 죄책감을 벗으려 하고 있었던 거예요. 살해 충동과 충동의 금지가 동시에 강박증 속에 위장된 형태로 나타났던 거예요. 반복적인 이 행위는 마음속의 불안을 일시적이나마 감소해 주는 방어적 역할을 했어요. 방어 기제가 증상을 만드는 것을 잘 보여 주는 환자였어요.

⑧ 전치: "마누라가 예쁘면 처갓집 말뚝에도 절한다."

이건, '전치displacement'라고도 하고 '이동'이라고도 해요. 쉽게 말해, A한테 느낀 감정을 A한테는 못 풀고 B한테로 옮겨서 B한테 느끼는 것이 감정의 이동이에요. 예를 들어, 학교 선생님한테 얻어맞았는데 화를 참고 나오다가 교문 앞을 지나가는 선생님의 유치원생 아들을 발견하고는 발길로 차 버렸어요. 선생님에 대한 감정이 그 아들에게로 이동한 거예요. 이것이 바로 전치인데요, 이런 경우가 많아요.

이런 예가 생각나네요. 제가 아는 부인에게 딸이 둘이 있었어요. 그런데 첫째 딸을 그렇게 미워해요. 이보다 더 차별 대우를 할 수가 없어요. 본인도 알아요. '나는 쟤만 보면 신경질이 난다'고…. 그런데 알고 보니까 시어머니에 대한 감정이 그 애한테 전치되어 있더라고요. 애가 시어머니하고 꼭 닮았대요. 아버지가 해외 특파원이 되어 2년간 영국에서 살게 되었어요. 애 둘을 다 데리고 가기 힘들어서 밑의 아이만 데려갔어요. 큰

성격, 아는 만큼 자유로워진다

애를 큰집에 맡겨놓고 갔는데 이 아이가 2년 사이에 할머니랑 고모와 정이 들어 버린 거예요. 그래서 엄마보다 시어머니와 고모를 더 좋아해요. 누가 엄마인지 모르게 되었어요. 불쾌했어요. 애를 예뻐하는 시어머니도 기분 나빴고요. 아이가 어릴 때 할머니를 보고 배워서인지 하는 짓이 꼭 시어머니를 생각나게 하는 거예요. 그러니까 꼴 보기 싫어 죽겠대요. 시어머니에 대한 감정이 어린아이한테 옮겨와서 그런 거예요. 감정의 전치지요. 어린아이가 시어머니로 보여서 자기 딸을 그렇게 미워한 거예요.

사울 왕도 다윗을 그렇게 미워했어요. 죽이려고 창을 던지기도 했지요. 그런데 이 증오심이 아들 요나단에게 전치된 일도 있었어요. 아들 요나단이 다윗의 편을 든다고 그를 죽이려고 단창을 던진 거예요. 다행히 요나단이 잘 피해서 살았지만요^{삼상 20:31-33}.

⑨ 취소: "백번 씻어도 마음까지 씻을 수는 없다."

죄책감이 일어날 때 죄책감을 감소하는 행동을 하지요. 이 행동을 '취소^{undoing}'라고 해요. 속죄 행동이라고도 할 수 있어요. 앞에서 프로이트의 환자 이야기와 엘리자베스의 이야기에서도 나왔지만 좀 더 자세히 말씀드릴게요.

예를 들어, 손을 자주 씻는 강박증 환자가 있었어요. 이 사람은 면사무소에서 근무하는 분이었어요. 그가 어릴 때 형수가 시집왔어요. 근데, 형수를 그렇게 좋아했대요. 형수를 상대로 성적인 생각을 하고 죄책감도 느끼고 그랬대요. 고등학교를 다니기 위해 도시로 나왔어요. 형수님이 한 달에 한 번씩 올라와서 밑반찬 다 해 주고, 밀린 빨래 다 해 주고, 하룻밤 주무시고 다음 날 가세요. 형수와 나이 차가 많으니까 형수는 아들처럼 생각했겠지요. 그런데 이 고등학생은 형수와 한 방에서 자는 밤이 죽겠는 거예요. 성적 욕구와 죄책감 때문에요. 그때 자위행위를 배웠어요.

그런데 자위행위를 하고 나면 굉장히 죄책감이 느껴졌대요. 학교 가면 선생님이 자기가 어저께 자위행위 한 것을 다 알고 있는 거 같아요. 한번은 선생님이 교탁을 탕탕 치시는데 갑자기 '내가 어젯밤에 자위행위 한 것을 어떻게 알았을까?' 하는 생각 때문에 불안했대요. '도둑이 제 발 저린다'는 속담이 있잖아요. 죄책감 있는 사람들의 특징이거든요. 이 사람의 자위행위에 대한 죄책감, 형수를 향한 욕구에 대한 죄책감을 씻는 방법이 손 씻는 행동이었어요. 왜냐하면 손에 더러운 세균이 묻어 있다고 생각했는데 사실은 세균이 아니고 죄였어요. 손에 묻은 세균은 씻어낼 수 있지만 마음의 죄책감은 씻어낼 수 없잖아요. 그래서 손을 씻음으로써 마음에서는 상징적으로 죄를 씻어 내는 거였어요. 그러니까 하나의 속죄 행위죠. '행위'에 대한 '취소 행위'를 하고 있는 거죠. 자위행위와 손 씻는 행동이 이렇게 연결되어 있었어요. 이런 마음의 진실을 깨닫고 환자는 증세가 호전되었어요. 면사무소에서 근무했는데 군청으로 승진도 했지요.

성격, 아는 만큼 자유로워진다

⑩ 분리: "독약과 우유를 섞지 말자."

　세상을 선과 악으로 양분하는 것을 '분리^{splitting}'라고 해요. 한쪽은 악마고 다른 한쪽은 천사로 분리하는 거예요. 사람을 이렇게 간단하게 양분할 수는 없는 거지요. 경계선 인격 장애 환자들이 이것을 많이 써요. 경계선 인격 장애란 굉장히 충동적인 성격이에요. 어떤 사람을 극단적으로 좋은 사람으로 보는가 하면, 한편 극단적으로 나쁘게 봐요. 천사와 악마로 양분해서 봐요. 예컨대, 어떤 사람을 좋아하게 되면 그 사람이 천사처럼 좋아 보여요. 그러다가 그 사람이 나에게 조금이라도 섭섭하게 하면 갑자기 악마로 보이는 거죠. 그러니까 대인 관계가 요동쳐요. 어떤 사람을 몹시 좋아하다가도 실망하면 미련도 없이 절교해 버리거든요. 극단적으로요. 그래서 이런 사람 주변에는 친구가 없어요. 누구와도 오랫동안 사귀지 못하고 그래서

분리(splitting)

외로운 성격이 된다는 말이죠. 이것이 '분리'예요. 쉽게 말해 선과 악$^{good\ and\ bad}$으로 나누는 거예요. 사람들은 항상 선과 악으로 분리해 놓고 봐요. 항상 흑백 논리죠. 병동에 이런 환자가 입원해 있으면 병동치료 팀 사이에서도 분열이 일어나기 쉬워요.

예컨대, 한 여대생이 자살 기도를 해서 입원했어요. 경계선 인격 장애를 앓는 사람이었어요. 수간호사랑 담당 의사랑 치료 팀이 병동 회의를 할 때였어요. 수간호사와 담당 의사 간에 싸움이 벌어졌어요. 알고 보니 치료 팀 간에 분리가 일어났기 때문이었어요. 이 여대생이 자기가 마음속에 가지고 있는 천사 이미지를 의사한테 줬어요. 의사한테 그렇게 착한 환자 역할을 한 거예요. 그 대신에 수간호사한테는 악마 역할을 줬어요. 수간호사에게 공격하고 달려들고 엉뚱한 짓을 해댔어요. 의사 입장에서는 이 환자가 천사같이 예쁘게 보이겠죠. 그러나 수간호사 입장에서는 이 환자는 문제투성이로 보이고요. 그러다가 그날 스태프 회의를 할 때 의사가 지시했어요. 이 환자가 수강 신청을 해야 하니까 외출시키라고…. 이에 대해서 수간호사가 정면으로 반박했어요. "입원한 지 며칠밖에 안 됐고 자살 위험이 높은데 어떻게 외출시킵니까. 이것은 규칙 위반입니다." 그러니까 의사가 "무슨 소리입니까? 당신은 원칙만 생각하고 환자는 생각하지 않습니까?" 하며 둘이 대판 싸움이 났어요.

내용을 보면 이 환자가 자신의 내면세계에서 벌어지고 있는 천사 이미지와 악마 이미지의 싸움을 입원실에서 재현하고 있는 것이었어요. 환자의 내적 분리를 치료 팀의 분리로 재현

성격, 아는 만큼 자유로워진다

시키고 있었어요. 이런 일은 경계선 장애 환자가 잘 일으켜요. 평화로운 교회를 분열시킬 수도 있어요.

⑪ 반동 형성: "미운 놈 떡 하나 더 준다."

행동과 마음속의 욕구가 정반대인 것을 '반동 형성^{reaction} ^{formation}'이라 해요. 겉으로 나타나는 태도나 언행은 사랑의 행동인데 속마음은 미움이에요. 우리 속담에 '미운 놈 떡 하나 더 준다.'라는 말이 있어요. 미우면 주먹을 한 방 더 먹여 주어야 할 텐데 반대로 떡을 하나 더 주는 것은, 마음을 위험으로부터 지켜 주기 위한 방편이에요. 미운 사람을 때려 주면 보복당할 위험이 높아지죠. 또한 상대가 아버지나 어른일 때는 패륜아라고 비난받을 거예요. 이런 위험을 피하기 위해서 떡 하나를 더 주는 거예요. 마음은 미운데 겉으로는 웃고 사랑의 제스처를 보여 줘요. 그래야 편하기 때문이에요. 즉, 무의식의 밑바닥에 흐르는 생각, 소원, 충동이 너무나 부도덕하고 받아들이기에 두려운 것일 때, 이와는 정반대의 것을 선택함으로써 의식을 보호하는 거예요.

예컨대, 남편이 다른 여자와 관계하여 딸 아이를 낳아 왔는데, 이 딸을 과잉보호하는 부인이 있었어요. 딸을 볼 때마다 그 애의 생모 생각이 나서 딸을 죽이는 상상을 하고 놀라곤 했어요. 그럴수록 부인은 딸을 더 정성스럽게 보살폈고, 딸이 눈에 안 보일 때는 피투성이가 되어 죽어 있는 상상에 놀라 미친

듯이 찾아 나서기도 했어요. 이런 부인의 모습이 남편에게는 천사처럼 보였으나 부인의 딸에 대한 헌신적인 사랑의 행동은 증오에 대한 반동 형성의 결과였어요. 딸 걱정에 부인은 안절부절못하고 자주 전화로 안부를 확인했어요. 딸이 먹을 음식이 상했을 것 같아서 노심초사했어요. 그러나 실은 딸을 미워하고 있었어요. 두려워서 반동 형성으로 방어하고 있을 뿐이었어요.

'역공포counter-phobia 방어'도 반동 형성의 결과로 볼 수 있어요. 이는 두려움이 의식되는 것을 피하기 위해서 오히려 두려

반동 형성(reaction formation)

성격, 아는 만큼 자유로워진다

운 상황으로 뛰어드는 거예요. 괴기 영화가 인기를 끄는 이유가 여기에 있어요. 사람들은 두려워 떨고 비명을 지르면서도 영화관을 찾아요. 번지 점프도 역공포 방어 기제예요. 그러나 반동 형성이 이성의 한계를 넘지 않고, 적응에 큰 지장을 초래하지 않는 한 불안을 막는 유용한 방어 기제로 봐도 좋아요.

⑫ 동일화: "나도 아빠같이 될 거야."

'동일화identification'는 부모, 윗사람 등 중요한 인물들의 태도와 행동을 자기 것으로 만드는 거예요. 즉, 닮는 것을 말해요. 자아와 초자아 형성에 가장 큰 역할을 해요. 동일화는 성격 발달에 가장 중요한 방어 기제이지요. 동일화를 통하여 부모가 자식의 성격 내부에 들어오게 돼요. 그러나 모든 부모가 다 다른 성격을 갖고 있기 때문에 '어떤 부모를 닮느냐'에 따라 성격의 구조가 달라지지요. 그리고 여기서 한 가지 짚고 넘어가야 할 것은, 모든 부모가 결함이 있고 아이의 경험도 다양하기 때문에 완벽한 동일화는 없다는 거예요.

동일화의 예로는, 의사 아들이 청진기와 주사기를 갖고 놀기를 좋아하는 것을 들 수 있어요. 여러분이 독서, 연극, 영화에서 재미를 느끼는 이유는 주인공과 자기를 동일화하고 주인공과 함께 울고 웃을 수 있는 재미를 주기 때문이죠. 동일화는 무의식적 과정이에요. 동일화하게 되는 동기는 동일화의 대상이 갖고 있는 힘을 자기 것으로 만들고 싶은 소원이에요. 소원을 성취하려고 동일화해요. 상대가 그런 힘이 없어 보이면 동일화는 일어나지 않아요. 동일화는 다음 몇 가지 특수 형태가 있어요.

❶ 적을 모방하거나 금지된 대상과의 동일화

닮지 않아야 될 사람을 닮는 것을 말해요. 부모의 행동이 사회적으로 바람직하지 못한 특성을 갖고 있어도 어린아이에게는 그것이 힘으로 보이므로 모방하다가 닮는 거예요. 깡패, 범죄자, 잔인무도한 자를 닮을 때도 이 방어 기제가 작용해요. 독일 나치의 히틀러 유겐트들은 나치 군대의 바람직하지 못한 잔인성을 동일화했어요.

❷ 공격자를 동일화

공격자를 닮음으로써 불안을 방어하는 거예요. 두려운 대상의 특징을 닮아 자기 것으로 만들어서 그 대상에 대한 두려움을 극복하는 거예요. 예컨대, 도깨비 장난에서 볼 수 있어요. 어린애가 "내가 도깨비다." 하며 도깨비 흉내를 내지요. 도깨비를 동일화함으로 도깨비 공포로부터 자신을 보호하고 있는 거예요.

또, 어머니에게 학대당했던 환자가 분석가를 괴롭히는 것도 자신의 공격자였던 어머니를 동일화함으로써 불안을 방어하려는 거예요. 이제는 피해자가 아니고 공격자가 되었기 때문에 안심하는 거죠.

성격, 아는 만큼 자유로워진다

시집살이를 모질게 한 부인이 며느리를 맞게 되었어요. 자기는 며느리를 시집살이 시키지 않겠다고 다짐하고 또 다짐했어요. 그러나 어느 날 자신이 자기도 모르게 시어머니가 했던 며느리 구박을 그대로 답습하고 있다는 것을 알고 크게 놀랐대요. 공격자인 시어머니를 동일화했던 거예요. 억울하게 상처받았던 부인의 마음이 어느새 시어머니를 닮아 버렸던 거예요. 시어머니처럼 그렇게 강하지 않으면 억울한 일을 또 당한다고 믿고 있었던 거죠. 무의식적 착각이었어요.

동일화(identifition)

❸ "as if" 성격, 병적 동일화

어떤 이상적 인물에 붙어서 공생^{symbiosis}하여, 그 인물이 갖고 있는 힘을 누려 보려는 자아의 시도예요. 이들은 힘이 있다고 생각되는 사람들을 이 사람에서 저 사람으로 옮겨 가면서 모방하고 붙어서 안정을 얻으려고 해요. 그래서 동일화도 일시적이고, 과장되어 있어요. 그리고 상대방의 힘이 없어졌다고 느끼면 병적 동일화는 순식간에 사라지고 말죠. 힘센 사람의 행동을 흉내 냄으로 자신도 그렇게 되었다고 믿고 현실에 적응하는 것^{pseudo-identification}으로서, 진정한 의미의 주체성이 없고 속마음에서 우러 나오는 감정 경험^{pseudo-affectivity}도 못 해요. 자기 주관이 없는 기회주의적 입장을 취하게 돼요. 독재자에게 아부하는 해바라기 정치꾼들이나, 남의 작품을 기막히게 묘사하는 예술인들, 신흥 종교의 광신도들을 그 예로 들 수 있어요. 특히, 다음에 소개하겠지만 '경계선 성격 장애' 환자들이 이 병적 동일화를 많이 써요.

❹ 공감

'공감^{empathy}'이란 상대방의 입장이 되어 상대의 생각이나 감정을 내 것처럼 느끼고 이해하는 정신 현상이에요. 그 사람이 되지 않고도 마치 그 사람의 처지가 된 듯이, 그가 느끼는 것을 같이 느낄 수 있어요. 일시적이긴 하지만 건강한 형태의 동일화예요. 예컨대, 정신 분석가가 환자의 고통을 같이 느끼고 이해하는 것과 같아요. 불교의 '이심전심^{以心傳心}'의 비법도 이것을 말해요. 비교적 성숙하고 융통성 있고 여유 있는 인격자가 가지고 있는 능력이에요. 의사나 분석가가 갖추어야 할 조건이지요.

공감적 이해는 최고 수준의 이해예요. 정신 치료의 효과도 공감을 받을 때 나와요. 사실 논리적인 설명에 의한 이해는 한계가 있고, 치료적 효과도 적어요. 그 이유는 언어의 한계성과 논리의 한계성 때문이에요. 그러나 공감적 이해는 논리와 언어를 넘어선 마음으로 이해하는 거예요. 공감 능력은 하나의 달란트이지요. 하나님으로부터 천부적인 은사로 받아 가지고 태어나요. 남의 슬픈 이야기를 듣고 잘 울고 고통을 나누어 가지는 사람들은 이런 은사를 받은 사람들이에요. 또한 공감 능력은 경험과 훈련을 통해서 계발되는 부분도 있어요.

예컨대, 자식이 대학 입시에 실패한 경험을 겪은 분은 같은 처지에 놓인 친구의 고통을 쉽게 공감하겠지요. 이때 공감이 일어나고 다정한 마음이 생기고 위로의 말이 자연스럽게 나오게 돼요. 그러나 공감에서 중요한 요소는, 두 사람이 서로 다른 독립된 개체로서 자기 주체성을 유지하는 거예요. 마음은 나누되 독립성을 잃지 않는 것이 건전한 공감이에요. 독립성을 잃게 되면 상대방의 감정에 전염되어 이쪽까지도 깊은 우울증에 빠지게 돼요.

한 예로, 교양 있고 인정 많은 부인이 있었어요. 이 부인댁의 가정도우미 아줌마가 위암에 걸렸어요. 부인은 이 아줌마의 어려운 가정 형편을 잘 알고 있었어요. 그리고 얼마나 눈물

겹고 고생스러운 삶을 살아왔는가를 이해하고 있었어요. 부인은 정성스럽게 아줌마를 돌보아 드렸어요. 그러나 아줌마의 병세는 급격히 악화되어 몸은 쇠약할 대로 쇠약해졌고 이제는 물도 넘기지 못하게 되었어요. 죽어가는 아줌마와 그녀가 남기고 갈 수밖에 없는 가족을 보면서 부인의 마음도 점점 어두워졌고요. 어찌할 수 없는 무력감에 빠졌어요. 우울해졌어요. 나는 부인의 귀한 마음에 감동을 받았어요. 그러나 한 가지 코멘트를 하지 않을 수 없었어요. 그것은 '동정 sympathy'과 '공감'의 차이에 대한 것이었어요. 동정심은 상대방의 감정에 함께 빠져서 헤어나오지 못하는 거예요. 그렇게 되면 상대방을 도울 수가 없고 자신도 상처를 받게 돼요. 부인은 지혜로운 분이었어요. 곧 원기를 회복하고 아줌마에게 전도하고 영생의 소망을 갖게 해 드릴 수 있었어요. 아줌마는 소망 가운데 편안히 임종할 수 있었지요.

공감은 하되 동정심에 빠지지 않도록 조심해야 해요. 공감은 동일화의 일종이에요.

⑬ 투사: "왜 사람들은 나를 미워할까?"

'투사 projection'는 상당히 중요한 방어 기제예요. 자기 생각일 뿐인데, 그 생각을 다른 사람에게 투사하면 그 사람 생각이 되어 버려요. 예컨대, 주일날 설교 후에 어떤 성도가 목회자실로 달려가서 목사님한테 막 항의하고 고함쳤어요. 목사님이 설

성격, 아는 만큼 자유로워진다

교하면서 자기 집 개인사를 공개했다는 거였어요. 남편의 외도 문제와 자기 사생활을 폭로했다는 거예요. 그런데 목사님은 이 집안의 사정을 알지 못했어요. 영문을 알 수가 없었어요. 그런데 알고 보니 투사가 일어났던 거예요. 보통 설교할 때 예화를 많이 들잖아요. 예화에 남편이 바람피워서 부인하고 싸우고 이혼하고 이런 예화를 들었는데요. 이 부인은 남편이 지금 바람을 피웠는데 남에게 부끄러워 말도 못 하고 혼자 고민하고 있었던 거예요. 그런데 목사님이 유사한 외도에 대한 예화를 드시니까 자기 집안일을 목사님이 이야기한다고 투사를 했던 거죠. 사실은 자기 생각일 뿐인데 그것을 목사님이 그랬다고 투사하니까 목사님이 실제로 그렇게 한 행동이 되어 버렸죠. 이것이 투사예요.

또 다른 예로, 목사님이 예배를 마치고 성도들과 악수를 하지요. 그런데 어쩐지 내 손을 꽉 잡아 주지도 않고 눈도 안 마주치고 그냥 대강 인사하고 끝나 버렸단 말이죠. 그 순간 '왜 이러시는 거지? 아, 이제 알겠다, 지난번에 목사님이 나한테 건축 헌금을 부탁했는데 내가 거절했기 때문에 목사님이 삐쳤구나.' 생각하는 거예요. 이것은 자기 생각일 뿐인데 그것을 목사님한테 투사하니까 목사님이 실제로 그렇게 삐쳤다고 믿게 돼요.

의처증도 투사 때문에 생기는 거예요. 예를 들어 이 집사는 자기가 생각할 때 '나는 남성적 매력이 없기 때문에 아내가 남성적인 남자를 찾을 거다.' 하는 생각을 해요. 그러다 어느 날 구역 예배를 드리게 되었어요. 자기는 안쪽에 있는 목사님 옆에 앉아 있고 모두 쭉 둘러앉아 있는데 부인이 늦게 들어왔어요. 저 안에 있는 남편 옆으로 가면 분위기가 깨질 것 같아서 입구에 있는 김 집사님 옆에 앉았어요. 그런데 이 김 집사님이 미남에 직업도 좋고 인기가 좋은 집사님이라서 남편 입장에서는 라이벌이었어요. 남편이 구역 예배를 보면서 김 집사님 옆에 앉아 있는 부인을 보았어요. 그런데 딱 보니까 요것들이 보통 사이가 아닌 거예요. 성경을 볼 때 서로 머리를 맞대고 같이 보는가 하면, 서로 눈을 마주치는 것이 보통 사이가 아닌 거예요. 드디어 움직일 수 없는 확증을 잡은 거죠. 이게 '투사'예요. 평소에 이런 생각을 했어요. '나 같은 놈 말고, 미남이고 직업

투사(projection)

성격, 아는 만큼 자유로워진다

좋은 김 집사를 아내가 좋아할 거야.' 이건 자기 생각일 뿐인데 이것을 어느 순간에 투사하게 되면 마음속에서 현실이 되어 버리는 거예요. 사실로 믿어져요. '심리적 현실psychological reality'에서는 그게 사실이 되어 버리거든요. 그러니까 집에 와서 때리고 몇 번 호텔에 갔느냐 고백하라고 난리를 치죠. 이게 다 투사 때문에 일어나는 거예요. 그 밑엔 열등감이 있고요.

투사를 많이 쓰면 성격이 편집증적 성격 장애가 돼요. 편집증적 성격 장애에 대해서는 다음에 자세히 설명해 드릴게요.

⑭ 부정: "아무리 외쳐도 NO는 YES가 될 수 없다."

타조가 사자를 피해서 도망가다가 눈만 땅속에 묻어 놓고는 '내가 안 보이니까 사자도 나를 못 볼 거야' 하는 것과 같아요. '눈 가리고 아웅 한다'는 말이 이 말이죠. '내 눈에 안 보이면 상대도 못 볼 거야.' 하고 생각하는 것이 '부정denial'이에요. 불리한 현실을 다 부정해 버리는 거죠. 내가 죄책감이 있을 때 '나는 죄가 없어.'라고 해 버리면 마음이 갑자기 굉장히 기쁘고 행복해지겠죠. 부정해 버리면 현재 불행한 일이 다 없어져 버리니까 굉장한 행복감이 오겠죠. 이게 조증 환자들에게 나타나는 증상이에요. 무엇이든 할 수 있을 것 같은 만능감에 사로잡히기도 하고 세상 사람들이 모두 자기를 좋아하는 것 같아서 기분이 황홀해져요. 우울할 때 우울한 감정을 부정해 버리면 그다음엔 행복감만 남겠지요. 그런 식이에요. '조증 방어manic

^{defense}'라고도 해요.

빚이 많은 집사님이 있었어요. 성도들의 퇴직금, 과부의 엽전 한 잎 같은 돈들을 빌려 왔어요. 그러나 갚을 길이 없었어요. 하는 일마다 실패했기 때문이죠. 이자로 이자를 막다가 파산 지경에 이르렀어요. 이분이 산에 들어가 금식 기도를 하고 왔어요. 하나님의 응답을 받았다며 기분이 들떠 있었어요. 자기는 곧 큰 부자가 될 것이라며 교회에 큰 헌금도 냈어요. 그런데 시간이 흘러도 돈은 들어오지 않았어요. 그리고 이자를 못 받은 채권자들의 성화를 견딜 수 없게 되었어요. 집사님은 밤중에 가족과 함께 도둑처럼 도망을 가고 말았어요. 돈을 떼어 먹고…. 그가 기도 응답이라고 믿은 것은 현실을 부정하기 위한 수단일 뿐이었어요. 현실 도피와 외면을 위한 방책이었어요. 후일담인데 이분은 다른 도시에서 사업에 성공했어요. 옛 교회에 찾아와서 빚을 모두 갚아 줬어요. 감사한 일이지요.

⑮ 퇴행: "아기로 돌아가자. 책임 지지 않아도 되니까."

어른이 아이같이 행동하는 것을 '퇴행^{regression}'이라고 해요. 어른이 된다는 것은 책임도 많고 그만큼 지켜야 할 규칙도 많아서 힘들잖아요. 그런데 아기로 돌아가면 그럴 필요가 없죠. 발가벗고 막 돌아다녀도 되잖아요. 그래서 마음이 힘들 때 책임감을 벗어버릴 수 있는 유년기로 퇴행해 버려요. 특히 정신 분열증 환자들이 퇴행을 심하게 하죠. 정신 분열증에 걸리면

성격, 아는 만큼 자유로워진다

정말 아기처럼 행동해요. 옷에다 오줌도 싸 버리지요. 그런데 어느 정도 건강한 퇴행도 있어요. 여러분이 지금 이 자리에서는 어른이지만 초등학교 때 친구를 만나면 갑자기 애가 돼 버리죠. "가시나야." 하면서 때리기도 하고요. '양성 퇴행'이라고 해요.

다시 말해서, 퇴행은 좌절을 심하게 당했을 때 현재보다 유치한 과거 수준으로 후퇴하는 것을 말해요. 예로, 동생이 태어나자 대소변을 잘 가리던 네 살짜리 어린아이가 오줌을 싸게 되는 경우를 들 수 있어요. 실의에 찬 어린아이가 손가락을 빠는 것도 그 예고요. 나이가 지긋한 교장 선생님들이 중학 동창생들을 만났을 때 근엄함은 사라지고 마치 중학생들처럼 행동하는 것도 양성의 퇴행으로 볼 수 있어요. 꿈이나 공상은 정상적이고 일시적인 퇴행이에요. 남편들이 심한 감기라도 걸리면 꼭 아이처럼 짜증내는 것을 볼 거예요.

아프면 사람들은 퇴행해요. 악성 퇴행은 정신병이나 만성 정신 분열증에서 대소변을 못 가리는 등, 어른이 아이 같은 행동을 병적으로 하는 거예요. 인간의 성장 과정 중 특정한 시기, 예컨대 항문기에 좌절을 심하게 받았거나 반대로 너무 재미를 보았다면 그는 이 시기에 무의식적으로 집착하게 되는데 이런 현상을 '고착'이라고 해요. 스트레스를 심하게 받는 경우에는 이 고착 시기로 퇴행하는 경향이 있어요.

진달래꽃이 만발한 어느 해 봄이었어요. 스무살의 처녀가 아버지의 무덤가에 옷을 벗어 놓고, 발가벗은 채 한 아름 진달

래꽃을 안고 산을 내려왔어요. 밭에서 일하던 동네 아주머니
가 달려가 불쌍한 처녀의 알몸을 자신의 치마로 싸안고서 병원
으로 데려왔어요. 아버지를 여읜 슬픔과 불효자식이라는 죄책
감이 너무도 괴로워서 처녀는 어린아이로 퇴행해 버린 것이었
어요. 어린아이 때가 어른보다 편하고 죄책감도 없고 아버지도
살아 계신 시절이었어요. 어른보다는 힘 안 들이고도 살 수 있
는 시절이기 때문에 마음이 힘들 때는 퇴행하는 거예요.

⑯ 합리화: "성숙한 사람은 핑계가 아닌 훈계를 선택한다."

'합리화rationalization'라는 방어 기제를 볼게요. 성욕을 참지
못하고 사창가에 갔던 청년이 죄책감으로 괴로웠어요. 양심의
비난에 걸렸기 때문이에요. 청년의 성적 욕구는 계속 여성의
육체를 찾는데 그의 양심은 이를 금지해요. 그는 갈등에 빠졌
어요. 마음이 복잡하고 괴로웠어요. 이때 자아가 마음을 돕기
위해서 합리화의 방어 기제를 사용했어요. "영웅호색이란 말도
있잖아. 큰 인물이 되려면 여러 가지 경험이 필요해. 사창가에
가는 것도 인생 경험이야. 성욕 때문이 아니고 큰 인물이 되기
위한 훈련이야." 갑자기 청년은 마음이 편해졌어요. 합리화는
비교적 병적인 방어 기제이기 때문에 건강한 해결은 못 돼요.
하지만 나름대로 내적인 평화를 회복하는데는 그 역할을 했다
고 봐요.

합리화는 인식하지 못한 동기에서 나온 행동의 동기를 지

성격, 아는 만큼 자유로워진다

적으로 그럴듯하게 꿰맞추는 방어예요. 그 행동 속에 숨어 있는 실제 원인은 의식에서 용납할 수 없는 내용이므로 환자는 모르고 있어요. 다만 그로서는 그 행동에 대한 가장 도덕적이고 합리적인 이유만을 갖고 있어요. 그렇기 때문에 이때 누군가가 실제 동기를 지적하면 그는 화를 낼 거예요.

『이솝 우화』 중 「여우와 신 포도」는 합리화의 좋은 예예요. 포도를 따 먹으려고 점프를 여러 번 시도했지만 실패한 여우가 자기의 실패를 합리화해요. "나는 저런 신 포도는 좋아하지 않아." 자기의 실패를 인정한다는 것은 괴로운 일이지요. 그래서 여우는 합리화해요. '나의 무능 때문에 포도를 포기하는 것이 절대 아니다. 포도 맛이 시기 때문에 따 먹지 않는 것일 뿐이다.' 이렇게 합리화하고 나면 우선 마음은 편해지지요.

"한국은행의 돈이 다 내 거예요."라고 믿고 있는 과대망상증 환자가 있었어요. 회진 나간 의사에게 1백만 원짜리 수표를 내줘요. 신문지를 찢어서 만든 수표지만 진지한 태도예요. 다른 환자들에게도 가난해 보이거나, 돈이 필요할 듯싶으면 선뜻 수표를 써 줘요. 그는 심리적으로 큰 부자이고 자신감이 넘쳐 있어요. 그러나 담배가 떨어졌을 때는 꽁초를 주워 피워요. 꽁초를 줍고 있는 그를 다른 환자가 놀리지요. 그때마다 그는 "도장을 잃어버려서 은행에서 돈을 못 찾았어요."라고 진지하게 대답해요. 그의 마음속에는 두 개의 현실이 있는 듯했어요. 큰 부자라는 현실과 가난뱅이 현실이 그것들이에요. 이 두 현실은 정반대의 것이지만 공존하고 있어요. 논리적인 설명이 불가능한 것인데도 공존하고 있어요. 그리고 그는 이 두 현실 사이에서 모순을 느끼지 못하고 고통도 느끼지 않았어요. 이것을 가능케 하는 것이 합리화예요.

이 환자의 경우 '도장을 잃어버려서….'라는 합리화가 방어 기제예요. 이런 환자도 치료가 되어 건강한 정신을 가진 합리적인 사람이 되면, 무일푼의 부자란 있을 수 없다는 현실을 깨닫게 되고, 가난한 자신의 현실로 돌아오게 되지요. 이처럼 논리적으로 모순되는 두 개의 심리적 현실이 공존하면서도 괴로움이 없고 갈등도 느끼지 않는 심리를 정신 의학에서는 '논리 불통의 방^{logic-tight compartment}'이라고 해요.

이런 심리는 소위 정상적이라는 사람들에게서도 볼 수 있어요. 예컨대, 도덕성을 부르짖고, 덕망과 국민의 신뢰를 한 몸에 모으고 있는 정치인이 더러운 뒷거래를 하거나, 거짓말을 하면서도 양심의 가책을 느끼지 않는 경우가 있지요. 여기에 속해요. 도덕성과 거짓말은 상반되고 모순되는 행동 범주임에도 불구하고 상호 간에 영향을 주지 않고 심리적인 불편 없이 공존하고 있어요. 그리고 같은 행동을 반복해 가요. 어느 기회에 이런 사실을 지적당하게 되면, "국민을 위해서…."라거나 혹은 "피할 수 없는 상황 때문이었어요."라고 합리화해요. 또 다른 예를 든다면 바람둥이 남자가 자신만은 처녀장가 들기를 바라고, 또한 그럴 수 있다고 확신하는 경우를 볼 수 있어요. 바람둥이 행동과 처녀성의 요구는 상반되는 것인데도 불구하고 모순 없이 존재할 수 있는 것은 뻔뻔한 자기 합리화 때문이

　　　　　　성격, 아는 만큼 자유로워진다

에요.

세상에는 자신은 더 큰 비행을 저지르고 있으면서도 남의 허물을 비난하고 헐뜯기 좋아하는 '논리 불통의 방'을 갖고 있는 사람들이 살고 있어요. 이런 심리는 마음의 분열 상태로서 인격의 성장을 막고 대인 관계의 어려움을 초래하기도 해요.

합리화는 자기 보호와 체면 유지를 위한 아주 흔한 방어 기제지만 자기기만이 지나치거나 병적으로 심할 때는 정신병적 망상을 만들게 되지요. 합리화는 거짓말과는 달라요. 합리화는 무의식의 방어 기제로서 자기도 모르게 하지만, 거짓말은 본인 자신이 그 행동의 설명이 허구라는 것을 충분히 의식하고 하는 것이 다른 점이에요.

"결국 성격은 가정에서 만들어져요.
어릴 때 어떤 가정에서 자랐느냐 하는 것이
결정적이에요. 가정을 건강하게 만드는 것이
시급한 과제이지요."

PART 2

성격 때문에 불행한 사람들

: 성격 장애의 11가지 유형

성격 장애의 11가지 유형

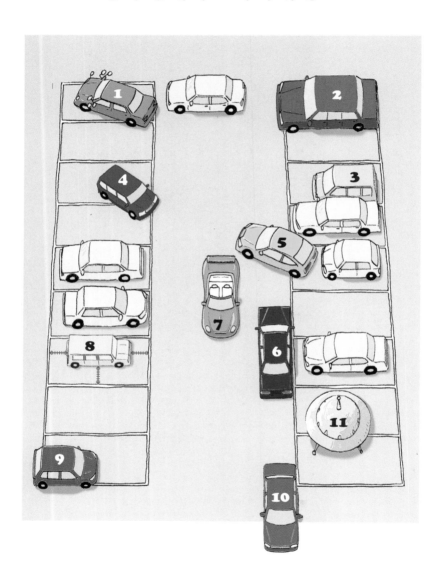

이 슬라이드는 성격 장애자들이 사는 아파트의 주차장이에요.
주차해 놓은 것만 봐도 몇 동 몇 호 누구인지 알 수 있어요.

1. 편집증적 성격 장애 Paranoid

2. 자기애적 성격 장애 Narcissist

3. 의존 성격 장애 Dependent

4. 수동 공격성 성격 장애 Passive-Aggressive

5. 경계선 성격 장애 Borderline

6. 반사회적 성격 장애 Antisocial

7. 연극적 성격 장애 Histrionic

8. 강박적 성격 장애 Obsessive

9. 회피성 성격 장애 Avoidant

10. 정신 분열성 성격 장애 Schizoid

11. 정신 분열형 성격 장애 Schizotypal

01

"편집증적 성격은
무의식에 의심 많은 아이가 살고 있어요."

당신, 내가 운전 중인 거 알고 전화했지!

편집증적 성격 장애 Paranoid

편집증적 성격의 일반적 특징

앞 주차장 그림에서 1번을 봅시다. 편집증적 성격 장애예요. 편집증적 성격의 특징은 의심을 잘하고, 오해를 잘하고, 투사를 잘하는 성격이에요. 남들이 자기를 해치려는 나쁜 음모를 가지고 있다고 생각하는 성격이에요. 그림에서도 차를 안쪽에 애매하게 대 놓아서 다른 차도 주차를 못 하게 해 놓고 자기 잘못은 인정하지 않아요. 오히려 "네가 잘못해서 나를 곤란하게 만든다."고 상대 차를 비난해요. 편집증적 성격의 특징은 의심이 많은 거예요. 누구도 믿질 못해요. 이런 성격은 하나님도 잘 믿질 못하죠.

편집증적 성격은 누군가가 자기를 감시하고 있다고 생각해요. 자기 약점을 잡으려고 감시하고 있다고요. 편집증적 성격은 자기 속마음을 철저히 숨기고 싸움만 거는 성격이에요. 다 적들로 보이기 때문에 이 사람에게 아군은 없어요. 독재자들이 이런 성격이 많아요. 의심하고 동료들 사이를 이간질하고, 오해를 잘하죠. 이런 사람들에게 의처증이 와요. 굉장히 우울하고, 기분 나쁜 성격이에요.

교회 안의 편집증적 성격

이런 성격은 할 수만 있다면 안경에 백미러back mirror 라도 달고 싶어 해요. 왜냐면 뒤에서 누군가가 자기를 공격할까 봐 두렵거든요. 항상 누군가가 자기를 해치려는 음모를 꾸미고 있다고 의심해요. 이런 사람이 교회 장로가 되면 '당회원들이 똘똘 뭉쳐서 나를 쫓아내려고 한다.'고 생각해요. 그렇기 때문에 오히려 당회를 이간질하고 분열시켜요.

예컨대, 편집증 장로가 김 장로를 식사에 초대했어요. 식사하면서 "김 장로, 이 장로가 그러는데 김 장로가 그렇게 돈을 좋아한다며? 교회 헌금도 좀 떼어먹었다던데?" 그러면 김 장로는 얼마나 화가 나겠어요? "아니, 이 장로가 그런 소리를 했습니까?" 그러면 이렇게 말하죠. "아이 걱정 마, 나는 이 장로 말 안 믿어. 우리 교회에 김 장로 같은 분이 또 어딨어. 정직하고 꼭 필요한 분이지. 나는 김 장로가 정말 훌륭하다고 생각해." 그러면 김 장로는 이 편집증 장로하고 친해지고, 이 장로하고는 적이 되겠지요. '네가 나를 모함했어? 두고 보자.' 하고 이를 갈죠. 그다음에 이 편집증 장로가 이 장로에게 접근해요. "이 장로 저녁이나 같이해." 하고는 "김 장로가 그러는데 이 장로가 여자관계가 복잡하다며?", "아니 그게 무슨 말입니까?", "아니, 괜찮아. 나도 김 장로 말 안 믿어. 이 장로같이 순결한 분이 또 어디 있다고…. 나는 이 장로만 믿어." 그러면 당회 안에서 이 장로와 김 장로는 서로 적대적이 되겠죠? 그리고 김 장로는 이 장로의 모든 정보를 가져다가 편집증 장로에게 주고 이 장

성격, 아는 만큼 자유로워진다

로는 김 장로의 모든 정보를 다 가져다가 편집증 장로에게 주 겠죠. 그러면 화목했던 당회가 전쟁터가 되는 거예요. 편집증 장로 하나가 들어가 버리면 당회에서 어떤 사소한 안건 하나만 나와도 서로 공격하고 비난하고 이상한 당회가 되어 버려요. 그러니 성도들이 장로님을 잘 뽑아야 해요. 근데 뭐, 성격 검사 를 할 수도 없고 쉬운 문제는 아니죠. 그러나 성격을 아는 방법 이 있어요. 그분의 살아오신 인생사와 가족 관계를 보면 알 수 있어요. 그분이 어떤 식으로 살아왔는가? 대인 관계가 어떤가? 가족들에게는 어떤 분인가? 그런 면면을 보면 알 수 있어요.

편집증적 성격은 영적으로도 어려워요. 하나님의 사랑이 믿어지지 않아요. 자기도 믿지 못하고 남도 믿지 못하는 사람 이 어떻게 하나님을 믿겠어요? 기본적 신뢰감이 결여되어 있 는 사람이에요. '나를 좋아하는 사람은 없다.'고 믿고 있어요. 이런 사람들은 목사님에 대해서도 항상 '언젠가 나를 배신하고 나를 곤경에 빠트릴 거다, 나를 이용해 먹을 거다.' 이런 식으 로 생각해요.

목사님들이 이런 편집증적 성격을 대할 때는 한 가지 꼭 조심할 게 있어요. 성도로서 사랑하는 관계라고 해서 너무 속 을 보이면 안 된다는 거예요. 자기 약한 부분까지 보이면 편집 증적 성격들은 어느 시점에서 그것을 약점으로 이용해요. 이런 사람은 자동차 운전 중에 핸드폰으로 통화를 하다가 사고가 나 면, 자기가 잘못해서 사고를 내 놓고는 전화 건 사람한테 원망 을 해요. "당신, 내가 운전 중인 거 알고 전화했지! 사고 나게 하려고!" 하는 거예요.

이게 편집증적 성격이에요. 그런데 사회적으로 성공한 사람들 중에도 있어요. 어려서부터 자기는 적에게 포위당했다고 생각하고 살아왔기 때문에 살아남기 위해서 필사적이었지요. 그래서 성공도 하지만 불행한 삶을 살지요. 정치가나 독재자들 중에 이런 성격이 많아요.

편집증적 성격 장애(paranoid)

성격, 아는 만큼 자유로워진다

편집증적 성격의 정신 분석적 해석

편집증적 성격은 무의식에 의심 많은 아이가 살고 있어요. 위기감을 느끼는 아이예요. 아무도 도와주는 사람이 없어요. 적들에게 포위당한 아이예요. 의심하고 경계하며 초조하게 살고 있어요.

아이들은 엄마를 믿지요. 지켜 주고, 먹여 주고, 추위는 막아 주고…. 필요한 것을 공급해 줄 대상이라고 믿어요. 이것을 '기본적 신뢰감basic trust'이라고 해요. 모든 인간관계의 기본이 되는 신뢰감이지요. 이 신뢰감이 없으면 아무도 믿을 수가 없게 돼요. 엄마가 아이를 사랑해 주지 않고 방치하거나 학대할 때 아이의 신뢰가 깨져요. 엄마를 믿을 수 없게 되면 세상 누구도 믿을 수가 없어요. 무의식에 불신이 자리 잡게 되지요. 의심하는 아이가 무의식을 지배하게 돼요. 이렇게 편집증적 성격이 만들어지는 거예요. 불행한 일이지요.

02

"자기애적 성격은
결핍, 즉 자기애에 굶주린 사람이라고 할 수 있어요."

애들아, 내가 너무 예뻐서 미안해!

자기애적 성격 장애 Narcissist

자기애적 성격의 일반적 특징

앞의 그림에서 2번은 우월주의에 빠져 있는 자기애적 성격 장애예요. 남들은 차 두 대를 주차할 공간에 자기 차 한 대만 주차해 놓고, '나는 특별한 사람이니까 이래도 괜찮아.' 이런 식이죠.

이런 성격은 자기에게 도취돼 있는 사람이에요. 자기를 최고라고 생각하죠. 굉장히 이기적이고 독선적이고 자기만 알기 때문에 주변 사람들을 굉장히 괴롭혀요. 자기가 성공하기 위해서 주변 사람들을 착취하는 성격이죠.

이런 성격하고 결혼하면 여자들은 대개 40대, 50대에 우울증이 와요. 왜냐하면 나르시시스트들은 자기가 왕이라고 생각하기 때문에 다른 사람들이 모두 그에게 종노릇해야 해요. 이런 사람과 살면서 살아남기 위해서는 노예가 될 수밖에 없어요.

나르시시스트의 부인들은 노예처럼 살다가 중년기가 되면 우울증이 와요. 이런 부인들을 여럿 치료했어요. 놀랍게도 나르시시스트 남편은 부인의 고통을 전혀 이해하지 못하더라고요. "사실 나 정도 되는 남편이 세상 어디에 또 있겠습니까. 나는 그 사람 이해를 못 하겠습니다. 아무래도 꾀병 같아요. 어리광 부리는 것 같아서 화가 나요."

어처구니가 없지요. 부인은 괴로워서 자살을 생각하고 있는데 꾀병이라고 해요. 인정머리가 없어요. 남의 고통을 전혀 이해하지 못하는 것이 나르시시스트의 특징이에요. 자기는 감기 기운만 있어도 암이라도 걸린 듯이 호들갑을 떨면서 말이지요. 자기 아픔은 사소한 것도 대단한 것처럼 느끼지만 아내의 아픔은 꾀병으로 여겨요. 자기만 중요한 사람이라고 생각하기 때문이에요.

"내가 너무 예뻐서 너희들에게 늘 미안해." 하는 공주병도 나르시시스트예요. 자기도취에 빠져 있어요. 거울 보면서 신이 나 있어요. 이런 성격은 우월감에 차 있는 성격이고 공주병이고 주변에서 사람들을 착취해요. 이 성격은 오로지 힘에 관심이 집중돼 있어요. 의리나 인정 있는 사람보다 힘을 휘두르는 자가 되기를 원해요. 이런 사람이 부인더러 친정 가서 돈 가지고 오라고 해요. 자기가 강해지기 위해서 주변 사람들을 최대한도로 착취하고 이용해 먹는 그런 성격이에요. 독불장군이지요.

이런 사람은 의사를 찾아와서도 벽에 걸려 있는 상장, 졸업장, 박사 학위 등을 보고는 인심 쓰듯 말해요. "이 정도라면 내가 시간을 내 드리죠." 지금 누가 누구에게 시간을 내 줘야 돼요? 굉장히 거만하고 교만한 성격이죠.

교회 안의 나르시시스트

자기를 높이는 교만은 모든 죄의 근원이에요. 하나님이 가장 싫어하시는 인간상이 바로 교만한 자예요. 하나님께 불순종하는 가장 큰 이유가 교만이기 때문이거든요. 나르시시스트는 교만한 사람이에요. 물론 이런 성향은 사람마다 어느 정도 다 가지고 있지만, 그 정도가 나르시시스트처럼 과도하지 않고 파괴적이 아니라는 것이 다를 뿐이지요.

나르시시스트들은 출세를 위해서 교회도 이용해요. 장로라는 힘 있는 자리를 이용해요. 장로가 되기 위해서 교회에 나와요. 그래서 장로 안 시켜 주면 다른 교회로 가 버려요. 장로가 되면 교인들 위에 군림하는 재미를 봐요. 교회 오면 성도들이 "장로님, 장로님." 하고 떠받들어 주잖아요. 그 재미가 쏠쏠하다고요. 나르시시스트는 높은 자리에 대한 욕심이 많아요. 그러나 군림을 하니까 상처받는 성도들도 생기죠. 이런 사람이 주일 학교 부장이 되면 교사들이 상처받고, 주일 학교에 안 나오게 돼요. 나르시시스트가 성도들에게 자주 써먹는 말씀이 있어요. "순종이 제사보다 낫다"^{삼상 15:22}.

나르시시스트는 하나님도 이용해요. 하나님을 자신에게 힘을 제공해 주는 대상으로 생각해요. 성 아우구스티누스 Augustinus 의 말씀이 생각나네요. "선한 사람은 세상의 물질을 사용하여 하나님을 기쁘게 하지만, 악한 사람들은 하나님을 이용하여 자기를 즐겁게 한다." 나르시시스트에게 교회는 자기 입맛에 맞는 좋은 것들을 얻어 내기 위한 도깨비방망이인 셈이에요.

나르시시스트들은 예수님을 비현실적인 인물로 해석해요.[1] 예컨대, 우리는 먹기 위해 농사를 짓잖아요. 살기 위해 배워야 하고, 인생의 문제를 풀기 위해 고민해요. 예수님도 그랬어요. 눈물도 흘리셨고 광야에서 시험도 당하셨어요. 피곤을 느끼고 쉬시기도 했어요. 겟세마네에서 고민도 하셨지요. 오병이어로 수천 명을 먹이시기도 하셨지만 주식은 농부의 빵이었어요. 바다 위로 걸어가기도 하셨지만 일상생활에서는 배를 타셨어요. 십자가에 달리셨을 때는 피 흘리셨고 아파하셨어요. 예수님도 보통 인간과 같은 성정을 가진 인간이었어요. 드시지 않으면 배고프시고 주무시지 않으면 피곤하셨지요. 그래서 우리의 아픔을 누구보다 더 잘 공감하시는 거예요.

그런데 나르시시스트는 예수님을 예외적인 분으로 해석해요. 고민도 없고 스트레스도 없는 분이라고요. 땀 흘리고 수고해야 하는 인간이 아니라고 주장해요. 일반적인 삶의 법칙도 예수님은 따를 필요가 없었다고 주장해요. 이런 태도는 고대 영지주의 사상이에요. 그래서 심한 나르시시스트들은 자기들도 예수님처럼 예외적인 존재라고 마음으로 믿고 있어요. '나는 특별한 사람이야. 나는 일할 필요가 없어. 삶의 법칙을 무시해도 돼. 성경의 가르침도 내게는 예외야.' 이건 대단히 위험한 사상이에요. 심한 경우는 이단 종파의 교주가 되기도 하죠. 교주들의 심리가 이런 거예요.

---

1 웨인 오우츠 저, 안효선 역, 『그리스도인의 인격 장애와 치유』 (에스라서원, 1996), pp.65-67.

성격, 아는 만큼 자유로워진다

예수님은 섬기는 왕으로 오셨어요. 예수님의 제자들은 예수님의 발자취를 따라가는 사람들이지요. 성도가 하나님께 헌신하고 교인들을 섬기고 이웃을 섬길 때 영적으로 성장하게 돼요. 그러나 나르시시스트는 반대로 가고 있어요. 예수님하고는 반대의 길을 가는 사람이니 영적으로 성장할 수가 없지요.

나르시시스트는 자기도취에 빠진 사람이에요. 자기도취에서 깨어나기가 힘들어요. 그래도 삶의 큰 시련을 당했을 때가 기회예요. 암에 걸리거나 사업에 실패하거나 중요한 사람을 잃었을 때가 영적 기회예요. 나르시시스트는 평소에 미움을 받기 때문에 이런 슬픈 일을 당해도 위로해 주는 사람이 없어요. 목회자들도 그들을 별로 만나고 싶어 하지 않아요. 그래서 나르시시스트는 이럴 때 외로워요. 그래서 좌절했을 때 심방하고 상담하면 자신을 돌아보며 내면을 보게 돼요. '나 때문에 남들도 이런 슬픔을 겪었겠구나.' 자기도취의 방에서 나와 남들의 감정도 살필 수 있게 되지요. 쉬운 일은 아니지만요. 나르시시스트가 가지고 있는 좋은 점 하나는, 교활하지 않고 솔직하고 담백하다는 거예요. 자존심만 건드리지 않으면 좋은 치료 관계를 맺을 수도 있어요.

나르시시스트의 치유

자기만 바라보던 나르시시스트가 하나님을 바라보게 되면 치유돼요. 예컨대, 찰스 콜슨^{Charles Colson}은 보스턴에서 잘나가는 정치가였어요. 높은 자리와 권력을 쥐고 있었어요.[2] 정적들을 무참히 짓밟아 버리는 오만한 나르시시스트였어요. 그런데 궁지에 몰리게 된 거예요. 비리가 드러나고 감옥에 가게 되었지요. 동지라고 생각했던 사람들이 모두 등을 돌려 버렸어요. 분하고 부끄럽고 절망적이었어요. 어느 날 친구 톰 필립스[Tom Phillips]를 찾아갔어요. 온유한 친구였지요. 그런데 그날은 직설적으로 말했어요.

> "이런 말을 하고 싶지 않네만 솔직히 말하겠네. 자네가 비리를 저지른 것은 사실이네. 이 모든 일은 자네가 너무 자신을 과신한 데서 온 결과야. 자네가 하나님을 믿었더라면 이렇게 되지는 않았을 거야. 하나님께서 자네를 인도하셨을 테니까…. 먼저 하나님 앞에서 정직해지시게. 자네가 제일 우선적으로 해야 할 일이 이것이네."

그리고 필립스는 인간의 교만이 인간을 불행하게 하는 가장 중요한 원인이라고 말했어요. 그리고 콜슨을 위해 기도해 주었어요. 콜슨이 친구 집을 나와 차를 몰고 가는데 캄캄한 밤이었어요. 불과 몇백 미터 정도를 운전하고 갔을 때, 주체할 수 없는 강렬한 감정이 몰려왔어요. 운전을 더 이상 할 수 없어서 차를 세웠어요. 그는 운전대에 머리를 기대고 한참을 울었어요.

---

2 웨인 오우츠 저, 안효선 역, 「그리스도인의 인격 장애와 치유」(에스라서원, 1996), pp. 93-96.

그런데 이상하게도 마음이 편해졌어요. 부끄러움도 슬픔도 사라졌죠. 약해졌다는 생각도 없어지고 두려움도 느낄 수 없었어요. 자유와 안식을 느꼈어요. 콜슨의 말을 들어 볼까요.

"그리고 나는 평생 처음으로 진짜 기도를 해 보았어요. "하나님, 나는 당신을 어떻게 하면 만날 수 있는지 모릅니다. 그러나 당신을 찾아보겠습니다. 제가 지금 실패해서 보잘것없는 존재가 되고 말았지만 그래도 저를 당신께 드리고 싶습니다." 나는 더이상 무슨 말씀을 드려야 할지 알 수 없었습니다. 그래서 그냥 "나를 받아 주세요."라는 말만 반복했습니다. 그날 밤 내 안에 있는 누군가가 '주님께 순종하고 따르라.'고 말하는 것 같았습니다. 그러나 사실 나는 그때 어떻게 하는 것이 주님께 순종하는 것인지 몰랐습니다. 그렇게 차 안에서 울며 기도하며 30여 분을 보냈습니다. 더 긴 시간이었을지도 모르겠습니다. 그날 밤, 그 어두운 밤에 나는 차 안에 혼자 있었습니다. 그러나 내 생애 처음으로 나는 결코 혼자가 아니라는 것을 깨달았습니다. 누군가 거기에 계셨습니다."

콜슨은 자만의 탈을 벗어던질 수 있었어요. 이전에는 자신만 믿었으나 이제는 하나님을 믿게 되었어요. 세상 누구의 가르침도 받을 필요가 없다고 믿었던 콜슨이 하나님께 배우려는 마음을 갖게 된 것은 엄청난 변화였어요. 말씀 그대로 성령의 능력으로만 일어날 수 있는 내적 변화예요. 이렇게 하나님을 수용하는 능력이 생기면 인간관계도 변하지요. 인격적 교제가 회복되고, 감정 교류가 가능해져요. 타인의 판단과 가르침을 받아들일 수 있기 때문이죠. 교제를 통해서 성장하고 그렇게 새로운 피조물이 되는 거예요.

나르시시스트의 정신 분석적 해석

앞에 성격 발달 부분에서 말씀드린 대로 유아기에 사랑을 받지 못하면 이런 성격이 돼요. 어릴 때 인간은 모두 나르시시

자기애적 성격 장애(narcissist)

성격, 아는 만큼 자유로워진다

스트죠. 아이는 자기가 세상에서 제일 예쁘고 소중한 사람이라고 생각해요. 모든 사람들이 자기를 좋아한다고 믿고 있지요. 코헛Kohut이라는 정신 분석가는 이것을 '건강한 자기애'라 했어요. 자라면서 자기애는 도전받지만 현실적인 자존감으로 변하죠. 그런데 나르시시스트는 어릴 때 건강한 자기애를 누리지 못한 애였대요. '아무도 나 같은 것에게는 관심이 없어.' 자기애의 결핍증이라고 할 수 있어요. 건강한 자기애를 맛보지 못한 것이죠. 결핍, 즉 자기애에 굶주린 사람이라고 할 수 있어요. 나르시시스트는 때때로 공허감을 느껴요. 높은 지위에 올랐고 많은 돈을 벌었어도 행복감이 없어요. 그때 정신 분석가를 찾지요. 정신 분석을 받고 좋아진 분들도 있어요. 모든 인간들이 어느 정도는 나르시시스트의 특징을 갖고 있어요. 정도의 문제지요.

03

"의존 성격은 어머니를 잃고 죽을 것 같은 불안을
경험한 아이가 마음속에 살고 있다고 할 수 있어요."

당신 말이 다 맞아요!

의존 성격 장애 Dependent

의존 성격의 일반적 특징

3번 그림은 의존 성격 장애인데, 혼자서는 아무것도 결정을 못 내리고 남의 결정에 따르기만 하는 사람이에요. 자꾸 의지하려고만 하고요. 차 주차해 놓은 것만 봐도 옆 차에 딱 붙어 있잖아요. 헤어지는 것을 두려워해요. 분리되는 것을 못 견뎌요. 분리 불안이 심하죠. 누구에게나 의지하려고만 하는 성격이에요. 요구만 하지 자기가 책임지려고 하지 않는 성격이지요. 꼭 유모차에 탄 아이 같죠. 아이같이 의존하려고 해요.

의존 성격을 만나보면 우선 호감이 가요. 우호적이고 친절하기 때문이지요. 상대방의 말을 거스르거나 반대하는 법이 없어요. '당신이 어떤 말을 할지라도 나는 순종할 각오가 돼 있습니다.'라고 말하고 있는 것 같아요. 마치 노예라도 될 각오가 된 사람 같아요. 경쟁을 두려워하기 때문이지요. 자존감이 낮아서 자신을 무시하고 상대방을 이상화하기 때문이에요.

의존 성격의 문제는 어떤 책임도 지려고 하지 않는다는 거예요. 다 큰 아들이 직장도 버리고 부모 곁에만 머무는 것은 의존 성격이에요. 의식주와 용돈까지 타 써요. 의존 성격인 대학생은 대학 졸업을 못 하고 만년 대학생이 되기도 해요. 의존 성격 남편은 이사할 때도 자기는 몸만 가요. 이삿짐 나르기, 집 정리는 부인이 다 해요. 이런 유머가 생각나네요. 30년을 살았지만 단 한 번도 부부 싸움을 한 적이 없었다는 부부가 있었어요. 목사님이 남편에게 물었어요. "어떻게 그렇게 부부 사이가 좋을 수 있었습니까?", "아, 그건 나는 큰일만 결정하고 작은 일은 아내에게 다 맡겼기 때문입니다." 궁금해진 목사님이 다시 물었어요. "큰일이란 어떤 일이었습니까?", "세계 평화라든지, 인권 문제라든지…. 뭐 그런 거지요." 목사님이 다시 물었어요. "그럼 작은 일은 어떤 일입니까?", "그건 이사 갈 집을 선택한다든지, 전세금을 마련한다든지, 애들 교육 문제 같은 사소한 일들이지요." 이러니 싸울 일이 없었겠지요. 모두 부인의 선택을 따랐을 테니까요.

그러나 여러분이 이런 의존적인 사람을 만나면 이런 태도가 부담스럽기도 할 거예요. 이런 사람은 혼자서는 어떤 결정도 내리지 못하기 때문에 누군가가 도와주어야 해요. 직장 생활에서도 그래요. 끊임없이 도움을 요청해요. 윗사람이 지시해 주기를 기다리며, 자발적으로 하는 일은 불안해서 못 해요. 자기 요구를 들어 주지 않으면 애처럼 화내고, 좀 더 지나면 우울, 분노, 무기력감에 빠져요. 감정이 메말라 버리기도 하고요. 이런 성격의 사람들은 입과 관련된 것에 관심이 많아요. 즉, 먹고 마시고, 담배 피우고, 먹는 약을 즐기는 경향이 있어요. 편식하고 식성이 까다로워요.

성격, 아는 만큼 자유로워진다

의존 성격의 정신 분석적 해석

정신 분석적으로 이런 행동은 갓난아이가 엄마에게 의존하는 것과 같은 거예요. 엄마와 분리가 일어나지 못한 거예요. 어릴 때 모성 결핍이 있었기 때문이지요. 엄마를 잃고 죽을 것 같은 불안을 경험한 아이가 마음속에 살고 있다고 할 수 있어요. 그들은 심리적으로는 '나는 버림받아 굶어 죽을 거야.' 하는 두려움 속에 살고 있다고 봐요.

예컨대, J는 30대 초반의 전문직 여성이었어요. 알 수 없는 불안 때문에 괴롭다고 했어요. 잠자다가 깨면 너무 무섭고 춥대요. 방 안 온도 때문이 아니고 불안 때문이었어요. 최근에 남자 친구와 헤어졌는데 그 일이 원인인 것 같다고 했어요. 그런데 헤어지게 된 과정이 특이했어요. 남자 친구는 직업도 변변치 않고 외모도 자기 취향이 아니어서 처음에 J는 별로 관심이 없었대요. 그러던 어느 날 남자 친구가 차로 그녀를 집까지 바래다 준 일이 있었대요. 아파트에 도착하여 차에서 내리려는 순간 갑자기 불안이 엄습했대요. 내리기가 싫고 남자 친구와 같이 더 있고 싶어졌대요. '내가 왜 이러지?' 이해할 수 없었대요. 그날 이후로 남자 친구가 갑자기 좋아진 거예요. 곁에 없으면 보고 싶어서 견딜 수 없고, 어디 있는지 확인하고 또 확인해야만 했어요. 전화 응답이 없으면 수십 통씩 전화를 했대요. 연락이 될 때까지 아무 일도 못하고 전화만 기다렸대요. 기다리다 화내고 울고 매달리고…. 그러다가 일단 만나면 며칠씩 출근도 못 하게 하고…. 이런 J를 남자 친구는 이상하게 보기 시작했대요. "너, 나이가 서른이나 된 여자가 왜 이러냐. 꼭 아이 같잖아. 나도 지친다. 숨 좀 쉬자." 그러면 그 순간 J는 하늘이 무너지는 것 같았다는 거예요. 불안해서 더 매달리게 되었대요. "그러지 마, 오빠가 하라는 대로 다 할게. 나를 혼자 버려두지 마." 그리고 육체관계도 더 요구하게 되었대요. 성적 쾌감 때문이 아니고 남자 친구를 붙잡아 두기 위해서…. 자존심도 없어지고 자신이 누군지도 모르는 혼란 상태에 빠졌어요. 결국 남자 친구는 J를 버리고 떠나 버렸어요. 겨우 마음을 추스르고 나를 찾아왔어요.

　J는 소위 일류 대학을 나온 여성이에요. 연봉이 억대인 전문직 여성이었어요. 외모도 170센티미터쯤 돼 보이는 날씬한 키에 미인이었고요. 그런데 자신은 전혀 매력 없는 여자라고 생각하고 있었어요. 내가 보기에 엄마에게 버림받은 아이 같았어요. 무서워 떨고 있었어요. J 자신도 자신이 이렇게 초라하게 작아지는 것을 이해할 수 없다고 했어요. 그래서 정신 분석을 받고 싶다고 했어요. J는 어릴 때 모성 결핍을 경험한 여성이었어요. 그래서 분리 불안이 심했지요. 남자 친구가 바래다 줄 때, 차에서 내리려 할 때, 분리 불안이 엄습했던 거예요. 헤어지려는 그 순간에 무의식에서 남자 친구를 엄마로 착각했던 거죠. J가 유아기 때 얼마 동안 엄마와 떨어져 있었고 두려웠던 경험이 있었는데 그때 상황으로 착각했던 거예요. 아이들은 엄마가 눈에 보이지 않으면 자기를 버리고 떠난 것으로 알고 울죠. J가 전화로 남자 친구의 존재를 확인한 것은 아이가 엄마의

존재를 확인하는 것과 같은 행동이었어요. 이런 J에게 남자 친구는 지치고 싫증을 느껴서 떠나 버렸고요. 그런데 놀라운 것은 이런 유사한 경험이 전에도 여러 번 있었다는 거예요. J는 의존 성격이었던 거죠.

교회 안에서의 의존 성격 장애

이들에게 교회는 끊임없는 관심과 사랑을 받아야 하는 곳이에요. 목사님에게 관심을 달라고 조르고 기대에 못 미치면 엉엉 울어요. 시도 때도 없이 전화해서 사소한 것까지 결정해 달라고 요구해요. "목사님 제가 몸이 아픈데 새벽 기도회에 안 나가면 안 될까요?" 그리고 잘 삐쳐요.

예컨대, 의존적인 권사님이 있었어요. 집안 살림을 남편이 다 했어요. 그러던 남편이 암으로 돌아가시고, 따님이 어머니를 모시게 되었어요. 권사님은 교회 봉사를 거의 하지 않았어요. 어느 날 권사님이 딸에게 목사님 심방을 요청하라고 했어요. 목사님께 "저는 하나님께 용서받을 수 없는 죄를 지었습니다. 벌을 받을 거예요. 무서워요."라고 말했어요. 목사님이 권사님의 얘기를 다 듣고 "하나님이 용서하지 못할 죄란 없습니다. 우리가 죄를 자백하면 십자가의 공로로 모든 죄 사함을 받습니다." 하고 말씀으로 위로해 주었어요. 관련된 말씀도 성경에서 찾아 읽어 주었어요. 그런데 그 뒤에도 권사님은 너무 자주 목사님을 부르는 거예요. 그리고 같은 말을 반복했어요. "저는 하나님께 용서받을 수 없는 죄를 지었습니다. 벌을 받을 거예요."
그리고 목사님께 기도해 달라고 했지요. 성경 구절도 읽어 달
라고 요구했어요. 정작 권사님 자신은 기도하지도 않고 죄를
고백하지도 않았어요. 마치 주문을 외우듯이 목사님이 기도해
주시면 원하는 것을 얻을 수 있을 것이라는 심리였죠. 목사님
의 기도는 권사님에게 주문과도 같은 것이었어요. 권사님은 의
존 성격이었던 거예요.

　이럴 때는 정확히 선을 그어 주는 게 좋아요. 우리가 도움
을 줄 수 있는 것과 권사님 몫을 가르쳐 주고, 권사님이 갖고

의존적 성격 장애(dependent)

성격, 아는 만큼 자유로워진다

계신 은사를 찾아 주는 것이 좋아요. 요리를 잘한다든지 뜨개질을 잘한다든지…. 사람마다 하나님께서 주신 달란트가 있잖아요. 의존 성격은 이걸 무시하고 자기에게는 아무런 달란트도 없다고 믿거든요. 그래서 더욱 의지해요.

의존 성격의 성도를 가까이 둔 분들은 이런 성도들을 자주 찾아봐 주고 돌봐 주며, 설명하고 위로해 주고, 어려운 결정을 도와주어야 해요. 이들은 순종적이기 때문에 시키는 일은 잘하는 편이에요. 달란트를 찾아서 직분을 맡겨 주면 자신감을 찾을 수 있어요. 의존 성격은 어머니 역할을 해 줄 인물이 필요한 사람들이에요.

04

"수동 공격성 성격은 분노를 직접 터트리는 것을 어려워해요.
그래서 은밀하게, 간접적으로 터트리는 거예요."

와, 이 옷 정말 싸다. 그래도 나는 안 사!

수동 공격성 성격 장애 Passive-Aggressive

수동 공격성 성격의 일반적 특징

4번 그림은 주차장 통로에다 차를 삐딱하게 대 놓으니까, 어떤 차도 안으로 들어가기 어려워요. 수동 공격성 성격이에요. 이런 성격은 상대가 무서워서 직접적으로 공격성을 표현하질 못해요. 그 대신 반대로 아주 수동적으로 상대방을 골탕 먹이죠. 예를 들어, 의사가 약을 처방했을 때 약을 안 먹어요. 그래 놓고는 병이 안 낫는다고 의사한테 원망을 해요. 약 안 먹는 것으로 공격성을 표현하고 있는 거죠. 아이를 키워 보면, 아이들이 뭐가 맘에 안 들어서 야단을 치는 경우가 있어요. 그러면 아이들이 밥을 굶죠. "왜 밥 안 먹니?" 그러면 "내가 안 먹겠다는데 엄마가 왜 그래?" 하고 대꾸하죠. 그런데 사실 애가 밥을 안 먹으면 엄마는 괴롭잖아요. 직접 때리고 공격한 것은 아니지만 엄마를 괴롭히고 있는 거죠. 수동적으로요. 이게 수동 공격성이에요.

공항에서 남들 비행기 타러 가야 하는데 복도 통로에다 가방을 쫙 깔아 놓고 못 가게 하고 있는 사람이 있어요. 적극적으로 사람들을 괴롭힌 건 아니지만 소극적으로 가방을 가지고 사람들의 진로를 방해하는 거죠. 수동 공격성 성격이에요. 매사가 이런 식이에요. 보복하기 위해서 사는 사람 같아요.

수동 공격성 성격을 만나면 이유 없이 짜증이 나요. 대화를 나누다가 참지 못하고 화가 날 수도 있어요. 적대감을 숨기고 있기 때문이에요. "옳은 말씀입니다. 하지만 …." 하고 반대해요. 표면적으로는 동의하는 듯하지만 결론은 반대하고 공격해요. 상대방을 골탕 먹이려고 작정한 사람같이 보여요. 그러나 이들도 이런 성격 때문에 고생하는 희생자들이에요. 일부러 그러는 게 아니고 불안을 피하기 위해서 그러는 거예요.

수동 공격성 성격의 정신 분석적 해석

수동 공격성을 가진 사람들은 무의식에 숨겨 놓은 분노를 갖고 있는 사람들이에요. 이 분노가 터질까 봐 두려운 사람들이죠. 분노를 직접 터트리는 것은 위험해요. 그래서 은밀하게, 간접적으로 터트리는 거예요.

어릴 때 억울한 일을 많이 당하면 이런 성격이 돼요. 차별대우를 받았거나 억울하게 많이 맞았을 수도 있어요. 과도하게 성공 지향적인 부모는 자식에게 무리한 요구를 하는데, 아이는 이런 부모에게 화가 나죠. 그러나 화를 내면 부모의 사랑을 잃어요. 분노는 억압할 수밖에 없어요. 그렇게 억압된 분노도 어떤 식으로든 처리해야 하겠죠. 이렇게 분노를 간접적인 방법으로 처리하게 될 때 수동 공격성 성격이 되는 거예요. 구약 성경

성격, 아는 만큼 자유로워진다

에 나오는 사울이 이런 성격이었어요. 이 부분에 대해서는 3부 '열등감이 심했던 사울' 편에서 더 자세히 설명해 드릴게요!

05

"경계선 성격은 항상 두개의 엄마가 분리된 채로 있어요.
어떤 한 사람이 좋을 때도 있고
나쁠 때도 있다는 것을 받아들이지 못해요."

네가 나한테 이럴 줄은 몰랐다. 절교야!

경계선 성격 장애 Borderline

경계선 성격의 일반적 특징

5번 그림은 노란 차가 남의 차 앞에 삐딱하게 주차해 놨어요. 저렇게 주차를 해 놓으면 뒤차가 나갈 수 없어요. 뒤차가 옛 애인의 차래요. 진로를 가로막고 있는 차가 경계선 성격의 차에요. 경계선 성격은 변덕이 죽 끓듯 해요. 상대방을 좋아할 때는 천사라고 좋아하다가 조금이라도 비위에 안 맞으면 확 토라져서 상대를 악마로 평가하는 성격이에요.

어떤 여대생에게 남자 친구가 있었어요. 남자 친구가 경계선 성격 장애였어요. 도저히 더 이상 사귈 수가 없더래요. 너무 충동적으로 분노를 폭발해서요. 그래서 "오빠, 우리 더 이상 만나면 안 되겠어. 헤어지자." 그랬대요. 그랬더니 "좋아." 하고는 소매를 둘둘 걷어붙이고 맥주 컵을 탁 깨 가지고 자기 맨살에 포를 뜨더래요. 피가 뚝뚝 떨어지니 얼마나 무서웠겠어요. 그런데 그는 눈 하나 깜짝 안 하더래요. 이렇게 분노나 공격성이 올라오면 충동적으로 행동해 버리는 성격이 경계선 성격 장애에요. 분노가 극에 달하는 거죠.

경계선 성격의 정신 분석적 해석

왜 이런 경계선 성격이 될까요? 1980년대부터 이에 대한 논문이 많이 나왔는데, 그게 어릴 때 엄마와의 관계에서 생긴다고 해요. 성장하면서 아이들이 걷기 시작하잖아요. 아이들이 혼자서 기고, 걷고, 이동할 수 있을 때 그렇게 신이 난대요. 독립의 즐거움이죠. 아무한테도 간섭받지 않고 맘대로 가고 싶은데 가고 그럴 때 얼마나 기분이 좋아요. 독립과 자유는 여러분의 소원이기도 하죠. 좀 그래 봤으면 좋겠죠?

엄마들이 잠시만 자유 시간을 가지려 해도 아이들 밥해 줘야지, 학원 데려가야지…. 그런 것 완전히 떼어 버리고 훨훨 날아 봤으면 좋겠잖아요? 이것이 독립의 즐거움이에요. 아이들은 어릴 때 엄마가 움직여 줬을 때만 이동이 가능했는데, 어느 날 나 혼자 이동이 가능해졌을 때 그 기쁨을 맛보게 돼요. 그런데 아이가 기고, 걷고, 신 나게 돌아다닐 때 엄마와 충돌이 일어나요. 아이는 마음대로 기어가서 엄마 화장품도 만지고 싶고, 뜨거운 것도 만지고 싶고, 하고 싶은 일이 너무 많아요. 그때마다 엄마는 위험하니까 "안 돼, 안 돼." 하죠. 그러면 아이는 마음대로 하고 싶은데 금지당하니까 좌절을 느끼고, 좌절을 당하니까 분노가 일어나요.

여러분도 다 그런 경험이 있잖아요. 예컨대, 부인은 빨간색 립스틱을 바르고 싶은데 남편은 차분한 색 바르라고 그러면 화가 막 나잖아요. 금지와 좌절은 분노를 일으키게 되어 있어요. 아이들도 허용해 주는 엄마는 '좋은 엄마'이고, 금지하는 엄

성격, 아는 만큼 자유로워진다

마는 '나쁜 엄마'로 인식해요. 이렇게 아이의 마음속에 두 개의 엄마가 생겨요. 허용해 주는 엄마는 천사이고, 금지하는 엄마는 악마예요. 아이 마음속에 두 개의 엄마가 분리된 채로 존재하는 거예요.

그러다가 아이가 성장하면서 한 가지 사실을 터득해요. '금지하는 엄마도 사실은 나를 사랑해.'라는 것을 알게 돼요. 두 개의 엄마가 하나로 통합되는 거죠. '엄마가 나한테 이렇게 불친절하게 하고 금지하고 나무라지만 그러나 엄마는 나를 사랑해.' 하고 믿는 거죠. 성장하면서 '천사 엄마'와 '악마 엄마'의 통합이 일어나는 거예요. 두 엄마가 한 엄마라는 것을 알게 되는 거지요.

그것을 '대상 항상성object constancy'이라고 해요. '엄마는 한결같이 나를 사랑해'. 그러면 아이는 엄마가 금지하더라도 홱 삐쳐서 토라지지 않아요. '그래도 엄마는 나를 사랑한다.'는 신뢰를 갖게 되는 거죠. 이렇게 '대상 항상성'을 갖게 되면 그 사람은 대인 관계를 할 때 상대가 나한테 좋게 할 때도 좋지만, 나쁘게 하더라도 엄청나게 화내고 단절해 버리지는 않죠. 홱 돌아서지는 않는다는 거예요.

경계선 성격 장애는 두 개의 엄마가 하나로 통합되지 못한 성격이에요. 그 단계로 못 넘어간 사람들이지요. 항상 두 개의 엄마가 분리된 채로 있어요. 어떤 한 사람이 좋을 때도 있고 나쁠 때도 있다는 것을 받아들이지 못해요.

친구 지간에도 그래요. 자기한테 잘할 때는 "너는 지구 상에 하나밖에 없는 내 친구야.” 그렇게 친구를 추켜세워 놓고 좋아하다가 그 친구가 자기에게 섭섭하게 대하잖아요? 그러면 갑자기 “네가 그럴 줄 몰랐다. 내가 너한테 사준 커피만 해도 얼마인데. 어떻게 네가 나한테 이럴 수가 있어?” 하면서 배신감을 느껴요. 그리고 곧 “나는 너 같은 인간은 안 만나!” 하고 절교해 버려요. 그래서 경계선 성격 장애들이 좋아하는 말이 있어요. “우리는 성질이 앗싸리해!” 물론 화끈하고 앗싸리한 것 좋죠. 그렇지만 결과는 한없이 공허하고 외롭고 쓸쓸해요. 인간관계를 전부 잘라 버리니까 주변에 사람이 없는 거예요.

이게 경계선 성격이에요. 마음속에 두 개의 엄마를 갖고 있는 거죠. 상대방이 좋을 때는 좋은 엄마를 투사하니까 상대방이 천사로 보여요. 그러나 비위가 상하면 악마 엄마를 투사해요. 갑자기 악마로 보이죠. 이것은 무의식에서 진행되기 때문에 본인은 자기가 그런 줄 몰라요. 다만 너무 생활이 공허하고, 쓸쓸하고, 외롭지요.

그래서 이런 사람들 중에 그 공허함을 채우기 위해서 난잡한 성생활을 하는 사람들도 있어요. 성관계할 때 피부를 접촉하면 그 순간 존재감을 느껴요. 하지만 얼마 안 가서 관계가 확 틀어지기 때문에 얼마 못가요. 이런 사람들은 자기가 석 달을 못 넘기니까 다른 사람을 예비로 대기시켜 놔요. 보험을 들어 놓는 거죠. 그러다가 수가 틀리면 상대방에게 화내게 만들어 놓고 “네가 화내서 나는 떠난다.” 하고 떠나요. 딱 정리하고 보험 들었던 그쪽으로 옮겨 가요. 그런데 이런 만남에는 내적인,

인간적인 교류가 없기 때문에 굉장히 쓸쓸하죠. 그 누구한테도 마음에 만족할 만한 정서적 공급을 받질 못해요. 이게 경계선 성격들의 공통적인 특징이에요. 그래서 너무 쓸쓸하고 공허하니까 치료받으러 와요. "이렇게 살 수는 없어요. 도와주세요." 그래서 관심을 받게 되었어요. 그리고 연구가 시작된 거죠.

교회 안의 경계선 성격

교회에서 목사님 쫓아내는 데 선봉장 노릇하는 사람들이 대개 이런 사람들이에요. 목사님을 쫓아내는 사람을 가만히 보면 처음에는 목사님을 굉장히 좋아해요. 그랬던 사람이 깜짝 사랑을 하고 영이별을 선택하죠. 왜냐하면 좋아할 때는 상대방을 천사처럼 만들어 놨다가 자기 마음의 상을 목사님한테 주어서 그렇게 되는 거거든요. 굉장히 이상화시켜 놓고 충성을 다 해요.

한 집사님은 새벽에 푸줏간에 가서 막 잡은 소의 간을 사다가 목사님께 갖다 드렸어요. "우리 목사님 건강하셔야 해요." 하면서요. "우리 목사님 때문에 내가 이렇게 영적으로 풍성하게 살고, 우리 목사님 생각만 해도 은혜가 돼요."라고도 하고요. 목사님, 목사님 하면서 소간을 계속 사다 드렸어요.

그런데 그렇게 하다가 어느 날 목사님에게 실망을 했어요. 목사님이 자기 아파트에 심방을 오셨는데, 앞집 사는 이 집사 집에만 들리고 그냥 가셨다는 걸 알게 되었어요. 부자에다 예쁘고 눈도 쌍꺼풀인 이 집사만 심방하고 그냥 가 버렸다는 사실을 알고 굉장히 실망한 거예요. 엄청 화가 났어요. "그럴 줄 몰랐다. 이런 위선자! 내가 저한테 사준 소간만 해도 얼만데…. 이 배신자." 자기 혼자 그러는 거예요. 혼자 마음에서 이상적인 인물로 만들었다가 배신자로 만들었다가 그래요. 그래서 증오하게 되고 극단으로 치닫게 되는 거예요.

구약 성경에 나오는 사울이 경계선 성격이었다고 말하는 학자도 있어요. 충동적으로 화를 내고 인간관계를 오래 유지하지 못하는 면을 보고 그렇게 평가하지요. 다윗을 굉장히 좋아

경계선 성격 장애(borderline)

성격, 아는 만큼 자유로워진다

했다가 악마로 보고 증오했지요. 아들 요나단과 딸 미갈마저 믿지 못했어요.

경계선 성격은 혼자 있는 것을 견디지 못해요. 공허하고 권태롭기 때문이지요. 기도를 해도 하나님이 느껴지지 않는다고 불평해요. 가까이 계신 것 같지 않대요. 교회에 가는 이유도 단순해요. 거기 가면 사람들을 만날 수 있고 혼자 있는 공허감을 피할 수 있기 때문에 교회에 갈 뿐이에요. 그들은 혼자 있는 것을 무서워해요. 그러나 막상 교회에 나가서는 성도들과 잘 싸워요. 자기를 무시했다고 고함지르고 싸워요. 그리고 교회를 옮겨 버리지요. 꾸준한 인간관계를 유지하기가 어려운 성격이에요.

06

"반사회적 성격은
칼로 사람을 찔러 죽이고도 죄책감을 느끼지 않아요."

죄책감? 그게 뭐야?

반사회적 성격 장애 Antisocial

반사회적 성격의 일반적 특징

6번은 남의 차 앞에 직각으로 주차해 놓았어요. 저건 양심도 없잖아요. 사이코패스예요. 반사회적 성격 장애예요. 저렇게 주차해 놓고도 죄책감을 안 느껴요.

반사회적 성격은 한마디로 깡패 같은 인간이에요. 사기꾼, 강간범, 거짓말쟁이예요. 그러고도 죄책감을 느끼지 않는 것이 특징이에요. 양심이 없는 인간이라고 할 수 있지요. 수표를 부도내어 불쌍한 사람들을 망하게 해 놓고 자기는 뒤로 돈을 빼돌려요. 그 돈으로 외제 차에 골프를 즐기고요. 그러다가 체포되면 "내가 뭘 잘못한 게 있느냐. 사업하는 사람들 다 그렇게 살지 않느냐. 나만 재수가 없어서 걸렸을 뿐이다. 나는 억울하다."고 화를 내요.

깡패를 주제로 한 영화가 인기 있는 것은 참 이상한 현상이에요. 영화 〈친구〉는 전형적인 깡패 영화예요. 〈대부^{God father}〉도 그렇고요. 〈언터처블^{Untouchable}〉도 깡패 '알 카포네'를 다룬 영화예요. 이런 영화들이 인기가 있는 건, 인간의 내적 욕망을 채워 주기 때문이에요. 겉으로는 교양 있는 신사, 숙녀들도 속으로는 잔인하고 부도덕한 욕망이 부글부글 끓고 있어요. 성욕과 잔인한 공격성을 무의식에 숨기고 살죠. 그런데, 깡패들은 욕망을 억압하지 않아요. 섹스도, 살인도 주저하지 않죠. 갈등이 없어요. 자유로워 보이죠. 그래서 갈등이 심한 사람일수록 갈등 없는 깡패들이 부럽지요. 그리고 깡패 영화를 통해서 대리 만족을 얻는 거예요.

반사회적 인격 장애자는 인격 내부에 하나님이 계실 자리가 없어요. 분석적 측면에서 볼 때 하나님은 초자아 쪽에 계시거든요. 자기를 감시하고, 감독하고, 격려해 주는 기능이 초자아 기능인데, 그쪽 기능이 마비된 사람이니까 하나님이 계실 자리가 없지요. 이런 사람이 교회에 와서 헌금 훔쳐 가고 교회 재정 부장하면서 교회 헌금 횡령하고 그러는 거예요. 하나님의 징벌을 무서워하지 않는 그런 사람들이죠. 교회 헌금을 도둑질하고는 "네 돈이냐? 하나님 돈이지." 이렇게 말해요. 칼로 사람을 찔러 죽이고도 죄책감을 느끼지 않아요. 참 이해하기 어려운 성격이에요.

성경 속의 반사회적 성격

성경의 인물 중 아합의 왕비 이세벨이 반사회적 성격이었어요. 예컨대, 아합과 이세벨의 궁전 앞에 포도원이 하나 있었는데 주인이 나봇이라는 사람이었어요. 아합은 왕궁 가까이에 있는 나봇의 포도원이 탐이 났어요. 포도원을 다른 포도원과 바꾸거나 팔라고 말했어요. 그러나 나봇은 거절했죠. 아합은 화가 나서 음식도 못 먹고 침상에 누워 버렸어요 ^{왕상 21:1-4}. 이 사실을 알게 된 왕비 이세벨의 행동이 무척 잔인해요. 이세벨은 우선 남편을 안심시켜 줘요. "당신은 현재 이스라엘을 다스리는 임금님이 아니십니까? 일어나셔서 음식을 드시고, 마음을 좋게 가지십시오. 내가 이스르엘 사람 나봇의 포도원을 임금님의 것으로 만들어 드리겠습니다." 건달들을 시켜서 나봇이 하나님과 왕을 저주했다고 거짓말하게 했어요. 그리고 나봇을 돌로 쳐 죽여요 ^{왕상 21:13}. 포도원을 차지하려고 죄 없는 사람을 죽인 거죠. 주님의 선지자들도 학살했어요. 성적으로 난잡했고요 ^{왕하 18:40}. 그러나 죄책감은 흔적도 찾아볼 수 없었어요. 제 욕심이 우선이에요. 오히려 하나님의 사람 엘리야도 비난했지요. 죽이겠다고 위협했죠 ^{왕상 19:2}. 지독한 여자예요. 이세벨은 사이코패스였던 것 같아요. 그의 최후는 비참했어요. 성벽 아래로 떨어져 피를 튀기면서 죽었거든요. 시체를 개들이 먹고 머리와 팔만 남았어요 ^{왕하 9:30-37}.

사실은 다윗 왕도 이세벨 못지않은 교활한 살인죄를 저질렀어요. 병사 우리아의 아내 밧세바와 바람을 피웠어요. 밧세바가 임신했고, 외도가 탄로 날 위기에 처했어요. 다윗은 자기 죄를 은폐하기 위해서 우리아를 위험 가운데로 몰아넣어서 죽게 했죠. 전사였지만 사실은 의도된 살인이었어요. 그리고 과부가 된 밧세바를 아내로 삼은 거예요. 교활한 다윗이죠. 살인자 다윗이에요. 그런데 이세벨과 다른 점이 있어요. 나단 선지자가 죄를 꾸짖자 변명하지 않고 인정한 거예요. 죄책감으로 괴로워해요. 금식하고 울면서 진심으로 회개했어요. 이런 행동으로 볼 때 다윗은 반사회적 성격은 아니었어요. 하나님은 다윗을 용서하시고 사랑해 주셨어요. 이런 일이 있은 후에 다윗과 밧세바 사이에서 태어난 아이가 그 유명한 솔로몬이에요^{삼하 11-12장}. 성경 인물 중 가장 존경받는 왕이요, 성군이라고 불리는 다윗도 이런 짓을 저질렀어요. 충격적이지요. 그러고 보면 인간이란 그 누구도 그렇게 대단할 것 없는 존재예요. 거룩하기 어려운 존재예요. 하나님의 자비를 구하며 겸허하게 머리를 숙일 뿐이지요.

반사회적 성격 장애(antisocial)

성격, 아는 만큼 자유로워진다

반사회적 성격에 대한 정신 분석적 해석

반사회적 성격은 앞서도 말했지만 초자아 발달에 이상이 생긴 거예요. 성장 과정에서 부모가 너무 차갑고 냉정할 때 이런 성격이 된다고 해요. 비인간적인 가정에서 자란 사람인 경우가 많아요. 그렇다고 해도 이것이 면죄부가 될 수는 없죠. 성인으로서 자기 행동은 자기가 책임을 져야 하니까요.

07

"연극적 성격은 감성적이어서 감정이 풍부해요.
감정이 풍부해서 감동을 잘하고
'내가 지금 울면 이 사람이 굉장히 나를 좋아하게 될 거야.'
라고 생각해요."

오늘 내 생일이에요
사내 방송으로 알려 주세요

연극적 성격 장애 Histrionic

연극적 성격의 일반적 특징

7번은 핑크색에다가 사람들에게 잘 보이기 위해서 주차장 한가운데 주차해 놓았어요. '연극적 성격 장애'라고 해요. 이 성격은 사람들의 관심 끌기를 좋아해요. 관심 끌려고 인생을 사는 것 같아요. '날 좀 보소.' 하는 식으로 차를 주차장 한가운데 세워 놓았어요. 게다가 화려한 핑크색이에요. '어떻게 하면 상대방의 관심을 끌까.' 이것에만 온통 신경이 가 있기 때문이에요. 탤런트들이 이런 성격이 많아요.

연극적 성격은 감성적이어서 감정이 풍부해요. 감정이 풍부해서 감동을 잘하고 '내가 지금 울면 이 사람이 굉장히 나를 좋아하게 될 거야.'라고 생각하는 순간 0.5초 내에 눈물이 줄줄 흘러내려요. 이런 사람이 모임에 있으면 모임이 재미있어요. 상담할 때 이런 환자가 오잖아요. 그러면 의사가 졸리지 않아요. 그런데 조심해야 할 것이 있어요. 유혹적이에요. 의사를 유혹하는 환자들이 다 이런 환자들이에요. 사람을 쳐다볼 때도 정면으로 안 보고 유혹적으로 봐요. 옷도 야하게 입고 와요. 짧은 옷을 입고 와서, 그냥 입고 앉아 있으면 되는데 짧은 치마를 자꾸 밑으로 내려요. 그러니 시선이 안 갈 수가 없잖아요. 그래서 사람을 복잡하게 만들어요. 환자는 진료실에서만 만나야 하는데 사적인 만남을 만들기도 해요. 긴히 드릴 말씀이 있으니까 저녁 식사를 한번 같이 했으면 좋겠다고 해요. 그래서 나가면 그때부터는 복잡해지는 거죠. 왜냐면 진료실 안에서는 의사와 환자와의 관계지만 그것을 벗어나는 순간에 개인적인 관계가 되어 버리잖아요. 이것은 이미 의사가 자기 자리를 포기한 것이죠. 유혹에 걸려 넘어간 거예요.

이런 일을 많이 시도하는 사람들이 연극적 성격들이에요. 남의 관심을 끌려고 해요. 교회에서도 이런 사람은 스캔들을 많이 일으켜요. 교회 직분도 사람들 눈앞에 많이 나타나는 것을 좋아해요. 그리고 특징이, 자꾸 툭툭 몸을 건드리고 가까이 접근해서 자꾸 만져요. 내가 왜 이렇게 자세하게 이야기하는가 하면 조심하라는 거예요. 연극적 성격들은 자신도 자기가 그러는 줄 몰라요. 그런데 자신도 모르게 그렇게 하게 된다고요. 같이 식사해야 될 자리, 안 해야 될 자리 이런 선을 항상 선명하게 그어 줘야 해요. 이런 사람들은 그런 선을 무너트리는데 선수예요. 그래서 스캔들을 일으켜요.

그런데 굉장히 성적으로 유혹적인데도 불구하고 불감증인 경우가 많다는 것을 분석가들이 발견했어요. 성적인 오르가슴은 감정적으로 안심이 되고 서로 통할 때 오거든요. 연극 성격들은 그게 없어요. 오로지 관심을 끄는 것에만 관심이 있고 일단 관심을 사로잡으면 그때부터 상대에게 흥미가 없어져요. 오

성격, 아는 만큼 자유로워진다

이디푸스 콤플렉스 문제가 있어서 이런 것이 온다고 해요. 연극 성격들은 아주 예술적인 사람이 많아요. 탤런트나 예술가로 성공한 사람들이 많아요. 이성 관계나 이런 데서 문제가 일어나기가 쉽죠. 탤런트 중에 이혼하는 사람들이 많은 것도 그 이유죠.

연극적 성격 장애 환자들의 병실에 들어가면 향수 냄새가 진동해요. 병실인지 침실인지 구별이 안 될 정도예요. 어떤 집단에 이런 사람이 있으면 분위기가 밝아져요. 부흥회 때 쉽게 울고 황홀경에 빠져요. 연극적 성격들이 그런 경향이 높아요. 주관이 약하고 피암시성^{suggestibility} 이 높아서 그래요. 그러나 영적 감동이 쉽게 식고 교회 봉사도 관심 끌기 위한 행동일 뿐이에요. 목사님이 자꾸 칭찬해 주길 기대해요. 칭찬 안 해 주면 쉽게 삐쳐요. 하나님과의 진정한 만남도 이어지기가 어려워요.

연극적 성격은 핑크색을 좋아해요. 여성이 많고요. 핑크색 가방 들고 핑크색 옷을 즐겨 입지요. 공항 안내 방송실에 가서 오늘이 자기 생일인데 방송해 달라고 요청하는 여성이에요. 사람들의 관심을 끌고 싶어서요.

교회 안의 연극적 성격

연극적 성격을 가진 설교자들도 있어요. 재미있는 유머와 감동적인 예화로 청중을 사로잡지요. 자신의 사생활이야 어찌 되었건 청중을 잘 웃기고 인기만 얻으면 돼요. 그들이 전하는 복음의 말씀과 자신은 전혀 상관이 없을 수도 있어요. 오로지 인기가 관심이니까요. 이런 설교자는 무엇보다 인기를 잃는 것을 두려워해요. 자신에게 박수를 보낼 새로운 설교 주제를 끊임없이 찾아 헤매지요. 이런 목회자는 늘 흥분되는 새로운 일이 필요해요. 드라마틱한 효과를 낼 일이 필요하죠. 늘 무언가를 시도해요. 흥분되는 일이 없으면 지루하고 공허해져요. 그러나 사실 예수님의 삶은 지극히 일상적인 것이었어요. 이렇게 흥분되기보다는 오히려 슬프고 아픈 것이잖아요. 연극 성격의 목회자는 스캔들에 휘말리기 쉬워요. 더구나 매력적인 연극 성격의 성도를 만나기라도 하면 불길에 휘발유를 끼얹는 것과 같은 결과가 돼요.

　연극적 성격의 성도를 지도할 때는 이들에게 소그룹 활동을 권유하는 것이 좋아요. 예를 들어, 여전도회나 청년회에 소속하게 하는 거죠. 소그룹에서 맡겨진 직분에 오랫동안 헌신하는 경험을 해 보는 것이 좋아요. 사실 이들은 어디를 가나 손님 같은 입장이기 때문에 지속적이고 진지한 관계를 맺지 못해요. 그래서 늘 쓸쓸하고 외로워요. 소그룹 활동을 통해서 진지하고 지속적인 관계를 경험하면 내적인 치유가 일어날 수 있어요. 성도의 교제가 무언지 경험을 통해서 이해하게 될 거예요.

연극적 성격에 대한 정신 분석적 해석

　연극적 성격의 여성들은 유년기에 아버지 결핍을 경험한

　　　　　　　성격, 아는 만큼 자유로워진다

사람들이에요. 앞서 말씀드렸던 오이디푸스 콤플렉스가 잘 해결되지 못한 사람들이죠. 그래서 목사님을 유혹해요. 아버지 이미지를 보기 때문이에요. 목사님의 이미지는 어릴 때 아버지 이미지와 같거든요.

예컨대 목사님은, 어릴 때 아버지처럼 능력이 있고 권위를 가지고 있으면서 자신을 위로해 주는 따뜻한 분이에요. 그리고 거룩한 분이기 때문에 성관계가 일어날 위험이 없는 분이에요. 근친상간의 위험이 없는 안전한 대상인 거죠. 그래서 아버지상에 목말라 있는 연극적 성격의 여성에게는 거부하기 어려운 매력을 가진 인물이에요. 필이 꽂힐 수가 있어요. 무의식에서는 아버지 품에 안기고 싶은 어린 딸이 되어 있는 거예요. 영적으로 무장된 분들이라고 해도 이런 무의식적 공격에 힘없이 무너질 수가 있어요. 이런 성도를 대할 때는 선을 확실히 그어 줘야 해요. 심방을 요청할 때도 의도를 검토해 볼 필요가 있어요. 심방하는 시간과 장소도 너무 은밀한 곳이 되지 않도록 선을 그어 줘야 해요.

예컨대, 미국인 남성 선교사님과 젊은 여성 통역이 광주에 오셨어요. 그래서 호텔을 잡아 드렸어요. 선교사님은 통역과 다른 호텔을 잡아 달라고 부탁하셨어요. 값싼 여관도 괜찮다고 하셔서 다른 호텔을 잡아 드렸어요. 어느 날 여성 통역이 선교사님과 설교 통역 문제로 선교사님 방에서 상의하고 있었어요. 날씨가 추운데 선교사님이 자꾸 방문을 조금 열어 놓으시는 거예요. 복도를 지나다니는 사람들도 있고 해서 통역이 가만히 방문을 닫았는데, 선교사님이 조용히 일어나서 다시 방문을 말 없이 조금 열어 놓으셨대요. 그제서야 통역은 선교사님의 의도를 파악했어요. 젊은 여성과 단둘이 호텔 방에 있다는 것은 성적 유혹에 넘어갈 위험이 높지요. 선교사님은 미연에 방지하고 있었어요. 선을 그어 주신 거지요.

연극적 성격도 개인이 살아온 역사를 들어 보면 이해가 쉬워져요. 어릴 때 성폭행을 당한 여성들이 많아요. 너무 자주 이사를 다녔을 수도 있어요. 자기를 키워 준 어른이 자주 바뀐 사람들도 있고요. 이런 아이들은 항상 손님의 입장이에요. 주인

연극적 성격 장애(histrionic)

성격, 아는 만큼 자유로워진다

의 마음에 들기 위해서 노력해야 해요. 손님은 살아남기 위해서 주인에게 예쁘게 보여야 해요. 예의 바르고 재미있는 아이로 인정받아야 해요. 손님은 오래 머물 필요가 없어요. 잠시 만나는 사이죠. 깊은 정적인 관계를 맺을 필요가 없어요. 곧 떠날 테니까요. 연극적 성격의 특징이지요.

08

"강박적 성격은
모든 것이 제자리에 있지 않으면 불안해요."

완벽하지 않으면 나는 못 견뎌

강박적 성격 장애 Obsessive

강박적 성격의 일반적 특징

8번 성격이 흥미로운 성격이에요. 교인들 중에 이런 성격이 많은데 강박적 성격이에요. 완벽주의자라고 할 수 있지요. 지금 주차하는데 거리를 센티미터로 재고 있잖아요. 저렇게까지 할 필요는 없지요. 그런데 강박적 성격은 자기가 생각하는 기준에 맞아떨어질 때까지 차에서 못 내려요. 저 정도로 정확하게 주차하기란 매우 어려워요. 몇 번을 나갔다 들어왔다 해야 돼요. 후진을 몇 번 해야 돼요. 사실 주차란 게 다른 차에 방해만 안 될 정도로 하면 되잖아요. 그리고 빨리 가서 일을 봐야되는데 그것을 못 하는 거예요. 뭐가 더 중요하고 덜 중요한지 구별을 못 해요. 지금 이 시점에 '내 기준에 맞느냐 아니냐?'가 더 중요해요. 자기 마음에 만족할 정도가 돼야만 비로소 차에서 내릴 수 있어요. 아무리 급한 일이 있어도, 기차가 떠나려고 해도 차에서 못 나와요. 이게 강박적 성격의 특징입니다. 완벽주의 성격이지요.

강박적 성격은 숫자 세기를 좋아해요. 만일 어떤 모임 자리에 강박적 성격인 사람이 있다면 그 사람은 이미 거기에 몇

명이 와 있는지 알고 있을 거예요. 무엇이든지 수로 계산해요. 자기도 모르게 수를 세고 있어요. 시내버스 타고 있을 때도 몇 사람 타고 몇 사람 내렸는지 수를 계산하고 앉아 있어요. 그럴 필요가 없다는 걸 알면서도 수 계산을 하게 돼요. 강박적 성격 의 특징이에요.

어떤 강박적 성격은 방에 현미경을 갖다 둬요. 물 마실 때 물에 세균이 있는지 검사하려고요. 또한 모든 것이 다 제자리 에 있어야 하며, 완벽하게 잘 정돈되어 있어야 해요. 시간도 칼 같이 지켜야 하고요. 예를 들어, 세미나가 10시에 시작한다면 9시 반부터 미리 와서 기다려요. 그런데 10시 정각에 시작 안 하면 화가 나요. 이게 강박적 성격의 특징이에요. 또한 굉장히 청결해요. 쓸고 닦고, 또 쓸고 닦고, 목욕하고 또 하고…. 강박 적 성격인 아이가 세수하러 화장실에 들어가면 씻고 또 씻느 라 지각해요. 다른 가족들은 화장실을 이용할 수 없게 되지요. 강박적 성격은 청결, 시간 엄수, 정리 정돈이 특징이에요. 또한 타협을 못 하고, 융통성이 없어요. 지나치게 감정이나 즐거움 을 억제하는 성격이에요. 이런 성격은 유머 감각이 없고 항상 법과 규칙에 얽매이는 사람이에요.

이런 사람들은 모든 것이 제자리에 있지 않으면 불안해요. 예를 들어, 환자를 볼 때 제 넥타이가 삐뚤어져 있잖아요. 그럼 말하면서 자꾸 제 넥타이를 봐요. 그러다 나중에 못 참고, "교 수님 넥타이…." 그래요. 제가 놀라서 바로잡으면 그제야 안심 하고 이야기를 할 수 있어요. 책상의 책도, 책상의 선하고 평행

성격, 아는 만큼 자유로워진다

이 돼야 해요. 책상의 가로 라인과 책의 가로 라인이 평행이 되게 직각으로 딱 놓여 있어야 해요. 만약 책이 삐딱하게 책상 모서리에 놓여 있으면 이야기하면서 책을 자꾸 건드려요. 그래서 마침내 라인이 제대로 되면 그때서야 안심해요. 조금이라도 자기 마음의 기준에 안 맞으면 못 견디는 사람이에요. 대단히 불편하게 사는 사람이죠. 다른 사람도 자기 기준을 따라야 해요. 다툼이 일어나지만 기어이 자기주장을 관철하려 해요. 다른 사람을 지배하려 든다는 오해를 많이 받지요.

강박적 성격은 일중독자workaholics가 많아요. 돈을 좋아하기 때문이기도 하지만 '사람은 생산적으로 살아야 한다.'는 강박 관념에 쫓기고 있기 때문이에요. 삶의 즐거움을 누리는 것을 사치스러운 낭비라고 생각하는 사람이에요. 혹시 휴가를 갈 때도 마치 사업을 하듯이 계획을 세우고 그대로 맞아떨어져야 안심해요. 예약한 식당에서 식사를 못 하게 되면 그 일 때문에 기분을 망치는 사람이에요. 다른 식당이 많아도 예정대로 되지 않았기 때문에 마음이 상해요. 취미로 치는 골프도 즐겁지가 않아요. 미리 준비할 게 너무 많고 스코어에 집착하기 때문이지요. 글렌 게버드Glen O Gabbard 박사가 일중독자의 진단 기준 몇 가지를 밝혀냈어요.

"일을 잠시 쉬고 휴가를 떠나지 못한다.
특별한 잘못도 없는데 즐기는 일을 하고 나면 죄책감을 느낀다.
일 때문에 너무 바빠서 가족과 시간을 보내지 못한다.

일에 대한 과도한 부담감을 느끼고 있다.

항상 자기가 일을 잘하지 못하고 있다는 느낌에 시달린다."[3]

일중독자는 억울해요. 쉴 틈 없이 일했는데 성과가 따라주지 않거든요. 휴식이 없으면 일의 효율성은 떨어져요.

교회 안의 강박적 성격

강박적 성격은 성경을 해석할 때도 전체적인 의미보다는 지엽이나 문자 해석에 얽매이지요. 율법주의에 빠지기 쉬워요. 율법주의자들은 형식이나 의식을 중시해요. 예컨대 '안식일에는 이러이러한 행동을 해서는 안 된다.'고 규칙을 정해 놓고 어기면 벌을 주었어요. 인간에게 무거운 종교 의식이라는 짐을 지웠어요. 하나님과 상관없는 규칙이었고 의식이었어요. 강박적 성격이 자신에게 하는 짓과 똑같아요. 예수님은 사람들이 불필요한 의식의 희생자가 되는 것을 안타까워하셨어요. 큰 것을 보지 못하고 작은 것에 집착하는 강박적 성격들을 책망하셨어요.

"너희가 박하와 회향과 근채의 십일조를 드리되 율법의 더 중한 바 정의와 긍휼과 믿음은 버렸도다"[마 23:23].

---

3 Glen O Gabbard, "The role of compulsiveness in Physics". JAMA[1985, 254(20): pp. 2926–2929]

성격, 아는 만큼 자유로워진다

이런 율법주의의 쇠사슬에서 우리를 해방하려고 주님이 오셨어요. 강박적 성격에게 예수님은 쉼을 주세요.

"수고하고 무거운 짐 진 자들아 다 내게로 오라 내가 너희를 쉬게 하리라 나는 마음이 온유하고 겸손하니 나의 멍에를 메고 내게 배우라 그리하면 너희 마음이 쉼을 얻으리니 이는 내 멍에는 쉽고 내 짐은 가벼움이라"마 11:28-30.

강박적 성격은 겉으로 보기에는 정확하고 봉사 잘하는 성도로 보이지만 그리스도인의 풍성한 삶은 없어요. 교회 봉사도 기계적으로 의무감에서 반복할 뿐이죠. 자기 마음속에서 '이래야만 좋은 성도야.' 하는 그 기준에 맞추기 위해서 일할 뿐이지 그 봉사의 의미는 다 뒤로 빠져 버리는 것이 문제죠.

이런 강박적 성격의 성도를 눈여겨보면 한 가지 특징을 볼 수 있어요. 이들이 모든 일을 완벽하게 하려고 한다는 거예요. 그러나 인간은 그렇게 살 수 없지요. 직업과 관련된 일은 되도록 완벽하게 할 필요가 있어요. 하지만 그 외의 일들은 완벽할 필요가 없지요. 의사가 수술실에서는 완벽한 무균 상태일 필요가 있지만 식탁에서도 무균일 필요는 없잖아요? 직업과 관련된 완벽주의는 인정하고, 그밖의 다른 생활 영역에서는 실수도 인정하며 산다면 인생이 편해지겠지요.

신앙생활을 열심히 하는 청년이 있었어요. 히브리서를 읽다가 자기는 용서받지 못할 것이라는 생각을 하게 됐대요. 성령을 거스르는 죄를 지었기 때문에 구원받지 못할 거라는 생각에 잠도 못 자고 먹지도 못하게 되었대요. 여러 목사님들을 만났고 위로의 말도 들었으나 구원받지 못했다는 생각을 떨쳐버릴 수가 없었다고 했어요. 무서워서 미치겠대요. 목사님이 소개해 주신 어떤 성경 말씀으로도 그의 강박 관념을 깰 수 없었어요. 목사님과 논쟁도 했대요. 강박 신경증에 걸려 있었어요. 정신 분석을 통해서 알게 된 것은 죄책감의 문제였어요. 자위 행위에 대한 죄책감을 갖고 있었어요. 무의식에서는 '나는 음란죄를 지었다. 이 죄는 용서받을 수 없다. 나는 구원받지 못할

강박적 성격 장애(obsessive)

성격, 아는 만큼 자유로워진다

거다.'라는 시나리오를 쓰고 있었어요. 자위행위가 그렇게 용서받지 못할 죄도 아닌데 그의 결벽주의적 성격인 강박 성격이 무의식에서 이런 시나리오를 만들고 있었어요. 이런 성도는 상담가나 정신과 의사에게 의뢰하시는 게 좋아요.

강박적 성격의 정신 분석적 해석

강박적 성격은 대개 어렸을 때 대소변 가리기와 관계가 있어요. 앞에서도 설명했지만 대소변 가리기를 너무 일찍 너무 엄하게 시키면 이런 성격이 돼요.

09

"회피성 성격은
마음에서 자기 자신을 낙제생으로 평가해요.
낮은 자존감이 문제지요."

나는 쓰레기야
나 같은 걸 누가 좋아하겠어

회피성 성격 장애 Avoidant

회피성 성격의 일반적 특징

9번은 저 넓은 주차장 공간을 다 놔 두고 한 귀퉁이에 '꼭 꼭 숨어라, 머리카락 보일라.' 하고 숨어 있어요. 저런 성격이 회피성 성격 장애예요. 부끄러워서 숨기만 하는 사람이에요. 남 앞에 얼굴을 드러내기 무서워하는 사람들…. 열등감이 심한 사람들, 자존감이 낮은 사람들이지요. 남들 시선이 두려워서 늘 구석으로 숨어요. '남들이 나를 보면 혐오감을 느낄 거야, 나를 싫어할 거야, 내 꼴도 보기 싫어할 거야.' 하고 생각하는 거죠.

지나친 열등감이 문제예요. '나는 쫓겨날 거야. 나는 버림받을 거야. 나는 쓰레기야. 사람들은 나를 싫어해. 내 본색이 드러나면 다들 혐오감을 느끼고 나를 떠날 거야. 나 같은 것을 하나님인들 사랑할 수 있겠어?' 이렇게 생각해요. 하나님이 자기에게 혐오감을 느끼기 때문에 하나님께 접근할 수가 없다는 거예요. 엄마의 사랑을 받으려면 아이같이 엄마 품에 파고들어야지요. 그런데 엄마 눈치만 슬슬 보고 엄마가 큰방으로 들어

가면 작은방으로 피하고 그러면 엄마하고 가까워지질 못하잖아요. 엄마도 안타깝죠.

이런 회피성 성격을 가진 사람들은 '난 한심하고 부적절해. 내 못생긴 얼굴, 내 모습을 보고 저 사람들이 비웃겠지.' 이렇게 생각해요. 자기 혼자 이러는 거예요. 남들은 그 사람을 그렇게 안 봐요. 또 객관적으로 보면 사회적으로 상당히 성공한 사람들도 그러고 있는 사람들이 있더라고요. 제가 치료한 분들 중에 제일 돈 많은 분은 자기 재산이 수천 억 원이라고 하더라고요. 부하 직원은 자기와 같이 일을 시작했는데 수백 억 재산가가 되었대요. 굉장한 부자인데 열등감을 갖고 있었어요. 이해하기 어렵죠? 이것이 다 심리적인 현상이에요. 마음의 현상이에요. 마음에서 자기 스스로 자신을 낙제생으로 평가하게 된 거예요. 낮은 자존감이 문제지요.

어쨌든 자존감이 굉장히 중요한 문제예요. 누가 나한테 이런 질문을 한다고 해 봐요. "당신은 일생 동안 마음만 연구하셨고, 여러 곳에서 학회장도 했고, 의과 대학 정신과 교수로 30년이나 일했고, 논문도 100편 이상 썼는데, 그렇다면 마음의 건강을 위해서 가장 필요한 키워드는 무언가요? 하나만 말해 줄 수 있겠습니까?" 그렇게 묻는다면 나는 "그것은 자존감입니다." 라고 말할 거예요. 스스로가 자기를 막 내려쳐서 깎아 놓잖아요. 그러면 도저히 인생을 살 힘이 없어요. 나는 쓰레기고, 나는 아무것도 아니고, 나는 사람들에게 혐오감을 준다고 생각하는데 어떻게 대인 관계를 해요? 남들이 나를 한심하게 볼 거라

성격, 아는 만큼 자유로워진다

고 생각하니까 도망가고 피할 수밖에 없지요. 자존감을 회복해야 해요. 굉장히 중요한 숙제예요.

교회 안의 회피성 성격

하나님을 생각하면 두려움이 앞서요. 처벌자로서 하나님을 생각해요. 마치 자기 아버지가 처벌자였던 것처럼요. 하나님 아버지는 자기 아버지와 다른 분이잖아요. 그런데 무의식에서는 동일시해 버려요. 사랑의 하나님을 사랑의 하나님으로 보지 못해요. 비정하고 처벌적이었던 아버지로 생각해요.

그러나 생각해 보면, 그리스도인들은 자존감을 유지하기에 아주 좋은 조건에 있지요. '나는 눈도 쌍꺼풀이 아니고, 쇄골 미인도 아니고, 일류 대학도 안 나왔고, 집안도 내세울 게 없는데, 그럼에도 불구하고 왜 하나님은 나를 사랑하실까? 이해할 수 없다. 그런데 그 이유를 알고 보니 은혜구나. 그래서 하나님을 사랑이라고 그러는구나. 미녀가 아니고 스타가 아니어도 하나님은 나를 소중히 여기시고 사랑하신다.' 그러면서 자존감이 회복되는 거예요.

그런데 하나님 앞에서 끝끝내 잘난 체하는 사람이 있어요. "내가 거룩해진 다음에 그때부터 하나님은 나를 사랑하실 거지요? 지금은 아니고요. 좋아요. 그렇다면 우선 제가 쓴 완벽의 가면을 저로 봐 주세요. 이 가면을 보시고 뒤에 있는 실제 나는 보지 말아 주세요." 이렇게 살아요. 이것이 낮은 자존감을 가진

사람들의 심리적 특성이에요.[4]

　자존감 문제를 해결해야 해요. 자기에 대한 자기 평가를 현실화해야 한다고요. '나도 이만하면 괜찮은 사람이야. 나는 지구 상에 유일무이한 하나님의 걸작품이야.' 이렇게 말할 수 있어야 돼요. 그래야 인생을 살 힘이 나요.

회피성 성격 장애(avoident)

4　이무석. 『나를 사랑하게 하는 자존감』 (비전과 리더십, 2009).

성격, 아는 만큼 자유로워진다

회피성 성격의 정신 분석적 해석

자신을 못난이로 평가하는 낮은 자존감은 유아기 때 시작돼요. 어릴 때 어느 날부터 갖게 된 거예요. '나는 예쁜 아이가 아니야. 나는 사랑받는 아이가 아니야.' 그 원형을 따라가 보면 어릴 때 엄마가 아가를 예뻐해 주지 않았기 때문에 그런 거예요. 귀찮고 싫은 아이 취급을 당한 거죠. 그래서 남들도 자기 엄마처럼 자기를 싫어할 거라고 생각하게 된 거고요. 자기를 싫어하는 부모 이미지가 무의식에 살아 있어요. 그 이미지를 목사님에게 투사하면 목사님도 자기를 싫어하실 거라 믿어 버려요.

목사님이 이런 성격을 만날 때는 인내심이 필요해요. 쉽게 상처받기 때문에 매우 조심스럽죠. 그래도 속마음으로는 목사님을 좋아해요. 버림받고 아플까봐 조심하고 있을 뿐이에요. 버림받기 전에 미리 도망가 버리는 것이 이들이 자주 쓰는 방법이에요. 시간을 두고 교제를 계속하면 안심하고 좋은 관계가 만들어 져요. 대인 관계에 용기가 생기고 치유도 일어나지요.

10

"정신 분열성 성격은 상처받을까 봐 사람을 피해요.
고립된 생활이 편해요. 상처받을 위험도 없고요.
그래서 외로운 늑대가 돼요."

나는 외로운 늑대! 아오~

정신 분열성 성격 장애 Schizoid

정신 분열성 성격의 일반적 특징

10번은 차의 절반이 주차장 안에 있고 절반은 밖에 나가 있죠. 정신 분열성 성격 장애에요. 그러니까 학교도 잘 다니고 특별한 이상은 없죠. 그런데 때때로 이상한 행동을 해요. 한여름에 털모자를 쓰고 나타나고 수업 중에 엉뚱한 질문을 해요. "교수님, 그러니까 지구가 돌고 있는 거죠?" 이것은 너무 공상을 많이 하는 성격으로 공상 속에 살아요. 주변 환경의 변화나 현실에 대해서 무관심해요. 주변의 변화에 공감이 안 돼요. 골방에 갇혀 있는 것 같죠. 예전에는 이것을 자폐증이라고 했죠. 스스로가 자기를 성 속에 가두는 거죠.

매사에 의욕도 없고 혼자 있기를 좋아하여 고립되고 무관심한 성격이 정신 분열성 성격이에요. 사람들과 어울리는 것을 싫어하고 주로 혼자 시간을 보내요. 문상도 잘 가지 않고 혼자서 TV를 보거나 공상을 좋아해요. 데모에도 참가하지 않아요. 월드컵 4강에 올랐을 때 사람들이 환호성을 질러도 그는 "골 좀 넣었다고 왜들 저러는 거야?" 이해가 안 가요. 공부를 열심히 하는데 공부 시간은 혼자 있는 것이 허용되는 시간이기 때문이지요. 사이버 세상이나, 게임에서 영웅이 되려고 게임 중독에 빠지기도 해요. 현실과 거리를 두고 사는 사람이에요. 남들이 자기에게 화를 낼까 봐 늘 걱정하지만 내색은 하지 못하지요.

정신 분열성 성격은 사람들에게 흥미를 못 느껴요. 마찬가지로 사람들도 이들을 만나면 지루해해요. 만날 때마다 반응이 낯설기 때문에 처음 만난 것 같은 기분이 들어요. 그래서 주변 사람들도 이들을 포기해 버리지요.

정신 분열성 성격 장애(Schizoid)

성격, 아는 만큼 자유로워진다

정신 분열성 성격의 정신 분석적 해석

이들은 유아기 때 부모의 관심과 보살핌을 받지 못한 사람들이에요. 아무도 관심을 가져 주지 않아서 무서웠고, 버림받은 상처를 가진 사람들이에요. 무의식에서는 또 버림받을까 봐 초조하지만 전혀 내색을 하지 않는 성격이지요. 겉으로 드러나지 않아서 본인도 잘 모르지만 사실은 열등감이 가장 심한 성격이에요. 상처받을까 봐 사람을 피하고 있어요. 고립된 생활이 편해요. 상처받을 위험도 없고요. 그래서 외로운 늑대가 돼요.

교회 안의 정신 분열성 성격

영적 성장을 위해서는 성도의 교제가 필요하지요. 그런데 이들은 교회 봉사를 할 수 없어요. 사람들과 함께 있으면 불안하기 때문이지요. 영적 성장을 위해서는 상황 파악을 잘하고 정보 수집 능력도 필요해요. 현실에 가까울수록 사람이 성장도 하고요. 그런데 정신 분열성 성격은 공상에만 빠져 살아요. 그래서 비전이 비현실적으로 엉뚱해요. 우선 사람들과 섞이기를 꺼려 하기 때문에 정보 수집도 늦고 상황 판단도 느려요. 때로는 자기가 하나님의 사자라는 종교적 망상에 빠지기도 해요.

이런 성도를 돌볼 때는 그의 장점이나 특기를 인정해 줄 필요가 있어요. 비사교적인 정신 분열성 성격은 요즘음처럼 자기 과시적인 사회에서 살아남기 힘들어요. 게으르고 답답하다고 무시당하지요. 그러나 소위 잘나가는 사람들 중에도 지나치게 경쟁하며 피곤하게 사는 사람들이 많아요. 이런 사람들과 다르게 한가한 삶을 사는 정신 분열성 성격을 높이 평가해 줄 수도 있겠지요. 사회적으로 고립된 성격도 귀한 점이 있다는 것을 인정해 주면 자존감이 높아져요. 현재의 모습 그대로 인정받고 사랑받는다는 것을 알게 해주는 것이지요. 이건 그들에게 충격적일 만큼 놀라운 경험이 될 거예요.

정신 분열성 성격은 일단 일을 맡기면 성실히 해요. 그런데 일을 맡길 때 사람 만나는 일보다는 혼자서 하는 일을 맡기는 게 좋아요. 편지 발송 같은 일이 좋지요. 산림 감시원, 실험실 연구원, 번역 일 같은 일들이 성격에 맞아요. 그에게 "목사님, 고맙습니다." 하는 인사를 기대하진 마세요. 사교적 언어 표현이 서툴러서 그런 말을 못 해요. 그는 홀로 숲을 헤매는 '외로운 늑대 lonely wolf' 같은 사람이라고 볼 수 있어요.

성격, 아는 만큼 자유로워진다

"사회적으로 고립된 성격도 귀한 점이 있다는 것을
인정해 주면 자존감이 높아져요."

11

"정신 분열형 성격은 비현실적인 생각을 현실적인 것으로
착각해요. 그리고 자주 비현실적인 생각에 빠져요."

나는 텔레파시로 사람 마음을
다 읽을 수 있어!

정신 분열형 성격 장애 Schizotypal

정신 분열형 성격의 일반적 특징

11번은 차 대신에 우주선이 와 있죠? '정신 분열형 성격 장애'라고 해요. 이런 성격은 미신을 좋아해요. 텔레파시를 좋아하고, 사주, 관상 이런 거 좋아하는 사람들이 정신 분열형 성격의 사람들이에요.

정신 분열형 성격은 사실 정신 분열증과 아주 유사해요. 평소에도 사람이 좀 이상해요. 현실성이 떨어지는 사람이지요. 교제 없이 혼자 고립되어 살아요. 친구도 없고 가족과도 남남처럼 살아요. 외딴섬 무인도에 사는 사람 같아요. 교회 봉사도 안 하고요. 일정한 직업이 없는 사람들이 많아요. 죽은 사람의 영혼과 이야기한다고 혼자 중얼거리고요. 이러다가 정신 분열증으로 넘어가기도 해요. 피해망상에 빠져 "마귀가 나를 죽이려 해요."라고 두려워 떨어요. 그래서 심한 스트레스를 당했을 때 조심해야 돼요.

교회 안의 정신 분열형 성격

정신 분열형 성격은 지나치게 은사를 강조해요. 정상적인 신앙인이 보기에 괴이하고 금방 허구가 드러나는 일을 철석같이 믿고 따라요. 예컨대, "하나님께서 내게 투시의 은사를 주셨어요. 나는 텔레파시로 다른 사람의 마음을 다 볼 수 있어요." 그리고 멀쩡한 성도에게 "마음으로 지은 음란죄를 회개하라!"고 위협해요. 또는 "하나님께서 나에게 예언의 은사를 주셨어요. 나는 앞으로 무슨 일이 일어날지 다 알 수 있어요." 그리고 입시 예언을 하고, 국회 의원 당선 예언도 해요. "음란 마귀가 강대상에 서 있는 것이 보인다!"고 외쳐서 소란을 일으키기도 해요.

내가 은사를 부정한다고 오해하진 말아 주세요. 바울 사도의 말씀대로 은사를 잘 분별할 필요가 있어요. 성령의 은사와 악령의 은사도 분별해야지요. 예수님도 말씀하시기를 좋은 나무는 그 열매를 보면 안다고 하셨어요 눅 6:43-44. 성령의 은사를 받은 사람은 성령의 열매를 보여 줘요. 인격적인 열매지요. "사랑, 희락, 화평, 오래 참음, 자비, 양선, 충성, 온유, 절제"갈 5:22. 이런 아홉 가지 인격적인 열매가 보이는 분이 받은 은사라면 성령의 은사라 할 수 있겠지요. 특히 중요한 은사는 절제, 즉 자기 절제예요. 은사 받은 것을 자랑하는 분이나 충동적으로 화내고 분쟁을 일으키는 분은 '절제의 열매'를 맺지 못하는 분이에요. 성령의 은사라고 말하기 어렵지요.

성격, 아는 만큼 자유로워진다

정신 분열형 성격의 정신 분석적 해석

유아기 아이들은 엄마가 모든 것을 알고 있고 전능하다고 믿고 있어요. 그러나 자라면서 어머니도 능력에 한계가 있다는 것을 알게 되지요. 현실 인식 능력을 갖게 돼요. 합리적으로 생각하고 판단하는 능력의 기초가 생겨요. 정신 분열형 성격은 여기서 잘못된 사람들이에요. 현실 판단 능력이 떨어진 사람들이죠. 그래서 비현실적인 생각을 현실적인 것으로 착각해요. 그리고 자주 비현실적인 생각에 빠져요.

12

"성숙하기 위해서 필요한 조건은
어린아이의 특성을 버리는 거예요."

건강한 성격이 영적 성장을 이룬다

영적 성장을 위해서 바람직한 성격을 가지려면 어떻게 해야 할까요? 성숙한 인격을 가져야 해요. 성경이 말하는 성숙한 인격이란 뭘까요?

"내가 어렸을 때에는 말하는 것이 어린아이 같고 깨닫는 것이 어린아이 같고 생각하는 것이 어린아이 같다가 장성한 사람이 되어서는 어린아이의 일을 버렸노라" 고전 13:11.

정신 의학적 입장에서 말한다면, 병적인 성격이란 미숙한 성격을 말해요. 어른이 아기 같은 생각을 하고, 아기 같은 감정을 느끼는 성격이지요. 병적인 것은 곧 미숙한 거예요. 성숙하기 위해서 필요한 조건은 어린아이 특성을 버리는 거예요. 영적 성장을 위해서도 미숙한 것들을 버려야 해요. 어린아이의 일을 버려야 해요. 그렇다면 우리가 버려야 할 어린아이의 일이란 무엇일까요?

첫째는, 이기심이에요. 세상 사람들이 모두 나를 위해 존재해 주기를 바라는 마음이지요. 자만심과도 통해요. 칭찬과 좋은 것은 다 내가 차지해야 돼요. 교만해지죠. 애들은 좋은 것을 나누는 법이 없지요. 사이좋게 놀다가도 과자 봉지를 던져주면 싸우기 시작해요. 치고 패고 울고 던지고 소리지르지요. 독점하려고요. 그런데 철든 아이들은 봉지를 열어서 공평하게 나누어 먹어요. 어린 동생에게는 하나 더 주기도 하고요. 나누어 먹으면 엄마가 과자를 또 주실 것이라는 믿음이 있기 때문이지요.

특히 나르시시스트와 의존 성격에서 이기심이 두드러져요. 지금 점령하지 않으면 다시는 맛볼 수 없을 것이라는 절박함이 짓누르고 있어요. 굶어 죽을 수도 있다는 절박함이 있어요. 이래서는 양보할 수도 없고, 나누어 먹기도 불가능하지요. 체면 불고하고 우선 점령해 놓고 봐야 하겠지요. 이런 이기적인 욕심쟁이를 좋아할 사람은 없어요. 사람들이 곁을 떠나고 말지요. 엄마는 "이런 나쁜 놈, 욕심쟁이!"라고 혼내고, 동생들도 등을 돌려요. 과자는 점령했지만 허전한 승리지요. 과자만 먹고 살 수 없는 것이 인생이기 때문이에요.

성숙한 성격이 되려면 아이 같은 이기심을 버려야 해요. 나누어 가질 줄 아는 사람이 돼야 해요. 이게 말처럼 그렇게 쉬운 것이 아니에요. 특히 심리적인 굶주림이 심하고 절박한 성격 장애자들에게는 넘지 못할 산처럼 불가능한 것으로 보일 거예요.

둘째는, 권력욕이에요. 높은 자리, 힘 있는 자리에 앉으려는 욕심이에요. 마귀가 예수님을 시험할 때도 권력욕을 자극했

성격, 아는 만큼 자유로워진다

어요. 세상 권력을 다 줄 테니 자기에게 굴복하라고 유혹했어요. 예수님은 넉넉히 이겨 내셨죠. 그런데 제자들의 관심도 여기에 매달려 있었어요. "누가 크니이까"^{마 18:1}.

사실 남을 지배하는 자리는 매력적이잖아요. 힘으로 남을 지배한다는 것은 통쾌한 일이에요. 일등은 많은 박수를 받아요. 돈도 많이 벌죠. 그러나 문제는 유아기적 권력욕이에요. 모든 인간관계를 힘의 논리로 해석하는 게 문제거든요. 힘의 논리로 해석하면 가진 자가 정의예요. 가난한 자는 패배자이고요. 모든 불의도 돈으로 정당화돼요. 그래서 부도덕하고 비정한 짓을 하더라도 일단 이기고 봐야 해요. 힘을 주는 외형적 성공에 큰 가치를 둬요. 정치가들 중에 이런 사람들이 많아요. 선거는 무조건 이기고 봐야 한다는 거죠. 말로는 국가와 민족을 위한다고 하지만 마음은 권력욕에 사로잡혀 있어요.

유아기적 권력욕에 사로잡힌 사람들은 어릴 때 힘에 눌려 억울한 일을 당한 사람들이 많아요. 형에게 착취당한 사람들이에요. 또는 가정교육에 문제가 있는 집에서 자란 사람들이에요. 부모가 자식들에게 힘의 논리를 강요한 가정이에요. "싸움을 할 바에는 무조건 이겨야 한다. 지고 집에 올 때 울고 들어오지 마라." 자식들은 어떻게 하든 이기려고 해요. 형제간에도 경쟁을 조장해요. 공부 잘하는 자식에게는 특권을 주고, 공부 못하는 자식은 무시해요. 성공만이 살길이죠. 이런 가정 분위기에서 권력 추구형 성격이 나와요.

결국 성격은 가정에서 만들어져요. 어릴 때 어떤 가정에서 자랐느냐 하는 것이 결정적이에요. 가정을 건전하게 만드는 것이 시급한 과제이지요. 불을 지르고 다니는 방화범이 있다고 가정해 봐요. 소방수는 그 뒤를 따라 다니며 불을 끄지만, 당해 낼 수가 없겠지요. 방화범을 잡는 것이 가장 효율적인 방법이잖아요. 가정 문제가 성격 장애라는 불을 지르는 방화범이에요. 치료자들은 소방수와 같아요. 방화범을 잡아야 해요. 가정 문제를 바로잡아야 해요. 건강한 가정은, 위로 하나님을 섬기고 부모를 공경하는 가정이에요. 자녀는 사랑받고 억울한 일을 당하지 않아요. 남편은 존경을 받고 아내는 사랑을 받지요. 이런 가정에서는 성격 장애가 생기지 않아요. 그런 점에서 '가정 사역 운동family ministry'이 교회 안에서 왕성하게 일어나고 있는 것은 참으로 감사할 일이에요.

유년기 부모와 애착 관계가 잘 형성된 사람이 하나님과 만나면 옥토에 뿌려진 씨와 같아요. 어릴 때 사랑받고 자라서 사람을 신뢰하는 능력을 갖고 있는 사람은 하나님과의 신뢰 관계도 잘 맺어요. 인간관계를 오래 유지하는 능력을 가진 사람이 하나님을 만나면 그 말씀이 옥토에 뿌려진 씨 같아요. 뿌리를 깊이 내리고 건강한 신앙생활을 하게 된다는 거예요. 그런데 유아기 때 상처를 가지고 있는 사람들은 그게 어렵다는 거지요. 하지만 합력하여 선을 이루실 수 있는 분이 하나님이시라는 것을 우리가 기억해야 해요롬 8:28. 부모님도 인간이니까 완벽할 수는 없지요. 우리가 다 완벽한 부모를 가질 수는 없잖아요. 그러나 합력하여 선을 이루시는 하나님은 그런 내 부모님

성격, 아는 만큼 자유로워진다

과 환경까지도 이용해서 나를 성장시킬 것이라는 거죠.

빌립보서 1장 6절 말씀에 "나의 안에 착한 일을 시작하신 이가 그리스도 예수의 날까지 이루실 줄을 우리가 확신하노라" 라는 말씀이 있어요. 예수 그리스도를 영접하면 그때부터 주님은 우리 속에 들어오셔서 우리 의식 밖에서 필요할 때 필요한 사람을 만나게 하시고, 필요한 말씀을 접하게 하시고, 좌절까지도 이용하셔서 우리를 키우신다는 말씀으로 이해할 수 있어요. 강의나 책을 통해서도 '자아의 관찰 기능ego function, observing function'을 강화해 주시지요. 그렇게 해서 우리가 자신을 성찰하고 이해하면서 성장하도록 키워 주세요.

이것이 은혜예요. 잘난 것도 하나 없는데 왜 이렇게 키워 주실까요? 그래서 은혜인 거죠. 그래서 은혜를 깨닫는 사람들이 영적으로 성장하는 거예요. 반대로 율법주의자들은 늘 죄책감 속에서 우울하게 살 수밖에 없어요.

셋째는, 어릴 때 생긴 열등감이에요. 부모에게 천대받고 자란 아이들은 열등감이 심해요. 부모의 차별 대우를 받고 자란 아이들도 그래요. 부모가 너무 높은 성공을 요구할 때도 아이는 자기가 부족한 인간으로 보이지요. "바보 같은 놈, 뭐하나 제대로 하는 게 있어야지. 형 반만 따라가 봐라. 이 한심한 놈아." 이런 말을 듣고 자란 아이는 열등감이 심한 성격이 되지요. 그런데 이건 어릴 때 부모의 평가였어요. 이제는 어른이 되었어요. 자신의 가치를 객관적으로 평가할 지적 능력도 갖추었어요. 그런데 아직도 아이 때 자기 평가를 그대로 유지하고 있는 사람들이 있어요. 열등감에서 벗어나지 못하는 거죠. 매사에 자신감이 없고 사람들을 두려워해요. 하나님께도 접근할 수가 없어요. 늘 우울하고 마음은 항상 쫓기는 것 같죠. 성공하고 돈을 많이 벌어도 행복감이 없어요. 회피성 성격이 대표적인 예에요. 자존감을 회복해야 해요. 유년기에 생긴 열등감을 버리고 자기 평가를 현실화해야 해요. 자존감이 회복되면 자신감이 생기고 대인 관계도 편해져요. 그래야 하나님께도 가까이 접근할 수 있게 되지요.

넷째는, 쉽게 토라지는 버릇이에요. 애들은 친구와 잘 놀다가도 제 마음에 안 들면 "너하고 안 놀아." 하고 토라지죠. 순간적으로 관계를 단절해 버려요. 어른이 되어서도 이런 버릇을 가진 사람이 있어요. 사람 관계란 마음에 들지 않을 때도 많지요. 그때마다 절교해 버린다면 인간관계를 유지할 수가 없잖아요. "네 이런 행동은 정말 마음에 안 든다. 그래도 그 동안 쌓은 정 때문에 참는다." 이렇게 고비를 넘기다 보면 정도 더 깊어져요. 성숙한 사람들은 이렇게 살면서 인간관계를 유지해요. 경계선 성격은 불과 석 달을 못 넘기고 딱딱 절교해 버리지요. 그런 사람은 하나님과의 관계도 오래 유지하질 못 해요. '이런 시련을 왜 나한테 주시는 거야.' 하면서 하나님한테도 삐치고 토라져요. 영적 성장이 어렵지요.

다음 장에서는 몇몇 성경 인물의 성격 분석을 해 보려고 해요. 우리가 배운 성격 이론을 적용해 볼게요.

"은혜를 깨달은 사람들은 영적으로 성장하게 돼요.
반대로 율법주의자들은 늘 죄책감 속에서
우울하게 살 수 밖에 없어요."

"인격의 성숙, 한마디로 말한다면,
하나님과 가까워지는 것이 비결인 거예요.
다른 말로 하면 성령 충만이죠."

PART 3

성경 인물들도 성격이 있었다

: 성격으로 본 성경 인물

01

"이삭에게 공격성은 극도의 위험한 것으로
각인되었던 거 같아요.
이런 성격은 화를 낼 수 없어요."

다 가져가세요
제발 화내지만 마세요

화낼 줄 모르는 이삭

이삭은 이스라엘 족장 중 한 사람이에요. 믿음의 조상이라 불리는 아브라함의 아들이지요. 이삭은 성격이 온순하고 도무지 화를 낼 줄 모르는 사람이었어요. 소신 있게 행동하지 못하고 다른 사람에게 양보하고 갈등을 회피하는 성격이었어요.

예컨대, 블레셋의 목자들이 이삭의 우물을 빼앗고 메워 버렸을 때도 이삭은 그들과 싸우지 못했어요. 적들과 싸우는 대신에 우물 이름만 지어주고 떠나요. '다툼의 우물'^{에섹, Esek}. 이삭은 다툼이 싫었던 거예요. 그래서 '다툼의 우물'을 미련 없이 포기할 수 있었어요. 대신 다른 우물을 팠어요. 그런데 적들은 또 그 우물도 빼앗았죠. 이때도 이삭은 우물 이름만 지어주고 또 다른 우물을 찾아 떠났어요. '적대의 우물'^{싯나, Sitnah}이었죠. 이삭은 적대감이나 증오심을 두려워하는 성격이에요. 그는 '적대의 우물'도 미련 없이 포기했죠. 그러다 마침내 '넓은 우물'^{르호봇, Rehoboth}을 찾았어요. 적에게 빼앗길 염려가 없는 우물이었어요. 다툼도 없고 증오심도 없는, 넓고 넉넉한 우물이었죠. 이런 우물을 이삭은 좋아해요. 이삭의 성격에 맞거든요^{창 26:14-22}.

이삭의 차단된 공격 욕구

정신 분석적으로 해석한다면, 이삭은 공격성^{aggression}을 두려워하는 성격이었던 것 같아요. 억압된 분노나 적개심이 많은 사람들이 이런 성격이 되는데요, 자기 내면에 분노의 폭탄을 가지고 있는 사람은 이 폭탄이 터지는 것을 두려워해요. 상대방의 비위를 건드리지 않으려고 필사적으로 노력하죠. 분노의 폭탄이 터지면 끝장나니까요. 상대방도 죽지만 그보다 먼저 자신이 죽으니까요. 이런 위험을 피하려고 공격의 칼날을 숨기는 거예요.

이삭 같은 성격은 겉으로는 온순한 사람처럼 보여요. 그러나 속으로는 엄청난 분노를 숨기고 있는 경우가 많아요. 평소에 그렇게도 온순했던 사람이 사소한 일로 무섭게 화를 내는 경우가 이런 경우예요. 숨겨 두었던 분노가 폭발한 것이죠. 당사자로서는 가장 두려워했던 상황이 벌어진 거예요. 이삭은 공격성이 두려운 사람이었어요. 공격성은 '공격 욕구'와 관련이 있어요.

공격성을 두려워하는 사람은 자식들 훈계도 하지 못해요. 부모는 자식을 훈계할 때 비난도 하고 벌도 주잖아요. 비난과 처벌은 공격적 행위예요. 이삭 같은 성격의 아버지는 이걸 어려워해요. 자기 공격성이 두려워서 훈계를 할 수 없는 거죠.

예컨대, 아들 에서가 나이 마흔에 이방 여자를 아내로 데려왔어요. 혈통을 중요시하는 유대인으로서는 용납할 수 없는 결혼이에요. 그러나 이삭은 에서를 말리지 못했어요. 꾸짖지도 못

성격, 아는 만큼 자유로워진다

했고요. 혼자 속으로 '저러면 안 되는데…' 하고 걱정만 했죠.

　부모 노릇을 못하고 있는 거예요. 권위 있는 아버지의 모습이 아니에요. 자식들이 잘못될 수밖에 없죠. 사실 아들 에서는 충동적인 사람이 돼 버렸어요. 장자의 명분을 팥죽 한 그릇에 팔아 버렸잖아요. 다른 아들 야곱은 형을 속였어요. 게다가 감히 아버지도 속였고요. 자기가 형 에서인양 아버지를 속였어요. 형의 목소리를 흉내 내고 양털 가죽으로 팔을 감싸서 앞도 보지 못하는 아버지를 속인 거죠. 그렇게 형이 받을 축복을 훔쳐 갔어요. 교활한 아들이에요. 문제는, 공격성을 두려워하는 이삭의 성격이 이 모든 일 뒤에 작용하고 있다는 거예요. 그렇다면 이삭은 왜 이렇게 공격성을 두려워하게 된 것일까요? 그의 성장 과정에서 몇 가지 단서를 발견할 수 있어요.

이삭이 화를 내지 못하게 된 이유들

　먼저, 이삭이 태어났을 때의 집안 환경을 볼게요. 아버지 아브라함의 나이는 백 세였고 어머니 사라는 아흔 살의 할머니였어요. 어머니, 아버지라기보다는 할머니, 할아버지의 늦둥이였죠. 귀여움을 독점했을 거예요. 그런데 이것을 시기하는 이복형이 있었어요. 열네 살이 많은 이스마엘인데요, 몸종 하갈과 아브라함 사이에서 태어난 형이었어요. 이스마엘이 어린 이삭을 놀리고 구박했어요.^{창 21:9}. 이복형의 질투심의 대상이 되었던 거예요. 형의 적대감이 어린 이삭을 괴롭혔지요. 그러나 어

223

린 이삭은 형을 대적할 수 없었어요. 참고 당하는 수밖에 없었을 거예요. 뒤늦게 어머니 사라가 이것을 발견했고, 이스마엘과 어머니 하갈을 집에서 추방함으로 이 일은 일단락되었어요. 그러나 추측컨대 어린 이삭의 마음속에는 공격성의 상처가 남아 있었을 거예요.

이삭의 인생사 중에 공격성과 관련된 매우 극적인 사건이 있었어요. 그 사건은 모리아 산에서 일어났어요. 어느 날 하나님께서 이삭의 아버지 아브라함에게 명령하셨어요. "네 아들 이삭을 내게 제물로 바쳐라." 다음 날 아브라함은 아들 이삭을 데리고 모리아 산으로 갔어요. 3일 만에 모리아 산 기슭에 도착했는데, 아브라함에게는 길고도 긴 3일이었을 것 같아요. 산 기슭에 종들과 나귀를 두고 제물을 태울 나무를 이삭에게 짊어지게 했죠. 당시 이삭의 나이는 성경에 기록돼 있지 않지만 나뭇짐을 질 정도의 나이이니 10대 후반 정도 됐을 것이라고 짐작할 수 있어요. 산을 오르면서 이삭이 아버지에게 물었어요. "제물을 태울 나무는 여기 있는데 제물로 쓸 양은 어디 있어요?" 아버지는 대답했어요. "제물은 하나님이 직접 준비하실 것이다." 산 정상에 도착해서 제단을 만들고 제단 위에 나무를 깔았어요. 그리고 아버지는 이삭을 묶었지요. 이삭을 제단 나무 위에 눕혔어요. 아브라함은 칼을 빼 들어 아들 이삭을 칼로 내리쳐 죽이려 했어요. 그러나 이삭이 반항했다는 기록은 어디에도 없어요. 백 세가 넘은 늙은 아버지가 10대 소년을 죽이려 해요. 이삭이 살기 위해서 발버둥을 쳤을 법도 한데, 그런 기록은

성격, 아는 만큼 자유로워진다

없어요. 이삭은 순한 양처럼 죽음을 받아들이는 것 같아요. 그 순간 하나님의 천사가 나타나서 아버지를 만류하시죠. "네가 하나님을 두려워하는 것이 확인되었다. 그걸로 충분하다. 아들에게 손대지 마라." 그때 아브라함이 숲 속에서 숫양을 발견하고 그것을 제물로 바쳤어요. 그리고 그 땅 이름을 "여호와 이레, 주님이 준비하셨다."라고 불렀죠^{창 22:1-14}.

그렇게 이삭은 살아서 돌아왔어요. 죽을 뻔했죠. 소년 이삭의 심정은 어땠을까요? 엄청난 폭력 앞에 노출되었잖아요. 다른 사람도 아니고 사랑하는 아버지예요. 믿었던 아버지인데, 아버지가 아들을 칼로 쳐 죽이려 했어요. '설마 아버지가 나를 죽이겠어? 그럴 리 없어.' 일시적으로 이런 생각도 했을 거예요. 그러나 아버지는 진짜로 이삭을 죽이려고 마음먹고 있었어요. 그것이 아버지의 신앙 행동이었지요. 이삭은 아버지가 자기를 묶고 제단 위에 눕힐 때까지만 해도 '왜 이러시는 거지?' 영문을 몰랐을 수도 있어요. '설마 나를 죽이시겠어?' 하고 자기 위로도 했을 거고요. 그러나 막상 아버지가 칼을 빼 드는 순간 '이제 정말 죽는구나.' 하는 공포를 경험했을 거예요. 죽음 앞에 선 자의 공포감이지요.

이런 공포 경험은 지독해서 무의식에 트라우마로 남아요. 공황 장애 환자들이 이런 죽음 공포를 경험해요. 또다시 그런 지독한 일을 당할까 봐 노심초사하다가 공황 장애가 되는 거예요. 죽음 공포를 경험한 장소를 피해 다니기도 해요. 너무 견디기 힘든 공포감이거든요. 이삭은 모리아 산에서 죽음 공포를

경험했어요. 자기를 죽이려고 했던 아버지에 대한 복잡한 감정
도 생겼을 거고요. 그러나 미워할 수 없는 아버지예요. 아버지
에 대한 분노는 억압하고 숨길 수밖에 없었을 거예요. 자기가
공격적이 된다면 무슨 일을 저지를지 모르니까요. 이삭에게 공
격성은 극도의 위험한 것으로 각인되었던 것 같아요. 이런 성
격은 화를 낼 수 없어요. 이삭이 화를 내지 못하는 이유가 여기
에 있다고 봐요.

이삭의 거세 공포증

당시 이삭은 10대의 사춘기였어요. 자기주장을 많이 하는
시기이죠. 자기 주체성이 형성되는 나이고요. 특히 오이디푸스
콤플렉스가 심해지는 시기예요. 오이디푸스 콤플렉스는 아들
이 어머니를 독점하고 싶은 욕구 때문에 느끼는 건데, 여자아
이들의 경우는 아버지가 애정 대상이 되겠지요. 여기서는 남자
아이들의 오이디푸스 콤플렉스를 설명할게요.

남자아이가 어머니를 독점하고 싶을 때, 아버지는 강력한
라이벌로 등장해요. 아버지가 두려워지죠. 앞장에서 설명한 대
로, '거세 공포증'이라고 해요. 아이는 아버지의 눈치를 보게 돼
요. 아이의 관심은 아버지가 무얼 원하시는지, 자기가 어떻게
행동해야 아버지의 분노를 피할 수 있는지, 여기에 집중돼요.
오이디푸스 콤플렉스는 4-5세에 시작하여 사춘기에 최고조에
달하였다가 20대 초반에 사라지는데, 오이디푸스 콤플렉스가

성격, 아는 만큼 자유로워진다

완벽하게 극복되는 경우는 없어요. 그러나 비교적 정상적으로 극복되는 경우는 이런 과정을 거치지요.

예컨대, 어머니를 포기할 수밖에 없다는 결론에 이르게 돼요. 그 대신에 '어머니같이 매력적인 여성을 찾자. 그런 여성의 사랑을 받기 위하여 아버지같이 남성다운 남자가 되자.' 하고 생각하게 되는 거예요. 그래서 사춘기가 되면 애들이 여성에게 관심이 높아져요. 남성적이 되고 공격적이 되기도 하지요. 아버지를 모방하고 닮으려고 노력해요. 이런 과정을 밟으면서 아들은 성인 남성으로 성장하게 돼요. 아버지의 도덕적 가치관도 받아들이고, 성 주체성도 생겨요. 이성과 데이트도 하고 결혼 생활도 가능해지는 거예요. 그런데 이 과정에서 잘못되면 복잡한 문제들이 생겨나는 거죠.

그런데, 아버지가 너무 무서우면 거세 공포증에서 벗어나기 힘들어요. 그런 남성들은 권위자나 어른 앞에 서면 주눅이 들거든요. 그럴 이유도 없는데 벌벌 떨리고 무기력해져요. 어른 앞에서는 말도 떨려요. 공개 석상에서 발표도 못 하구요. 발표할 생각만 해도 진땀이 흐르죠. 힘세고 공격적으로 보이는 사람은 피하게 돼요. 이런 자신이 한심하게 느껴지는데, 힘세 보이는 공격자를 무의식에서 공격적인 아버지로 착각하고 있기 때문이에요. 이런 사람들은 매일 일상생활에서 수없이 많은 무서운 아버지를 만나며 살지요. 그리고 무서워 떨어요. 공격자를 피하고 그들로부터 안전한 장소로 도망을 다니는 거예요.

이삭이 이런 사람이었던 것 같아요. 다툼이나 갈등이 있는 자리는 피했고, 공격성을 두려워했잖아요. 거세 공포증의 흔적이 보여요. 거세 공포증이 고조되는 사춘기에 모리아 산 사건이 있었지요. 칼을 든 아버지 아브라함은 심리적 대상이 아니었어요. 구체적이고 현실적인 아버지였죠. 실제로 아버지가 아들을 칼로 죽이려 했고요. 거세 공포증의 현실화였던 거죠. 소년 이삭은 이런 사실적 경험을 했어요. 거세 공포증의 해결이 어려웠을 거예요. 그래서 공격자에 대한 두려움이 유난히도 심했던 것 같아요. 포기하고 복종하고 순응하는 성격이 된 이유가 여기에 있다고 봐요. 따라서 오이디푸스 콤플렉스도 풀리지 못했을 거 같아요.

오이디푸스 콤플렉스가 잘 풀리지 못하면 성 주체성 장애가 와요. 분명히 남성 성기를 가진 남성인데 심리적으로는 여성인 거죠. 그래서 성전환 수술도 하고요. 트랜스젠더라고 하지요. 동성애도 생겨요. 아버지 결핍증의 증상이고, 아버지 부재의 결과예요. 닮을 아버지가 없기 때문에 남성 성 주체성이 형성되지 못한 거죠. 이렇게 심한 정도는 아니라고 하더라도 여성에게 무관심하고 성생활에 관심이 없는 사람도 있어요. 아버지가 너무 무서워도 닮을 수가 없거든요. 그래서 성생활이나 이성에 관심이 없는 성격이 되는 거예요.

이삭도 여성에게 별로 관심이 없었어요. 나이 마흔이 되도록 여성들에게 관심이 없었고 결혼도 하지 않았어요. 배우자를 선택할 때도 매우 수동적이었고요. 아버지가 자기 고향에서 데려온 여인 리브가를 그냥 받아들였지요. 그리고 결혼 생활 20년

성격, 아는 만큼 자유로워진다

동안 아이를 갖지 못했어요. 부부 성생활에 문제가 있었던 것은 아닐까요? 하나님이 아이를 달라는 이삭의 기도를 들으셔서 쌍둥이 아들들을 주시기는 했지만 그것을 끝으로 그 후로도 아이는 없었어요. 이삭은 리브가 외에 딴 여자를 보지도 않았어요. 이삭의 아버지 아브라함도 첩이 있었고 아들 야곱도 첩이 있었던 것으로 보아 당시 남성이 첩을 두는 것은 허락된 일이었던 것 같아요. 그런데 이삭은 여성에게 별로 관심이 없었어요. 성적 욕구를 많이 억압하는 성격이었던 것 같아요. 그리고 오이디푸스 대상인 어머니 사라에게 많이 집착했던 것도 같고요. 어머니가 살아 계실 때는 결혼하지 않았고, 돌아가신 후 큰 슬픔에 빠졌어요. 3년 후에야 결혼을 했죠. 그리고 리브가가 어머니 상실의 빈자리를 채워 주었다고 해요 ^{창 24:67}.

　이삭은 오이디푸스 콤플렉스를 극복하지 못하고 산 사람 같아요. 다행히 하나님께서 이삭을 사랑하셔서 그의 인생을 평탄하게 하셨어요. 예컨대, 이삭이 적에게 우물을 빼앗기고 포기하면 또 다른 우물을 주셨지요. 그리고 이삭은 처복이 있었어요. 이삭이 소극적 성격인 대신에 리브가는 활달하고 자기주장이 확실한 사람이었거든요. 소극적인 이삭의 부족한 부분을 아내가 많이 채워 주었을 거예요. 이삭은 첩도 얻지 않았고, 오직 리브가만 사랑했다고 해요. 이삭은 공격성을 억압하는 사람이었지만 하나님의 선민의 조상이 될 수 있었어요.

02

"형들이 자기에게 절하는 꿈이었어요.
심지어 부모님들까지도 그의 발 앞에 엎드려
절하는 꿈을 꾸었어요.
그의 인격의 미숙함을 볼 수 있는 꿈이죠.
거만한 요셉은 그 꿈을 겸손하게 숨길 줄 몰랐어요."

잘난 체 하는 동생이 밉다

시기심의 희생자 요셉

시기심을 생각하면 요셉이 생각나요. 시기하는 형들에게 팔려 어린 나이에 이집트의 노예가 되었던 사람이죠. 요셉의 생애와 성격의 발달에 대해서 생각해 볼게요.

요셉은 이스라엘 민족의 조상 중 한 분이에요. 야곱의 열두 아들이 이스라엘의 족장이 되었는데 그 중 한 사람이었어요. 야곱은 늘그막에 낳은 늦둥이 요셉을 각별히 사랑했어요. 다른 형제들이 시기심을 느낄 정도로 표 나게 요셉을 사랑했지요. 예컨대, 요셉에게만 채색옷을 입혔어요^{창 37:3}. 형제 중에 채색옷을 입은 사람은 요셉뿐이었는데, 염료가 귀했던 당시로서는 귀족들만 채색옷을 입었다고 해요. 열두 형제들은 평민 취급을 당했고 요셉은 귀족 대우를 받은 거예요. 분명한 차별 대우였죠. 야곱은 왜 요셉에게 이런 특별 대우를 했을까요? 왜 자식들을 경쟁시키고 시기심을 유발했을까요? 요셉과 가족의 비극은 야곱의 이런 차별 행동으로부터 시작되었어요. 야곱의 이런 행동을 설명할 수 있는 무의식적 요인은 무엇일까요? 야곱의 유년기에서 그 답을 찾을 수 있을 것 같아요.

야곱은 태생기에 쌍둥이였어요. 어머니의 자궁이라는 공간을 형 에서와 나누어 가질 수밖에 없었지요. 야곱과 에서는 태중에서도 서로 싸웠어요. 당황한 아버지 이삭이 하나님께 "이럴 때 어떻게 해야 하나요?" 하고 여쭤 봐야 할 정도로요. 하나님의 계획은 이미 정해져 있었어요. 야곱이 에서를 지배하는 것이 하나님의 계획이었어요. 그러나 야곱은 자기 꾀대로, 욕심대로 에서를 지배하려 했죠. 시기심 때문이에요. 야곱은 태어날 때도 형 에서의 발목을 잡고 나왔잖아요. 시기와 경쟁이 이미 태생기부터 시작되었던 거예요. 앞 장에서 소개한 이태리 분석가의 쌍둥이 태아 관찰 보고가 생각나지요?

여기에 불을 지른 것은 어머니 리브가였어요. 야곱은 형 에서에 비하여 조용하고 부드럽고 여성적이며 어머니 비위를 잘 맞추는 아들이었어요. 어머니 사랑을 쟁취하는 방법을 아는 영리한 아이였죠. 어머니들은 이런 아들을 편애하기 쉬워요. 반면에 큰 아들 에서는 터프한 사나이였고요. 남자답고 맹수도 때려 잡는 사냥꾼이었어요. 사나이 중의 사나이였는데, 아버지 이삭은 이렇게 남자다운 에서를 편애했어요.

그럴 수밖에 없는 성격적 이유를 이삭이 갖고 있었죠. 이삭의 성격 문제가 여기에도 관여하고 있는 거예요. 이삭은 평생 양보만 하며 살아온 성격이잖아요. 순하기만 하고 누구하고도 싸울 수 없는 성격이었어요. 아버지 아브라함이 자기를 제단에서 죽이려 할 때도 저항하지 못했던 걸 봐요. 이런 사람들은 강하고 공격적인 자식을 원해요. 상대가 두려워서 싸워 보지도 못하고 참아야만 했던 자신과 달리, 적을 통쾌하게 무너

성격, 아는 만큼 자유로워진다

트리는 자식을 갖고 싶어 해요. 에서 같은 공격적인 자식에게 마음이 갈 수밖에 없는 거죠. 그래서 '가정 분열'이 일어났어요. 어머니는 작은 아들 야곱을 사랑하고 아버지 이삭은 큰 아들 에서를 사랑했어요.

이런 가정의 무의식적 배경을 생각해 보면, 야곱과 에서는 이미 전쟁과 분열 상태에서 인생을 시작했어요. 형제간에 서로 인정해 주고 격려하는 정상적 분위기가 아니었어요. 시기하고 빼앗고 경쟁하는 심리적 배경이었잖아요. 이런 상태를 정신 분석에서는 '형제간의 경쟁sibling rivalry'이라고 해요. 부모의 사랑을 서로 차지하려고 형제끼리 경쟁하는 거예요. '가인 콤플렉스Cain complex'라고도 하지요.

이런 콤플렉스를 가진 사람은 성인이 된 후에 동료들 간에도 지나친 경쟁의식을 가져요. 윗사람과는 사이가 좋은데 유독 동료들과는 사이가 좋지 않고 꼭 이기려 들어요. 잠시 가인 콤플렉스에 대해서 살펴볼게요.

'가인 콤플렉스'와 동료 간의 경쟁심

엄마가 출산을 하여 동생이 생기면 아이에게는 기쁨이 될 수도 있고 슬픔이 될 수도 있어요. 어느 경우든 동생의 출현은 아이에게는 큰 사건이에요. 어머니의 사랑을 독점하던 위치를, 새로 태어난 동생에게 빼앗겨 버렸다고 생각할 때 그 고통은 말할 수 없이 큰 거예요. 그래서 동생을 미워하고 질투하는 거죠. 동생을 몰래 꼬집기도 하고, 노골적으로 '남에게 주어 버리라.'고 요구하기도 해요. 동생을 예뻐하는 사람들을 미워하고, 명랑하던 아이가 짜증이 많아지고 투정을 부리고, 어떤 아이들은 앓아눕기도 해요. 이런 형제간의 갈등을 '가인 콤플렉스'라고 해요. 구약 성경 창세기에는 형 가인이 동생 아벨을 질투하여 죽이는 사건이 나오는데^{창 4:1-8}, 여기서 따온 말이에요.

예컨대, 철수가 세 살 때 동생 '경이'가 태어났어요. 처음에는 좋아하는 것 같더니 차츰 행동이 변하기 시작했어요. 안 싸던 오줌을 싸고, 음식도 잘 안 먹고 떼를 부려요. 명랑하고 재잘거리던 모습은 사라지고 침울한 아이로 변해 버렸어요. 남이 보는 데서는 동생에게 무관심하나 남이 안 보면 꼬집고 때렸어요. 그래서 벌을 주었더니 상태가 더욱 악화되어 가는 거예요. 철수의 어머니는 결국 정신과 의사와 상의했어요. 그의 충고로 더이상 벌을 주지 않고 형의 위치에 대해서 설명해 주었어요. 어느 날 아침 철수가 또 오줌 싼 것을 발견했어요. 엄마는 철수에게 벌을 주는 대신 무릎에 앉혀 놓고 쓰다듬어 주면서, 왜 다시 옷에다 오줌을 싸게 됐느냐고 부드럽게 물었어요. 그러자 철수는 울면서 "나도 경이처럼 아기란 말이에요." 하는 거예요. 엄마의 사랑을 확인한 뒤 철수의 오줌싸개 증상은 치료되었어요.

철수가 빼앗긴 엄마의 사랑을 되찾을 방법은, 오줌을 싸서 어린애의 행동을 하는 것이었죠. 바로 퇴행인 거죠. 이런 경우 엄마가 기억해야 할 것은 아이를 말로 이해시키기보다는, 동생이 태어났어도 전처럼 사랑하고 있음을 느끼게 해 줘야 해요.

아이가 네댓 살이 되어 엄마의 말을 이해할 나이가 되었을 때는 어린 동생을 돌보는데 관심을 기울이게 해 주는 것이 효과적이에요. 아이가, 자기보다 어린 동생에 대해 질투 대신 책임감을 느끼게 되고 약한 자를 보호한다는 자부심을 갖도록 해 주는 것이 좋아요. 이러한 자부심은 아이에게 큰 만족감을 주어 성격 발달에 좋은 영향을 주거든요. 그러나 이때의 질투심이 해결되지 못한 채 마음속에 남아 있게 되면, 성장 후에 문제를 일으켜요. 소위 '가인 콤플렉스'를 갖게 돼요. 특히 직장에서 동료들에 대한 질투가 많고, 항상 투쟁적인 대인 관계가 되어 어려움이 많아지죠. 고독하고 항상 경쟁자들에 둘러싸여 긴장된 생활을 해요. 윗사람의 사랑을 받으려고 지나치게 아부하고, 동료들 간에 지나치게 경쟁하는 사람은 이 '가인 콤플렉스'의 영향을 받고 있는 경우가 많아요. 직장 동료들을 마음속의 동생과 동일시하고 있기 때문이에요. 특히, 부모가 자식을 편애하는 가정에서 자란 사람들이 이런 문제를 갖기 쉬워요.

다시 야곱의 이야기로 돌아가 보지요. 창세기에 기록된 '에서'와 '야곱'의 사건은 대표적인 형제간 경쟁의 기록이에요. 아버지의 사랑을 독점하려는 동생 '야곱'과 동생의 꾀에 넘어가 아버지의 축복을 빼앗긴 형 '에서'의 분노를 볼 수 있어요. 가장 가까운 형제지간에 이런 투쟁이 일어나다니? 믿기 어려운 일이지만 흔히 볼 수 있는 심리 현상이에요. 형은 형의 자리에서, 동생은 동생의 자리에서 사랑받는 가족 관계가 되면 이런 일이 일어나지 않아요.

인격적인 가족 관계가 이루지는 가정에서는 이런 '가인 콤플렉스'가 예방될 수 있어요. 야곱의 가정에서는 불행히도 가정 분열이 일어났고, 그 결과 '가인 콤플렉스'가 발생했어요. 야곱의 '가인 콤플렉스'의 배경에는 이삭과 리브가의 성격 문제가 숨어 있었죠. 자신들의 성격에 맞는 자식을 편애했기 때문이에요. 그 결과 에서는 동생에 대한 배신감과 증오심으로 이를 갈며 젊은 날을 보내야만 했고, 야곱 또한 그 험한 세월을 객지에서 보내야 했어요. 헛고생이었던 거죠. 다행히 하나님의 전폭적인 지지가 있어서 그나마 살아남을 수 있었어요. 야곱 편에서는 하나님을 의지하는 믿음이 있어서 살아남을 수 있었다고 봐요.

그러나 그 후에도 야곱은 그의 일생을 통하여 형 에서와 경쟁하고 시기하던 심리적 태도를 버리지 못했어요. 이건 성격이 되어 무의식에 그대로 남아 있었어요. '가인 콤플렉스'가 치유되지 않고 남아 있었던 거예요. 무의식의 가인 콤플렉스가 자식들에게 대물림되었어요. 요셉을 편애하게 된 거죠. 그 결과, 형들의 시기심이 촉발되었고요. 과거에 에서 형과 자기 사이에 있었던 시기심의 전쟁 상황을 아들 세대인 요셉 세대에서 재현했던 거예요. 성격 문제는 이렇게 세대를 넘어 대물림하는 경우가 많아요.

여기서 한 가지 짚고 넘어가야 할 부분이 있어요. 야곱이 요셉을 편애한 또 다른 이유가 있었거든요. 사랑하는 아내 라헬의 소생이라는 점이에요. 야곱은 외삼촌의 딸 둘을 아내로

성격, 아는 만큼 자유로워진다

맞았는데 언니인 레아와 동생 라헬이었어요. 실은 라헬과 결혼하기를 원했으나 외삼촌이 어두운 신방에 레아를 넣어 주는 바람에 사기 결혼을 당했던 거예요. 그 후 7년간 비싼 대가를 치르고 사랑하는 라헬과 결혼할 수 있었죠. 그런데 둘 사이에 아이가 생기지 않아서 안타까워하다가 뒤늦게 본 아들이 요셉이었어요. 야곱의 기쁨이 상상할 수 없을 정도였겠죠? 이 요인도 야곱이 요셉을 편애한 한 가지 근거가 될 만하다고 생각해요.

요셉이 형들의 시기심을 촉발한 원인이 아버지 야곱에게만 있었던 것은 아니에요. 요셉의 성격 인자도 가세했어요. 요셉도 특권 의식과 우월감에 차 있었거든요. 예컨대, 열일곱 살이나 된 사람이 형의 잘못을 아버지에게 고자질하여 형을 곤란하게 만들었어요. 형에게 직접 충고하는 것이 나이에 맞는 행동이었겠죠.

소년 요셉의 특권 의식 즉, 자기애적 성격이라고도 부르는 우월감은 그의 꿈속에 잘 드러나요. 꿈은 '무의식의 언어 unconscious language'인데, 형들이 자기에게 절하는 꿈이었어요. 심지어 부모님들까지도 그의 발 앞에 엎드려 절하는 꿈을 꾸었어요. 그의 인격의 미숙함을 볼 수 있는 꿈이죠. 거만한 요셉은 그 꿈을 겸손하게 숨길 줄 몰랐어요.

당시 요셉의 나이가 열일곱 살이 넘었으니까, 현대로 치면 고등학교 3학년 정도 되었을 때예요. 청소년기 중반의 나이죠. 형들이나 아버지의 기분을 살필 줄 알아야 할 나이인 거죠. 이런 꿈 이야기를 거침없이 공개적으로 말한 것은 그가 우월감에 차 있는 미숙한 아이였다는 증거로 볼 수 있어요. 추후에 그가 애굽의 총리가 될 것을 예언하는 꿈이었기 때문에 그렇게 공개했을 것이라는 해석은 지나친 끼워 맞추기 식 해석이에요.

요셉의 성격 발달에 대한 이야기를 해 볼게요. 소년 요셉은 채색옷을 입고 광야에서 일하는 형들을 찾아갔어요. 형들은 아버지가 없는 곳에서 미운 동생을 제거할 절호의 기회를 만난 거죠. 죽여 없애자는 의견도 있었으나 그래도 인정이 살아 있었던 형 르우벤과 유다가 말려서 겨우 목숨만 부지했어요. 굴 속에 갇혔다가 이집트로 팔려 갔어요. 노예 생활이 시작되었죠. 노예 생활이란 자존심을 세울 수 없는 생활이니, 자존심 강한 요셉의 고난이 얼마나 심했을까 상상할 수 있어요. 그리고 자기를 사랑했던 부모가 얼마나 그리웠을까요? 자기를 걱정하실 부모님 생각에 잠 못 이루는 밤도 많았을 거예요. 하나뿐인 친동생 베냐민이 보고 싶어서 괴로웠을 거고요. 자신의 행동을 돌이켜 보며 후회도 했을 거예요. 또 한편으로는 거만했던 자기 때문에 괴로웠을 형들에게 미안하기도 했겠지요.

가족은 떠나 있으면 그리워지는 법이에요. 떨어져 있으면 미웠던 가족까지도 그리워지는 것이 가족 관계잖아요. 더구나 자신이 힘없고 약한 입장이 될수록 더욱 그리운 것이 가족일 거예요. 같이 있을 때는 미처 생각지도 못했던 일들이, 떨어져 있으면 자꾸 떠오르고 잘못한 일들이 생각나지요. 군대 생활을 해 본 사람들은 이런 경험을 많이 해요. 내가 군의 학교에서 훈련을 받을 때 군의 후보생들의 애창곡이 있어요. '아내에게 바

성격, 아는 만큼 자유로워진다

치는 노래'였죠. "나는 다시 태어나도 당신만을 사랑하겠소…."
눈물을 흘리며 열창하는 친구도 있었어요. 사회에 있을 때 아
내에게 잘해 주지 못했던 것을 후회하는 거예요. 군의 후보생
밑에는 시멘트 바닥밖에 없었어요. 이런 너무도 힘없고 초라한
입장이 되면 가족이 그리워져요. 그리고 교만의 껍질이 벗겨지
고 사람이 성숙해지죠. 군대 가서 철들어 가지고 귀가했다는
말을 듣는 이유가 여기에 있어요. 처녀 때는 엄마를 그렇게도
원망하던 딸이 호된 시집살이 후에 어머니에게 감동적인 참회
의 편지를 보내기도 하고요.

고난을 통과하면서 교만의 껍질이 벗겨지는 거예요. 고난
의 불에 타야 정금 같은 인격이 나와요. 그래서 고난을 하나님
의 선물이라고 하나 봐요. 그럼에도 불구하고 고난을 원하는
사람은 없죠.

요셉은 노예 생활을 했어요. 밑바닥 생활을 통해서 그는
겸손해졌어요. 형들을 경쟁 대상으로만 보았던 요셉이 이제는
형들을 보고 싶은 사랑의 대상으로 보게 되었어요. 그리고 요
셉은 하나님의 은혜로 애굽의 총리 대신이 되었죠. 노예 신분
에서 일국의 총리로 신분의 수직 상승이 이루어졌어요. 기적
같은 일이 일어난 거죠. 꿈의 해석 덕분이었어요.

이집트 왕 바로가 꿈을 꾸었어요. 불안한 꿈이었죠.

"보니 아름답고 살진 일곱 암소가 강가에서 올라와 갈밭에서
뜯어먹고, 그 뒤에 또 흉하고 파리한 다른 일곱 암소가 나일 강

가에서 올라와 그 소와 함께 나일 강 가에 서 있더니 그 흉하고 파리한 소가 그 아름답고 살진 일곱 소를 먹은지라 바로가 곧 깨었다가 다시 잠이 들어 꿈을 꾸니 한 줄기에 무성하고 충실한 일곱 이삭이 나오고 그 후에 또 가늘고 동풍에 마른 일곱 이삭이 나오더니 그 가는 일곱 이삭이 무성하고 충실한 이삭들을 삼킨지라"창 41:1-7.

이 꿈은 바로에게 큰 충격을 주었어요. 그는 애굽의 지혜 있는 자들을 다 불러들였으나 그 꿈을 해석하는 자가 없었어요. 그 꿈의 의미는, 온 천하에 7년간의 큰 풍년이 있고 이어서 7년간의 큰 흉년이 있을 것이라는 하나님의 계시였어요. 이 의미를 알 사람이 있을 리 없었죠. 하나님의 사람 요셉이 그 꿈을 해석했어요. 이로써 그는 바로 왕의 인정을 받아 애굽의 총리가 되었던 거예요.

이와 비슷한 사건 즉, 꿈을 통한 신분 상승의 사건은 이로부터 약 1,200년 후에 다니엘에게서 일어났어요. 바벨론의 유대인 포로였던 소년 다니엘은 경건한 하나님의 사람이었어요. 다니엘도 느부갓네살 왕의 꿈을 해석해 주고 총리가 되었죠. 일개 포로 소년이었던 다니엘이 일국의 총리가 된 거예요. 꿈은 의미를 갖고 있었고 드라마틱한 사건을 일으켰어요. 그것은 신분의 수직 상승이었어요.

또한, 성경에서 꿈 사건은 그로부터 약 2,000년 후에 태어난 지크문트 프로이트에게 강한 영향을 주었어요. 정신 분석의

성격, 아는 만큼 자유로워진다

창시자인 프로이트가 꿈에 관심을 갖게 된 계기가 되었죠. 프로이트는 꿈을 하나님의 계시로 보지는 않았어요. 인간 무의식을 보여주는 도구로 보았어요. 프로이트는 1900년에 『꿈의 해석 Interpretation Of Dream 』이란 책을 썼는데요, 정신 분석의 고전이에요. 무의식이란 개념 자체를 몰랐던 인류에게 무의식의 존재를 알려 주는 귀중한 지혜의 책이 되었어요. 나의 정신과 은사님인 김성희 교수도 평양 의전에 다닐 때 프로이트의 『꿈의 해석』을 읽고 정신 분석을 알게 되었다고 했어요. 이 책에는 2,000여 개의 꿈 이야기가 나오는데 한마디로 요약하면, '꿈은 의미를 갖고 있다.'는 거예요. 꿈은 무의식을 보여주는 '무의식 언어 unconscious language '에요. 프로이트는 유대인이고 어려서부터 구약 성경을 읽었어요. 성경을 통하여 요셉의 꿈 이야기와 다니엘의 꿈 이야기를 읽으면서 꿈이 의미를 전달해 주는 수단이 된다는 것을 알게 되었을 거예요. 그렇게 해서 『꿈의 해석』을 쓰게 되었던 거고요.

요셉의 자기애적 성격

다시 꿈의 사람 요셉 이야기로 돌아가 볼게요. 요셉은 하나님의 은혜로 바로의 꿈을 해석해 준 덕분에 이집트의 총리가 되었어요. 왕 다음으로 높은 권력자가 된 거예요.

권력의 속성을 아시는 분들은 이 신분 상승이 갖는 의미를 금방 느끼실 거예요. 평민이 국회 의원 배지를 달게 되면 100여

가지 특전이 생긴다고 해요. 민주 사회에서도 이 정도인데 왕권 사회에서는 어땠을까요. 요셉의 권력은 대단했을 거예요. 다시 채색옷을 입었을 거예요. 종이었던 그가 이제는 종을 두고 부렸겠죠. 차를 탔다면 아마도 최고급 차를 탔을 거예요. 먹고 싶은 것은 무엇이나 먹을 수 있게 되었겠지요. 나이 서른에 요셉은 엄청난 출세를 했어요. 그의 말대로 그는 총리일 뿐만 아니라 '바로의 아버지'^{창 45:8} 노릇을 할 정도로 최고 권력자가 되었어요.

그러나 여기서 '바로의 아버지'라는 말이 마음에 걸려요. 이런 말은 입에 담지 않느니만 못한 말이거든요. 이런 말이 바로의 귀에 들어가면 요셉의 입장이 곤란해지잖아요. 그런데 그는 형들을 만난 자리에서 자기가 '바로의 아버지' 격이 되었다고 말해요. 열일곱 살에 가나안에서 살 때 형과 부모가 자기에게 절하는 꿈을 꾸었다고 말했던 요셉이 생각나네요. 하나님의 축복을 마음껏 자랑하는 젊은 요셉이라고도 할 수 있어요. 그러나 다른 한편에서 성격 측면을 본다면, 어릴 때 가졌던 자기애적, 자기도취적 성격의 잔재를 볼 수도 있을 거예요.

요셉이 경솔했던 것 같아요. 실수였다고 생각해요. 사실 그는 아직 바로의 아랫사람으로서 그의 녹을 먹고 있는 신분이 잖아요. "내가 바로의 아버지 역할을 하는 이집트 정권의 실세가 되었습니다."라는 말은 아랫사람으로서 할 말이 아니죠. 바로의 신하들이 듣기에도 민망할 말이에요. 이 말이 만일 바로의 귀에 들어갔다면 어땠을까요? 바로의 입장도 난처해지겠죠.

성격, 아는 만큼 자유로워진다

못 들은 체하자니 왕으로서 권위가 무너지고, 그렇다고 "네가 감히 내 아버지 운운하다니…." 하고 처벌할 수도 없어요. 나라의 운명을 쥐고 있는 인재라는 것을 알기 때문이에요. '내가 바로의 아버지 격인 사람이다.' 이런 말은 설혹 사실일지라도 입 밖에 내뱉어서는 안 될 말이에요. 나이가 서른이나 된 요셉도 형들과 가족들 앞에서 자기의 출세를 자랑하고 싶었나 봐요. 요셉의 자기애적 성격 인자가 이 실수의 밑에 흐르고 있어요. 형들을 화나게 했던 자기애적 성격 인자가 아직도 흔적처럼 남아 있는 게 보이네요.

요셉의 숨은 분노

나이 서른에 이집트 최고 권력자가 된 요셉은 젊을 때와는 다른 성숙해진 모습도 보여 줘요. 대표적인 것이 형들을 용서하는 태도예요. 이 부분은 다음에 말씀드릴게요.

먼저, 요셉의 억압된 분노 부분을 생각해 볼게요. 아직 노예 시절에는 자기를 노예로 팔아먹은 형들이 원망스럽고 미웠을 거예요. 얼마나 미웠겠어요? 노예로서 굴욕적으로 사느니 차라리 죽는 게 낫겠다고 생각했을 거예요. 죽을 고생을 하면서 산 10여 년 세월 동안 형들 생각을 많이 했을 거예요. 억울하고 분했는데, 성추행범으로 누명을 쓰고 억울한 감옥살이까지 했죠. 감옥살이는 노예 생활보다 더 지독한 생활이었을 거예요. 그나마 누리던 자유도 박탈당하는 생활이었으니까요.

다 형들 때문이었어요. '내가 형들에게 뭘 잘못했다고 나를 죽이려 했단 말인가? 왜 죽느니만 못한 노예 생활로 나를 몰아넣었단 말인가? 왜? 왜?' 복수도 꿈꿨을 거예요. 요셉의 숨은 분노는 형들과 재회하는 장면에서 드러나요.

처음에 그는 형들을 스파이로 몰아서 난처하게 만들지요. 스파이는 사형을 당해도 변명할 수가 없어요. 다음에 그는 형들에게 도둑 누명을 씌워요. 은혜를 도둑질로 갚은 도둑놈들로요. 마지막은 더 심해요. 도둑질에 대한 벌로 막냇동생을 인질로 데려오라고 요구하거든요. 막내 베냐민을 인질로 보내는 일은 이미 가족 중 한 사람, 요셉을 잃은 가족들, 특히 아버지 야곱에게는 지옥에 갇히는 것 같은 고통일 텐데 그걸 요셉은 강요해요. "네 가족이 굶어 죽지 않으려면 막내를 데려와." 이것은 지독한 보복이죠. 요셉의 입장에서는 답을 아는 게임이에요. 그러나 가족의 입장에서는 사느냐, 죽느냐 하는 피 말리는 게임이고요. 요셉은 막내의 안부가 궁금했던 것 같아요. 생존 여부를 꼭 확인하고 싶었나 봐요. 동생도 자기처럼 형들에게 희생당하지 않았을까 의심했던 것 같아요.

그러나 이런 방법밖에는 없었을까요? 요셉은 가진 자의 유리한 입장이에요. 생명 같은 곡식을 가졌으니, 죽일 수도 있고 살릴 수도 있는 힘을 가진 거죠. 그런 요셉이 굶어 죽을 위기에 처한 가족에게 이런 비정한 요구를 해요. 이 방법밖에는 다른 방법이 없었을까요? 예컨대, 자기 신분을 밝히고 종을 딸려 보내 동생의 안부를 확인할 수도 있는 거잖아요. 그렇게 했

성격, 아는 만큼 자유로워진다

더라면 아버지 야곱이 번민할 이유도 없었을 거고, 오히려 기뻐하며 아들을 보려고 맨발로 달려 왔을 거예요. 형들도 오금이 저리는 고통의 시간을 보내지 않아도 되었겠죠. 그런데 요셉은 그렇게 하지 않았어요. 부모와 형들에게 고통을 주었어요.

여기서 요셉의 분노를 볼 수 있어요. 힘센 형들이 힘으로 자기를 죽이려 했던 것처럼 그도 힘으로 형들을 괴롭히고 있는 거예요. 형들에게 거짓 누명도 씌우고요. 가진 자의 횡포예요. 형들이 힘으로 약한 동생을 괴롭혔던 것처럼 요셉도 힘으로 형들을 속이고 괴롭힌 거죠.

그런데 이런 짓을 형들이 하면 악이고 같은 짓을 요셉이 하면 의로운 심판이 되는 것일까요? '내가 하는 것은 다 의'라고 한다면 이건 독선이에요. 물론 다음 대목에서 요셉이 형들을 용서하는 감동적인 장면이 연출되긴 하지만, 이 대목까지 나는 요셉을 용서와 사랑의 사람이라고 인정할 수 없었어요. 요셉은 복수심에 불타서 보복하는 범인凡人일 뿐이었죠. 다만 보복의 방법이 피를 뿌리는 것이 아니었을 뿐이에요. 좀 더 지능적이고 심리적인 보복이었죠. 바울 사도는 "내가 예언하는 능력이 있어 모든 비밀과 모든 지식을 알고 또 산을 옮길 만한 모든 믿음이 있을지라도 사랑이 없으면 내가 아무것도 아니요"^{고전 13:2} 라고 말씀하셨어요. 요셉의 태도는 바울과 다른 것이었어요. 아직 요셉을 미화할 필요는 없을 것 같아요.

요셉의 '하나님 인식'

마침내 요셉은 형들을 용서해요. 요셉이 형들을 용서하는 장면은 어떤 드라마보다 더 감동적이에요. 용서는 인격이 성숙한 자들만 할 수 있는 건데, 어떻게 거만하고 미숙했던 요셉이 성숙해진 것일까요? 노예 생활의 고통을 겪으면서 성숙해졌을 수도 있어요. 그러나 요셉을 움직이는 더 강력한 동력이 있었어요. 그것은 '하나님 인식'이었어요. 하나님 인식이란, 인생의 모든 사건 속에 존재하시는 하나님을 인식하는 거예요. 요셉도 분노를 느끼는 인간이니, 자기를 노예로 판 형들을 생각한다면 용서할 수 없었을 거예요. 그러나 그 위에 계신 하나님을 생각할 때 너그러울 수 있었어요. 용서가 가능해진 거예요.

"요셉이 형들에게 이르되 내게로 가까이 오소서 그들이 가까이 가니 이르되 나는 당신들의 아우 요셉이니 당신들이 애굽에 판 자라 당신들이 나를 이곳에 팔았다고 해서 근심하지 마소서 한탄하지 마소서 하나님이 생명을 구원하시려고 나를 당신들보다 먼저 보내셨나이다 이 땅에 이 년 동안 흉년이 들었으나 아직 오 년은 밭갈이도 못하고 추수도 못할지라 하나님이 큰 구원으로 당신들의 생명을 보존하고 당신들의 후손을 세상에 두시려고 나를 당신들보다 먼저 보내셨나니 그런즉 **나를 이리로 보낸 이는 당신들이 아니요 하나님이시라 하나님이 나를 바로**에게 아버지로 삼으시고 그 온 집의 주로 삼으시며 애굽 온 땅의 통치자로 삼으셨나이다"창 45:4-8.

성격, 아는 만큼 자유로워진다

요셉이 일상생활 중에 늘 하나님을 인식하며 살았다는 것은 도처에서 확인할 수 있어요. 예컨대, 보디발의 아내에게 성적 유혹을 당했을 때도 하나님을 생각하며 거절했어요. 눈앞에서 유혹하는 여성은 보디발의 아내였어요. 그러나 요셉은 그 현장에서 눈에 보이지 않는 하나님이 계심을 인식했어요. "그분께 죄를 지을 수 없습니다." 하고 거절한 거예요. 요셉의 위대함이 여기에 있는 거죠.

"그 후에 그의 주인의 아내가 요셉에게 눈짓하다가 동침하기를 청하니 요셉이 거절하며 자기 주인의 아내에게 이르되 내 주인이 집안의 모든 소유를 간섭하지 아니하고 다 내 손에 위탁하였으니 이 집에는 나보다 큰 이가 없으며 주인이 아무것도 내게 금하지 아니하였어도 금한 것은 당신뿐이니 당신은 그의 아내임이라 그런즉 내가 어찌 이 큰 악을 행하여 하나님께 죄를 지으리이까"창 39:7-9.

요셉이 형들에 대한 분노를 극복하고 사랑할 수 있었던 것은 '하나님 인식' 때문이에요. 유혹을 이긴 것도 '하나님 인식' 때문이고요. 일상생활 속에 섭리하시는 하나님을 생각하고 인정하는 것이 '하나님 인식'이에요. '하나님 인식'이 요셉으로 하여금 성숙한 행동을 할 수 있게 해 준 거예요. 비록 때때로 인간적인 미숙함이나 분노가 표출될 때도 있었지만요.

'하나님 인식'의 은혜

'하나님 인식'은 사람을 너그럽게 만들고 성숙하게 만들어요. 다윗도 일상생활 속에서 하나님을 인식하며 산 사람이었어요. 예컨대, 다윗 왕의 아들 압살롬이 반란을 일으켰어요. 다윗은 창피한 입장이 되었죠. 궁지에 몰려 피난을 떠나는 처량한 신세가 되었어요. 피난 가는 다윗을 향하여 평소에 다윗에게 원한을 갖고 있던 시므이라는 사람이 비난하고 저주했어요. '네가 한 짓을 생각하면 그런 꼴을 당할 만하다.'는 식이었어요. 다윗의 장군들이 흥분하여 죽이려 했지요. 그런데 다윗은 부하들을 말렸어요. '지금 내 눈앞에서 나를 욕하는 사람은 시므이지만 실은 하나님께서 그의 입을 통해서 말씀하고 계신 것이다.'라고 해석했기 때문이에요. 보복의 피바람이 일 뻔했지만 다윗은 시므이를 용서했어요. '여기에 하나님이 계시다.' 하는 '하나님 인식'의 덕이었던 거죠.

> "다윗 왕이 바후림에 이르매 거기서 사울의 친족 한 사람이 나오니 게라의 아들이요 이름은 시므이라 그가 나오면서 계속하여 저주하고 또 다윗과 다윗 왕의 모든 신하들을 향하여 돌을 던지니 그 때에 모든 백성과 용사들은 다 왕의 좌우에 있었더라 시므이가 저주하는 가운데 이와 같이 말하니라 피를 흘린 자여 사악한 자여 가거라 가거라 사울의 족속의 모든 피를 여호와께서 네게로 돌리셨도다 그를 이어서 네가 왕이 되었으나 여호와께서 나라를 네 아들 압살롬의 손에 넘기셨도다 보라 너

성격, 아는 만큼 자유로워진다

는 피를 흘린 자이므로 화를 자초하였느니라 하는지라 스루야의 아들 아비새가 왕께 여짜오되 이 죽은 개가 어찌 내 주 왕을 저주하리이까 청하건대 내가 건너가서 그의 머리를 베게 하소서 하니 왕이 이르되 스루야의 아들들아 내가 너희와 무슨 상관이 있느냐 **그가 저주하는 것은 여호와께서 그에게 다윗을 저주하라 하심이니** 네가 어찌 그리하였느냐 할 자가 누구겠느냐 하고 또 다윗이 아비새와 모든 신하들에게 이르되 내 몸에서 난 아들도 내 생명을 해하려 하거든 하물며 이 베냐민 사람이랴 **여호와께서 그에게 명령하신 것이니 그가 저주하게 버려두라 혹시 여호와께서 나의 원통함을 감찰하시리니 오늘 그 저주 때문에 여호와께서 선으로 내게 갚아 주시리라** 하고 다윗과 그의 추종자들이 길을 갈 때에 시므이는 산비탈로 따라가면서 저주하고 그를 향하여 돌을 던지며 먼지를 날리더라"^{삼하 16:5-13}.

'하나님 인식'은 인간을 성숙하게 만들어요. 요셉의 의식의 중심에는 항상 하나님이 계셨어요. 매사를 하나님 중심으로 생각했어요. 자기가 노예로 팔려 간 것도 형들이 한 짓이 아니고 하나님이 하신 일이라고 해석했죠. 눈에 보이지 않는 하나님을 이렇게 인식하기란 쉬운 일이 아니에요. 이것이 신앙의 본질이에요. 성경 속 하나님의 사람들은 다 이렇게 생각하고 살았어요.

성경의 위인들이 범인들과 다른 점은 '지금 여기, 이 일 속에도 하나님이 계신다.'는 바로 이것이에요. 요셉의 위대함도 여기서 유래한 것이었고요. 비록 인격적인 미숙함을 갖고 있었지만 그는 형들을 용서하고 사랑할 수 있었어요. 위대한 지도자였어요. 요셉이 형들을 용서하지 않고 제거해 버렸더라면 이스라엘은 민족적 위기를 당했을 거예요. 하나님의 백성 이스라엘은 대가 끊겼을 거예요. 사람의 성내는 것이 하나님의 의를 이루지 못해요. 요셉의 '하나님 인식'이 이스라엘을 구한 거예요.

성격, 아는 만큼 자유로워진다

"고난을 통과하면서 교만의 껍질이 벗겨지는 거예요.
고난의 불에 타야 정금 같은 인격이 나와요.
그래서 고난을 하나님의 선물이라고 하나 봐요."

03

"복종하는 자는 노예와 같아요.
결정의 주도권을 자기가 갖지 못해요.
열등감 때문이지요."

나는 보잘것없는 사람이야

열등감이 심했던 사울

열등 의식에 사로 잡힌 사울

구약 성경에 나오는 사울은 이스라엘 최초의 왕^{BC 1000} 이었어요. 잘생기고 날씬해서 다른 사람보다 머리 하나 정도는 더 컸다고 해요. 집안도 부유해서 종을 둘 정도고요. 그런데 사울은 자존감이 낮고 열등감이 심한 사람이었어요. 보잘것없는 집안이라는 '집안 열등감'도 심했어요^{삼상 9:21}. 열등감이 심한 사람들은 남들의 눈치를 많이 봐요. 남과 다른 의견을 내놓지 못해요. 자기주장^{self-assertiveness}을 못해요. 상대방이 나를 싫어할까 봐 늘 초조해하고요. 사람들이 모두 자기를 좋아해야 안심이 돼요. 친구의 아이나 심지어 이웃집 강아지까지도 자기를 좋아해야 해요. 남의 인정을 받지 못한다 싶으면 불안해져요. 그래서 상대방의 비위를 맞춰. 예스맨^{yes-men}이 되는 거예요. 열등감 때문이죠. 사울은 이렇게 눈치 보고 비위 맞추는 성격이었어요.

어느 날 아버지가 기르던 암나귀들이 없어졌어요. 아버지는 사울에게 종을 데리고 가서 암나귀들을 찾아오라고 명령했어요. 사울은 아버지의 명령을 따라 인근 각지를 찾아 헤맸지만, 암나귀들을 찾을 수가 없었어요. 사울은 종에게 "아버지가 걱정하실 테니 그냥 돌아가자."고 했어요. 왜 "어머니가 걱정하실 테니 돌아가야겠다."라고 하지 않았을까요? 이 장면에서도 사울의 성격 일면을 볼 수 있어요. 사울은 지금 '걱정하시는 아버지'를 두려워하고 있는 거예요. 아버지를 걱정시키는 아들을 아버지가 좋아할 리 없잖아요. 아버지의 눈 밖에 날 위기감을 느꼈을 거예요. 사울의 마음은 불안해졌죠. 아버지의 눈 밖에 나지 않으려면 서둘러 집으로 돌아가야 해요. 그래서 종에게 집으로 돌아가자고 했어요. 그러나 종은 "이 동네에 하나님의 사람, 예언자가 살고 있으니 그에게 당나귀 행방을 물어 보죠."라고 말했어요. 사울은 한시라도 빨리 집으로 돌아가고 싶어서 마음이 바쁜데 종은 다른 말을 해요.

이럴 때 주인다운 주인이라면 종에게 "이미 찾을 만큼 찾아봤잖아. 딴 말 말고 빨리 집으로 가자. 아버지가 걱정하고 계신다니까."라고 명령했을 거예요. 주인이 결정의 주도권을 가지는 게 상식이잖아요. 그런데 사울은 이때도 예언자를 만났을 때 그에게 줄 사례비 걱정만 해요. "사례비가 없으니 방문하지 말고 바로 집으로 가자."는 거예요. 자기가 주인인데도 종 앞에서 자기주장을 못 하고 사례비 핑계를 대고 있어요. 그러나 종은 자기가 가진 돈으로 지불하면 된다고 사울을 설득해요. 사울은 자기 뜻을 굽히고 종의 말을 듣고 말아요.

여기서 우리는 사울의 또 다른 성격을 볼 수 있어요. 복종적인 측면이에요. 아버지의 명령에 복종할 뿐만 아니라 종의

성격, 아는 만큼 자유로워진다

말에도 복종적으로 따르고 있어요. 복종의 심리는 순종의 심리와 달라요. 복종하는 자는 노예와 같아요. 결정의 주도권을 자기가 갖지 못하는데, 열등감 때문이에요. 그러나 순종하는 자는 한 개인으로서 주도권을 가지고 인격적 선택을 해요.

결국 사울은 사무엘 선지자를 만나게 돼요. 그리고 이스라엘 왕이 될 것이라는 엄청난 통보를 받아요. 사무엘이 사울에게 알려 줬어요. 온 이스라엘이 왕을 기다리는데 그 왕 될 사람이 바로 당신이라고…. 그런데, 이 말을 들은 사울의 반응이 특이해요. 믿을 수 없다는 반응이었어요. 자기는 그런 영광을 누릴 자가 못 되는 보잘것없는 집안사람이라고 대답해요^{삼상 9:21}.

그러나 비록 그가 속한 베냐민 지파는 수적으로 작은 지파였지만 그의 아버지 기스는 대단한 사람이었어요. 유능한 사람^{mighty man of power}, 용맹스런 사람^{man of valor}, 신분이 높은 사람^{man of standing}이었어요^{삼상 9:1}. 결코 보잘것없는 집안이 아니었어요. 열등감의 색안경을 쓰고 있기 때문에 그렇게 보인 거예요. 여기서 사울의 '집안 열등감'을 볼 수 있어요^{삼상 9:20-21}.

짐짝 뒤에 숨은 사울

그러나 사무엘 선지자는 사울에게 이스라엘의 왕이 될 것이라고 말해 주었고 기름도 부어 주었어요. 감격적인 영적 체험도 하게 했고요. 사울은 예언자들과 함께 예언도 했고, 새 마음도 체험했어요. 그럼에도 불구하고 그는 열등감이 너무 심했어요. 열등감의 쇠사슬을 끊을 수 없었던 것이 문제였어요.

예컨대, 사무엘 선지자가 이스라엘 백성 앞에서 그를 왕으로 세울 때였어요. 제비뽑기에서 사울의 이름이 왕으로 뽑혔죠. 그러나 그는 보이지 않았어요. 백성이 그를 찾았지만, 그는 나타나지 않았어요. 백성들이 하나님께 "그가 어디 있습니까?" 하고 물었어요. 하나님께서 그가 숨어 있는 곳을 가르쳐 주셨죠. 놀랍게도 그는 짐짝 뒤에 숨어 있었어요.^{삼상 10:22} 키가 커서 몸을 다 숨길 수 없었던가 봐요.

그의 열등감이 그에게 이렇게 말하는 것 같네요. '나는 이런 영광스런 자리에 어울리는 사람이 못 돼. 왕이란 자리는 내 자리가 아니야.' 그러나 사무엘 선지자는 그에게 이미 많은 영적 증거들을 보여 주었어요. "여호와께서 너를 백성의 지도자로 세우셨다."고 알려 주었고, 이미 기름도 부어 주었어요. 일주일 후에 있을 선발 의식도 예고해 주었고요. 하나님의 계획을 사울은 이미 다 알고 있었어요. 그러나 사울은 믿을 수 없었고 자신감도 없었어요. 사울의 열등감이 결국 그를 짐짝 뒤로 숨게 만들었던 거예요.

열등감이 심한 사람들은 믿음이 없어요. 숨기를 잘해요. 사울의 잘생긴 외모와 영적 체험도 그의 열등감을 치유하지 못했어요. 선지자가 인정해 주었어도 열등감의 굴레를 벗어날 수 없었죠. 사울의 일생을 돌이켜 보면, 심지어 그가 왕이라는 최상의 자리에 앉았을 때에도 여전히 열등감의 사슬을 벗어나지 못했어요. 열등감이 평생 그를 집요하게 괴롭혔던 거죠.

성격, 아는 만큼 자유로워진다

사실 사울이 왕의 자리에 앉는 것은 참으로 위험한 일이었어요. 이스라엘 백성이 왕을 달라고 요구하는 것을 하나님은 싫어하셨거든요. 하나님을 저버리는 행위였죠. 하나님은 직접 통치하시는 신권 통치를 원하셨어요. 왕권 통치는 하나님이 원하지 않으셨어요. 그러나 백성이 졸라 대서 마지못해 왕을 주게 되신 거예요.

왕이란 자리는 하나님이 원치 않지만 마지못해 주는 자리였어요. 그 자리에 사울이 앉게 되었던 거죠. 대단히 불편한 자리예요. 언젠가는 하나님께 버림받을지도 모르는 불안한 자리이죠. 사울도 이 사실을 알고 있었을 거예요. 그런데 놀랍게도 사울은 짐짝 뒤로 잠시 숨었을 뿐, 말없이 그 자리를 받아들였어요. 인격적인 선택이 아니고 무조건적 복종인 거죠. 두렵지만 욕심나는 자리이기 때문이에요. 이런 사울의 행위는 모세의 경우와 비교가 돼요. 잠시 모세의 경우를 볼게요.

"No"라고 말할 줄 아는 모세

모세는 강력한 리더였어요. 이집트의 왕자로 교육을 받았죠. 당시 이집트는 현재의 미국이나 유럽처럼 세계 최고의 문화를 누리는 나라였어요. 모세는 주먹도 셌는데요, 주먹으로 치면 사람이 죽을 정도였어요. 자기 동족을 학대하는 애굽 인을 보고 의분을 느낄 줄도 아는 리더였고요. 그런데, 결국 그 애굽 인을 쳐 죽이고 도망자의 신세가 되었지요 출 2:10-15.

그러나 지덕체를 겸비한 당대의 엘리트 중의 엘리트였어요. 그에게 하나님이 나타나셨어요. 그리고 명령하셨어요. "내 백성을 이집트에서 데리고 나와라." 모세의 입장에서 볼 때 이건 너무나 현실성 없는 명령이에요. 세계 최강의 나라 이집트의 왕, 바로를 꺾고 약 200만 명에 달하는 유대인들을 해방시키라니요.

당시 모세에게는 손에 든 지팡이 하나밖에는 없었어요. 군대도, 무기도 없었어요. 들에서 양을 치는 일개 목자에 불과했어요. 나이 마흔에 이집트의 반역자, 살인범이 되었고, 체포될 위기를 맞았었죠. 죽음이 두려워 이집트를 도망 나와 광야에서 양을 치는 목자 생활을 하게 되었어요. 그리고 40년 세월이 흘렀어요. 이제는 나이 여든의 노인이 되었죠. 지금도 여든의 노인은 은퇴하고도 남을 나이잖아요? 이집트 생활의 기억도 가물가물했을 거예요. 이런 모세에게 하나님의 명령은 따르기에 불가능한 것으로 보였겠죠.

모세는 거부해요. "내가 누군 줄 아시고 이런 일을 시키십니까? 저는 그런 인물이 못 됩니다." 하나님은 전능하신 당신께서 동행하실 것이라고 설득하세요. 그래도 모세는 "사람들이 내 말을 믿지 않을 것입니다."라고 걱정해요.

당시 모세의 입장에서는 거부할 이유가 많았어요. "이런 일을 하려면 웅변을 잘해서 바로나 백성들을 설득해야 할 텐데 저는 말재주가 없어서 안 됩니다."라고 거부해요. 모세는 자신이 없었어요. 너무나 엄청난 사명이니까요. 그러나 하나님은

성격, 아는 만큼 자유로워진다

입을 지으신 당신이 네 말을 돕겠다고 하세요. 모세는 더 이상 핑계를 댈 것이 없었어요. 그러나 아직도 자신이 없었어요. 그래서 절망적으로 외쳐요. "제발 보낼 만한 사람을 보내세요. 저는 그럴 만한 인물이 못 돼요." 이때 하나님께서는 화를 내세요. 그리고 막대기가 뱀이 되는 기적을 보여 주셨어요. 말 잘하는 아론을 대변인으로 추천도 해 주셨고요. 모세는 이 거대한 사명을 실행하시는 분이 전능하신 하나님이라는 사실을 알게 되었어요. '나는 할 수 없지만 하나님은 능히 하실 수 있다.' 모세의 출애굽 사건은 이렇게 시작되었어요.

할 수 없는 일은 할 수 없다고 말할 수 있는 사람이 건강한 사람이에요. 그런 의미에서 모세는 정직하고 건강한 사람이었어요. 하나님 비위 맞추려고 우선 "예"라고 대답해 놓고 눈치 보는 행동은 유아기적 행동이에요. 이런 사람들은 자신들이 연극배우처럼 연기를 하면서 사는 것 같다고 말해요. 자신의 감정과 상관없이 상대방이 좋아할 것 같은 행동을 연기하죠. 이렇게 살다 보면 존재감을 느낄 수 없게 돼요. '나는 어디 간 거지?' 공허해져요. 세상을 헛사는 느낌이고요. 무엇이 기쁜지 슬픈지도 애매해져요. 지나치게 남의 기분을 살피고, 거기에 자기를 맞추게 돼요.

사울의 두려움
사울이 이런 사람이었어요. 왕의 자리를 제안받았을 때 이 불편한 자리를 모세처럼 정직하게 사양해야 했어요. "왕이라는 자리는 하나님이 싫어하시는 자리예요. 하나님이 좋아하시는 자리라면 순종하고 그 자리를 받아들이겠습니다. 그러나 저는 그런 자리에 앉아서 이 오만한 백성을 통치할 자신이 없습니다. 저는 그럴 인물이 못 됩니다." 왜 이렇게 말할 수 없었을까요? 우선 비위 맞추고 순응하는 사울의 성격 때문이에요. 모세처럼 자기 무능을 철저히 고백하고 직면한 사람만이 하나님의 능력을 의지할 수 있어요. 비위 맞추기로는 안 돼요. 눈가림을 할 뿐이에요. 임시방편으로 심리적 위기만을 넘길 뿐이에요.

열등감이 심한 사람들은 열등감을 직면하는 것이 너무 아파요. 그래서 직면하기보다는 회피하려 해요. 임시방편을 써서 직면의 아픔을 피해요. 하나의 자기 방어죠. 비위 맞추기도 그런 방어 행동이에요. 열등감을 극복하려면 직면하고 인정해야 해요. 회피하고 방어하면 사울처럼 비극적 인생을 살게 돼요.

사울의 이런 성격 특성은 아말렉을 쳐부순 후에도 드러나요. 모든 것을 죽여 없애라는 하나님의 명령을 거역하는 과정에서도 볼 수 있어요. 사울은 죽었어야 될 아말렉 왕을 살려주었어요. 좋은 가축들도 끌고 왔어요. 게다가 자신의 승전비까지 세우는 어리석은 짓을 했어요. 사무엘 선지자가 사울의 불순종에 대한 하나님의 분노를 전했죠. 사울은 애걸해요^{삼상 15:7-21}.

사울은 백성들을 두려워했어요. 그래서 그들의 비위를 맞추느라고 하나님의 명령을 거역했어요. 백성들이 자기를 싫어할까 두려웠던 거예요. 사울이 백성의 눈치 보는 사람이 아니

성격, 아는 만큼 자유로워진다

었더라면 그는 백성들에게 당당하게 이렇게 말했겠죠. "하나님이 원하시는 것은 살진 소로 제사 지내는 것이 아니다. 그분의 말씀에 순종하는 것이다. 나는 하나님의 말씀을 따르겠다. 짐승을 다 죽여 버려라. 이 일로 너희가 나를 싫어한다고 할지라도 나는 하나님의 명령을 따르겠다." 그러나 백성들의 비위 맞추느라 하나님을 잊고 있었어요. 그리고 사실, 백성들 때문이라기보다는 자신의 욕망 때문이었어요. 인기를 얻으려는 욕망이요. 열등감이 심한 사람은 '인기 수입'이 필요하거든요.

그런 의미에서 사울에게 왕이라는 자리는 아주 매력적이었을 거예요. 열등감을 보상해 주는 자리였을 테니까요. 하나님의 나라는 관심 밖에 있어요. 인기와 권력이 관심의 초점이죠. 심한 열등감을 가진 사람들이 흔히 빠지는 함정이에요. 신앙이 자라지 못하는 이유이기도 해요.

사울이 아말렉을 이기고 난 후에 승전비를 세운 장면에서도 우리는 그의 열등감을 볼 수 있어요. 열등감이 심한 사람들은 자기를 자랑할 만한 물적 증거를 찾아요. 내적 결핍감을 채우려고 외적인 증표를 원하죠. '남들보다 내가 더 우월한 사람'이라는 증거를 갖기 원하니까요. 사람들이 명품을 찾는 이유도 여기에 있어요. '사람들은 비싼 명품을 가진 나를 고급 인간으로 볼 거야.' 그러나 명품은 열등감을 치유해 주지 못해요. 돌로 만든 승전비는 요즈음 말로 표현한다면 '명품'이에요. 사울의 열등감을 보상해 주었을 거예요. 사울은 심리적인 만족감을 맛보았겠죠. 그러나 승전비가 그의 열등감을 치유해 주지는 못했어요. 무엇보다도 중요한 것은, 이 전쟁이 사울의 전쟁이 아니었다는 거예요. 하나님의 승리를 자기 승리로 착각했어요. 열등감의 보상 도구로 삼은 거죠. 도용했어요. 열등감 때문에요.

사울은 자기 합리화를 하면서 이런 말도 해요.

"다만 백성이 그 마땅히 멸할 것 중에서 가장 좋은 것으로 길갈에서 **당신의 하나님** 여호와께 제사하려고 양과 소를 끌어왔나이다 하는지라"삼상 15:21.

사울의 이 말을 들으면 사울의 미숙한 성격이 보이죠. 그의 신앙도 보여요. 사울에게는 자기 하나님이 안 계세요. '사무엘의 하나님'이 계실 뿐이에요. 판단의 주체가 자신이 아니고 남이에요. 백성이거나 사무엘이죠. 자기 주체성의 문제예요. 성숙한 인격은 '당신의 하나님'을 이야기하지 않아요. '나의 하나님 여호와'를 이야기할 뿐이에요. 판단과 선택의 중심에 '나의 하나님'이 계세요. '당신의 하나님'은 어디까지나 추측일 뿐이고, '내 하나님'만 내 '심리적 영토ego boundary' 안에 사시는 분이에요.

백성들 핑계를 대는 사울

또한, 사울이 백성들에게 책임을 돌리는 것도 인상적이에요. 미숙한 성격 특성을 볼 수 있거든요. 자기 잘못을 남에게 투사하는 거예요. 예수님은 투사하지 말라고 하셨어요. "먼저

성격, 아는 만큼 자유로워진다

네 눈 속에서 들보를 빼라 그 후에야 네가 밝히 보고 형제의 눈속에 있는 티를 빼리라."^{눅 6: 42}고 말씀하셨잖아요. 자기 문제를 보지 못하고 남의 탓만 하는 투사의 심리는 미숙한 성격의 중요한 특성이에요. 투사를 사용하면 피해망상이 생겨요. 사울은 다윗이 자기를 죽이려 한다는 피해망상 속에서 살았어요. 자기 생각일 뿐인데 다윗의 생각이라고 믿은 거예요^{삼상 20:31}.

성경에 나오는 대표적인 투사의 예를 든다면 아담의 투사일 거예요. 뱀의 꾐에 빠진 하와가 하나님이 금지하신 선악과를 따 먹었어요. 그리고 아담에게도 주어 먹게 했어요. 하나님이 아담에게 추궁하셨죠. 아담은 하와 때문에 따 먹었다고 핑계를 대요. 자기가 받아먹고는 아내에게 책임을 미루는 미숙한 모습이에요. 하와는 뱀 때문이라고 핑계를 대고요. 이렇게 자기 잘못을 남 탓으로 돌리는 것을 '투사'라 해요. 아담은 하나님 탓으로 돌리기도 했어요. '하나님이 만들어서 내게 짝지어 주신 하와 때문에 죄를 지은 것이니 하나님 책임이 큽니다.' 이런 논리로요. 자기를 돌아보지 못하고 남 탓만 하는 거죠.

"가라사대 누가 너의 벗었음을 네게 알렸느냐 내가 네게 먹지 말라 명한 그 나무 열매를 네가 먹었느냐 아담이 이르되 하나님이 주셔서 나와 함께 있게 하신 여자 그가 그 나무 열매를 내게 주므로 내가 먹었나이다 여호와 하나님이 여자에게 이르시되 네가 어찌하여 이렇게 하였느냐 여자가 이르되 뱀이 나를 꾀므로 내가 먹었나이다"^{창 3:11-13}.

투사는 성격이 미숙한 사람들이 많이 사용해요. 아이들은 자주 핑계를 대지요. 책임 회피의 수단으로 투사를 자주 사용해요. 세상이 시끄러운 것도 투사 때문이에요. 자기는 안전한 토치카 속에 숨어서 죄 없는 남들만 공격하죠. 정치인들은 자기에게 유리한 쪽만 봐요. 객관적인 사실은 눈에 들어오지 않아요. 자기가 보고 싶은 것만 보기 때문이에요. 정치인들만이 아니지요. 인간의 미숙한 속성 중 하나가 이것이에요. 자기 생각을 투사하여 보기 때문이에요. 여기서 현실 왜곡이 일어나요. 성숙한 자아는 사실을 있는 그대로 봐요. 정신 질환이나 세상의 많은 비극이 현실 왜곡에서 나와요.

의처증도 투사 때문에 생겨요. 예컨대, P는 30대 남성이에요. 세상에서는 소위 잘나가는 전문직에 종사하고 있었어요. 매너가 좋고 친절하고 신사적이어서 남들은 P의 부인을 부러워했어요. 그러나 부인은 매일 지옥 같은 생활을 하고 있었어요. 남편의 의처증 때문에요. 끊임없이 부인의 정절을 의심해요. "그놈하고 잤지?" 추궁하고 위협하고 때리고 욕하고…. 온몸이 성한 데가 없었어요. 이혼 생각도 많이 했고요. 그러나 아이 때문에 이혼도 할 수 없다고 했어요. 신앙인은 이혼해서는 안 된다고 생각하고 있었어요.

부인이 이혼을 못 하는 다른 이유가 있었어요. 남편이 폭행할 때는 무섭지만 의심의 폭풍이 지나가고 나면 풀이 죽어 버리기 때문이에요. 부인이 떠나갈까 봐 빌고 눈치 보는 남편이 안쓰럽다고 하더라고요. 부인은 남편이 왜 저러는지 알 것

성격, 아는 만큼 자유로워진다

같대요. 남편은 어머니 없이 자랐어요. 초등학교 저학년 때 부모가 이혼했는데, 아버지와 대판 싸우고 어머니가 집을 나가 버렸대요. 어린 그를 버려둔 채…. 정확히는 모르지만 싸움의 내용으로 보아 어머니의 외도 때문이었어요. 어린 P는 어머니가 그리웠어요. 그리고 동시에, 자기를 버린 어머니가 미웠어요. 그럴수록 이를 악물고 공부했고요. 그리고 성공해서 여기까지 올라왔어요. 부인은 남편이 이런 과거의 아픈 기억 때문에 의처증이 생긴 것 같다고 이해하더라고요.

나도 부인의 생각에 동의했어요. 정신 분석학적인 해석을 한다면 P는 자기 생각을 부인에게 옮겨 놓고 있는 거예요. 투사하는 것이죠. 예컨대, P는 무의식에서 '내 어머니가 외도를 하고 나를 버린 것처럼 내 아내도 외도를 하고 나를 버릴 것이다.'라고 걱정하고 있는 거예요. 이건 어디까지나 자기 생각일 뿐이에요. 객관성도 없고 합리적인 근거도 없어요. 그런데 미숙한 자아는 자기 생각을 부인에게 투사해요. '아내가 외도를 했어. 이제 곧 나를 버리고 떠날 거야.' 이렇게 투사라는 심리적 과정을 거치면서 부인의 외도는 P에게 사실이 되어 버려요. 절망감은 분노를 촉발하죠. 게다가 자기를 버린 어머니에 대한 분노가 부인에게 옮겨 갔다면 분노는 더욱 증폭됐을 거예요.

정신 분석을 통해서 이런 심리적 과정을 이해하면 치유가 일어나요. 의처증은 '부정 망상delusion of negation'이라는 병적 현상이에요. 망상은 허구이고 허상이기 때문에 진실을 알게 되면 사라지죠.

사울 왕은 투사를 많이 사용하는 사람이었어요. 미숙한 성격을 가진 사람이었던 거죠. '다윗이 나를 죽이고 우리 집안을 몰살할 것이다.' 이건 사울의 생각일 뿐이었고 다윗의 생각은 아니었어요. 그러나 사울은 진실을 볼 수 없었어요. 미숙한 자아 때문이었어요. 투사 때문이었죠.

그렇다면 왜 자아는 투사를 사용하는 것일까요? 모멸감이나 패배감이 두려워서예요. 그런 고통을 피하려고 투사를 사용해요. 그런데 이런 고통스런 감정은 현실이 아니고 다만 자기의 상상일 뿐이에요. 알고 보면 허망한 상상이고 착각일 뿐이지요. 그런데 무의식에서 만들어 내는 것이기 때문에 자기도 모르게 투사하고 이런 엉뚱한 착각에 빠지게 돼요. 예컨대, 사울은 이유 없이 다윗을 증오했고 심지어 아들 요나단을 죽이려고 단창을 던지기도 해요. 투사가 만들어 낸 비극적인 결과물이죠.

이런 마음의 과정을 이해하도록 돕는 것이 치료예요. 미숙한 자아가 자라서 진실을 볼 수 있게 되거든요. 그리고 원치 않는 상황일지라도 그것이 자기에게 주어진 현실이라면 받아들이게 돼요. 마음에 들지 않아도 받아들이는 거예요. 이것이 성숙한 자아의 모습이에요.

사울의 시기심

열등감이 심한 사람들은 시기심이 많아요. 자기보다 좋은

성격, 아는 만큼 자유로워진다

것을 가진 사람을 보면 죽이고 싶도록 미워요. 잘난 사람 앞에
서면 갑자기 자신이 비교되고 초라해지기 때문이에요. 그래서
자기를 초라하게 만드는 상대를 없애버리고 싶어요. 이것을 인
간의 '시기심의 심리 envy psychology'라고 해요.

　사울 왕의 시기 대상은 다윗이었어요. 사울은 평생 다윗을
시기하고 증오하다 비참하게 죽었지요. 전쟁에서 돌아오는 다
윗을 칭송하는 소리가 그의 시기심을 자극했어요. "사울이 죽
인 자는 천천이요 다윗은 만만이로다 한지라"^{삼상 18:7}. 사울은 다
윗을 증오하여 창을 던져 죽이려 했어요. 실패한 다음 날부터
심한 우울증에 빠졌지요. 베드로에게서도 사울과 비슷한 시기
심의 심리를 읽을 수 있었어요.

베드로의 시기심

　예수님이 부활하신 후에 베드로를 찾아오셨죠. 상한 마음
을 어루만져 주셨어요. 예컨대, "네가 나를 사랑하느냐?" 하고
세 번 물어봐 주셨고 베드로는 주님을 향하여 세 번 사랑을 고
백했어요. 주님이 곤경에 처했을 때 세 번 부인한 베드로의 죄
책감을 치유하시려는 의도로 보여요. "내 양을 먹이라."고 당부
하시며 베드로에 대한 신뢰도 보여 주셨어요^{요 21:15-17}. 배반자라
고 생각하셨다면 사명을 주시지 않았을 테니까요.

　그때 주님은 베드로가 비참한 죽음을 당할 것이라는 충
격적인 사실을 알려 주셨어요. 그 자리에 요한도 있었기 때문

에 베드로는 궁금했어요. "내가 그렇게 죽는다면 저기 있는 요한은 어떻게 되나요?"라고 주님에게 직선적으로 물었어요. 베드로다워요. 우물쭈물 눈치 보는 성격이 아니거든요. 베드로는 궁금한 것을 묻지 않고는 그냥 넘어가지 못하는 직선적인 성격이에요. 예수님의 대답은 명쾌했어요. "내가 올 때까지 그를 머물게 하고자 할지라도 네게 무슨 상관이냐 너는 나를 따르라."요 21:22고 하셨어요. 이 장면을 보면 베드로도 요한을 시기했던 것 같아요.

요한은 제자들 중 비교적 어린 나이였어요. 예수님도 자기보다 어린 나이인 젊은 제자 요한을 대하기가 편하셨던 것 같아요. 요한은 만찬 석상에서도 주님의 품에 기대고 앉을 정도로 주님과 친했어요. 자신의 입으로 '주님의 사랑받는 제자'라고 말할 정도였으니까요. 주님이 십자가에 달려 죽으실 순간에 불쌍한 생모 마리아를 부탁한 사람도 요한이었고요. 베드로로서는 그렇게 주님의 사랑을 독차지하는 요한에게 시기심을 느꼈던 것 같아요. 베드로 자신과 요한이 다른 종말을 맞는다면 억울할 거예요. 그래서 이런 질문을 하게 되었던 것 같아요. "내가 그렇게 비참하게 죽는다면 요한은 어떻게 죽게 되나요?" 사울이 다윗을 시기했던 시기심의 심리가 여기서도 나오죠. 사울의 인생을 병들게 했던 그 시기심이에요.

베드로의 시기심에 대한 주님의 처방은 분명했어요. "남의 인생에 관여하지 마라. 남의 인생과 네 인생을 비교하고 시기하지 마라. 네 인생만 생각하라. 너는 네 십자가를 지고 나를

성격, 아는 만큼 자유로워진다

따르면 된다." 자기에게 주어진 자기 십자가를 지고 주님을 따를 뿐이라는 거예요.

남의 인생을 기웃거릴 때 시기심의 병에 걸려요. 많은 사람들이 시기심이라는 병에 걸려 있어요. '사촌이 땅을 사면 배가 아프다'는 속담처럼, 입사 동기가 승진하자 불면증이 온 사원도 있었죠. 여고 동창생이 키 크고 잘생긴 부잣집 아들에게 시집가는 날, 이유 모를 분노에 휩싸인 처녀도 있었고요. 남의 손에 들린 사과는 더 붉게 보이는 법이에요. 인간은 나이를 불문하고, 시기심을 극복하지 못하는 한 결코 행복할 수 없어요.

시기심을 치료하려면…

시기심에 대한 처방은 두 가지예요. 첫째는, 나의 인생과 남의 인생을 구별하는 거예요. 그런데 이것이 말처럼 그렇게 쉽지가 않아요. 인간의 마음속에는 남을 짓밟고 이겨 보려는 욕심이 흐르기 때문이에요. 비교 우위를 확인하고 싶은 심리죠. 그리고 또 한 가지 문제는 남의 것과 자기 것을 구별할 줄 아는 능력이 부족하다는 거예요. 남의 것과 제 것을 구별 discrimination 하지 못하면 이것도 문제를 어렵게 만들어요. 이런 능력은 건강한 자아가 발달한 사람만이 가질 수 있는 능력이에요.

시기심에 대한 두 번째 처방은, 주어진 자기 인생에 감사하는 거예요. 남의 손에 든 사과만 부러워하지 말고 자기 손 안의 사과도 자세히 보고 감사할 줄 알아야 해요. 그런데 열등감이 심한 성격은 감사하기가 어려워요. 아무리 좋은 것도 일단 자기 소유가 되어 버리면 시시하게 보이는 것이 열등감이기 때문이에요. 내 자식, 내 남편, 심지어 내가 사는 빌라도 다 시시해 보여요. 남들은 부러워하지만 자기 눈에는 거지같이 보여요. '나같이 거지 같은 인간이 별 볼 일 있겠어?' 다이아몬드 같은 자식도 깨진 그릇 같은 쓰레기로 보여요. 비극적 착각이죠. 감사할 줄 모르는 성격은 시기심으로 병들어요.

사울의 수동 공격성 성격

사울은 적개심을 수동적으로 처리하는 성격을 갖고 있었어요. 정신 분석에서는 '수동 공격성 성격'이라고 해요. 예컨대, 윗사람이 아랫사람에게 일을 시켰어요. 아주 중요한 일이었죠. 아랫사람은 이 일이 하기 싫었어요. 윗사람을 싫어했기 때문이에요. 이런 경우에 아랫사람이 "왜 늘 나에게만 이런 힘든 일을 시킵니까. 이번에는 못 합니다."라고 공격적으로 일을 거부했다면 공격성 성격이라 할 수 있어요. 그러나 수동 공격성 성격의 경우에는 달라요. 윗사람이 일을 시키면 "예, 하겠습니다." 하고 일단 일을 맡아요. 그러나 기한이 돼도 일을 하지 않는 거예요. 의식적으로 일을 하지 않는 것이 아니고 자기도 모르게 일을 미루고 결국 끝내지 못해요. 그 결과 윗사람은 큰 낭패를 당하는 거죠. 골탕을 먹어요. 아랫사람은 윗사람을 대놓고 공격한 것은 아니에요. 그러나 수동적이고 간접적인 방법으로 공

성격, 아는 만큼 자유로워진다

격한 셈이에요. 왜 이런 비겁한 방법을 사용할까요? 보복이 두려워서 그래요. 변명의 구실을 마련하는 거예요. "난 당신을 공격할 의도가 없었습니다. 다만 깜박 잊었을 뿐입니다."

사울은 하나님께 수동 공격성 성격이었어요. 두 가지 사건에서 사울의 이런 성격 특성을 볼 수 있어요. 첫째 사건은 왕을 제비뽑을 때였어요. 사울은 일주일 전에 이미 자기가 왕으로 뽑힐 것을 알고 있었잖아요. 그런데 막상 제비를 뽑아 자신의 이름이 불렸을 때 그는 나타나지 않았어요. 그 이유는 열등감 때문일 수도 있어요. 그러나 다른 성격 측면에서 보면 하나님께 반항하고 있는 거죠. 수동적으로…. 앞에서도 설명했지만 왕의 자리는 아주 불편한 자리였어요. 백성들은 원하지만 하나님께서는 원치 않는 자리였어요. 그런 자리에 자기를 앉히려는 하나님에 대한 적대감을 사울은 무의식에 숨기고 있었다고 볼 수 있어요. 그래서 자기 이름이 왕으로 뽑혔을 때 감격하여 "나 여기 있습니다." 하고 외치며 달려 나가지 않았어요. 그 대신에 사울은 짐짝 뒤에 숨어 있었죠. 하나님의 명령에 대한 수동적인 거부였어요. 이런 태도는 수동적이지만 공격적인 태도예요.

이런 일은 일반 가정에서도 흔히 볼 수 있어요. 예컨대, 아버지가 집에 손님을 모시고 오셨어요. 바이올린을 공부하는 딸을 자랑하고 싶었지요. 손님 앞에서 한 곡 연주하라고 시켜요. 딸은 이런 아버지가 싫어요. 평소에는 바이올린 소리가 시끄럽다고 고함치고 화내던 아버지였거든요. 그런 분이 지금은 손님 앞에서 자기 생색내려고 딸을 이용하고 있어요. 딸은 연주하지 않았어요. "지금 급한 숙제를 해야 돼요.", "머리가 아파서 연주하기 힘들어요." 아버지는 딸에게 조르듯이 설득해요. 그래도 딸은 끝내 연주를 하지 않았어요. 아버지는 손님 앞에서 체면이 구겨졌고요.

이것은 딸의 무의식이 원하는 결과예요. 딸이 아버지를 직접 공격하지는 않았어요. 만일 딸이 "아버지, 바이올린 소리가 시끄럽다고 하시던 분이 지금은 손님 앞이라고 연주하라고 하시네요. 저는 그런 연주는 못 해요." 이렇게 말하고 연주를 거부했다면 적극적이고 공격적인 거부 행동이라 할 수 있어요.

그러나 딸은 연주하지 못하는 다른 핑계를 대고 있지요. 아버지 때문에 연주를 못 하는 것이 아니고 딸 자신 때문이라고 말해요. 수동적 거부예요. 그러나 결과적으로 보면 아버지는 딸 때문에 손님 앞에서 낭패를 보았어요. 모처럼 좋은 기분을 상하게 되었어요. 딸은 아버지를 공격한 거예요. 수동적인 방법으로….

사울의 수동 공격적 특성을 보여 주는 또 하나의 사건은, 아말렉 전투에서 승전한 후에 양과 소를 죽이지 않았던 사건이에요. 모든 것을 죽여 없애라는 하나님의 명령을 거역했지요. 사울은 아말렉 왕을 살려주었고 좋은 가축들을 끌고 왔어요. 게다가 자신의 승전비까지 세웠어요. 하나님을 무시하는 행동이에요. 적극적으로 하나님을 대적하지는 않았어요. 그러나 수동적으로 하나님을 공격한 거예요. 사울은 하나님께 이렇게 말하고 있는 듯해요. "이 전쟁을 승리로 이끈 것은 하나님이 아닙니

성격, 아는 만큼 자유로워진다

다. 승전의 영광은 내 몫입니다. 좋은 가축은 내 전리품입니다. 나는 그것들을 가질 권리가 있습니다.” 또는 이런 말을 하고 싶은지도 모르겠어요. “나는 하나님을 대적하려는 게 아니에요. 다만 나는 내 입장을 분명히 주장할 뿐이에요.” 그러나 하나님의 승리를 훔치는 것은 분명히 적대적 행동이고, 공격적 행동이에요. 수동적으로 표현하고 있을 뿐이죠. 이런 심리를 하나님이 모르실 리 없잖아요. 하나님은 사울을 버리고 떠나세요. 사울이 가장 두려워했던 상황이었어요. 불쌍한 사울은 우울증과 절망감에 빠지고 말아요.

사울이 가진 열등감의 단서

나는 이런 사울이 안쓰러워요. 시기심의 희생자예요. 시기심도 열등감처럼 낮은 자존감에서 나와요. 유년기에 부모의 사랑을 제대로 받지 못한 것이 가장 큰 원인이에요. 어릴 때 감정의 상처를 받아도 이렇게 되고요. 사울의 유년기를 알 수 없어서 원인을 밝힐 순 없지만, 한 가지 단서는 있어요. 소년 사울이 암나귀를 찾으러 갔다가 사무엘 선지를 만나 놀라운 영적 체험을 했었죠. 이스라엘의 왕이 될 것이라는 말씀도 들었고요. 굉장한 뉴스예요. 그런데 귀가한 사울에게 삼촌이 무슨 일이 있었느냐고 물었을 때 이런 놀라운 경험에 대해서 단 한마디도 하지 않았어요. 철저히 숨겨요. 이런 경우에 일반적인 가족 관계라면 자랑스럽게 경험담을 말했을 거예요. “삼촌, 내가 암나귀를 찾다가 사무엘 선지자를 만났거든요. 그런데 내 머리에 기름을 붓고 말이지요⋯." 이런 이야기를 엄청 말하고 싶었을 텐데⋯. 사울의 가족 간에 거리가 느껴져요. 친근한 가족 관계가 아니고 비밀이 많은 가족 관계는 문제가 있는 가족이에요. 말하고 싶은 것을 무엇이든지 편하게 말할 수 있어야 하죠.

소년 사울을 염려해 주시는 어머니 얘기도 전혀 나오지 않아요. 나귀들을 찾느라고 광야를 며칠씩 헤맬 때도 생각나는 분은 걱정해 주시는 어머니가 아니었어요. 두려운 아버지였어요. 사울의 유년기가 과히 행복했을 것 같지 않아요. 열등감과 시기심이 사울을 병들게 했고 그 때문에 사울은 비참한 일생을 살았어요. 사십여 년간을 왕위를 누렸지만 불행한 삶을 살았어요. 우울과 증오심이 지배하는 삶이었죠. 열등감과 시기심의 삶이었어요. 그러나 자기 마음을 다스리지 못한 것은 자기가 책임질 수밖에 없지요.

사울이 정신 치료를 받았더라면?

사울이 치료를 받아 자존감이 회복되었다면 어땠을까요? 그랬다면 아마 그는 이렇게 생각을 정리했을 거예요. '다윗의 인생을 위한 하나님의 계획이 있고 나를 위한 하나님의 계획이 따로 있을 것이다. 하나님의 선하신 계획에 따라 다윗과 나를 통해서 하나님의 나라는 확장될 것이다. 그리고 그분은 영광을 받으실 것이다. 다윗이 만만을 죽인 장군이라고 한다면, 나보다 더 큰 장군이라고 하더라도, 거기에는 하나님의 크고 아름다운 뜻이 숨어 있을 것이다. 다윗이 위대한 장군이 된 것은 내가 상관할 바 아니다. 나와 다윗의 문제가 아니고 하나님과 다윗의 문제일 뿐이다. 내가 나와 다윗을 비교하여 패배감을 느끼고 비참해질 필요는 없다. 나를 위한 하나님의 선한 계획은 따로 있을 것이니까. 그리고 나는 내가 부족함에도 불구하고 나를 사랑하시고 내 인생에 특별한 의미를 부여해 주신 하나님께 감사할 뿐이다.' 이렇게 생각을 정리했다면 사울은 사위 다윗과 아름다운 동역자가 되었을 거예요. 행복한 삶을 살았을 거고요. 적에게 패하고 자기 칼에 엎드러져 자살하는 비참한 최후를 맞지 않아도 되었을 거예요.

04

"완벽하지 못하다고 미워하고 보기 싫어했던 자신을
그대로 인정하고 받아들이세요."

내가 약할 때 주님의 능력은 더 드러난다

자존감이 높았던 바울

바울은 나르시시스트?

어떤 학자는 바울이 불같은 성격에 다혈질이고, 자기 자랑을 많이 하는 사람이라고 했어요. 다시 말하면, '자기애적 성격'이라는 거예요. 나르시시스트란 거죠. 권위주의적이고 독단적이며 타협을 모르는 성격이라는 건데, 그 근거를 몇 가지 들고 있어요. 바울이 자기 자랑을 너무 많이 했다는 거죠. '자신이 최고 교육을 받았다는 것'[행 22:3], '자기가 선한 양심만을 갖고 하나님을 섬기며 살아왔다는 것'[행 23:1], 그리고 '베드로 사도를 유대인들 앞에서 공개적으로 비난한 것'[갈 2:11-14]을 들고 있어요. 성도들 앞에서 대사도 베드로를 공개적으로 비난한 것은 너무 잘난 척하는 태도라는 거예요. 그리고 바울은 남의 감정을 살피는 공감 능력이 결여된 성격으로 보인다는 인물평도 있어요. 또한 바울은 분노를 쉽게 터트리는 성격이었다고도 했고요[행 14:13-14, 23:3]. 그런데 이런 분노는 정신 분석에서 말하는 소위 '자기애성 분노narcissistic rage'일 가능성이 높다고 했어요.[5] 자기애성 분노란, 자신이 인정받지 못했을 때 폭발하는 분노예요. 그러

---

5 손진욱, "성 바울의 회심에 관한 정신 분석적 고찰", 『정신 분석 14』(한국정신분석학회, 2003), pp. 177-183.

77

나 이런 관점은 바울을 잘못 본 거예요. 몇 가지 근거를 제시해 볼게요. 바울을 이해하는데 도움이 되면 좋겠네요.

바울은 자기 자랑꾼?

'바울이 자기 자랑하기를 좋아했다'는 말은 사실이 아니에 요. 고린도 후서에 바울이 자기 자랑을 하는 대목이 나오긴 하는데요, 그것은 부득이한 자기방어였어요. 고린도 교회에 거짓 사도들이 나타났어요. 바울을 모함했죠. '비겁한 겁쟁이다.', '글만 잘 쓸 뿐이지 말주변이 없다.', '무식하다.', '사도 자격이 없다.' 이건 바울의 권위를 무너트리려는 시도였어요. 어이없지만 교인들도 그 말을 믿는 분위기였고요. 그런데 바울은 고린도 교회의 설립자예요. 바울의 권위가 무너지는 것은 바울 개인의 문제가 아닌 거죠. 교인들의 영적인 문제가 돼요. 고린도 교회 성도들을 위해서 바울은 자기 권위를 지켜야 했어요. 적어도 '사도 자격이 없다.'는 오해를 풀어야 했어요. 부득이 자기가 누구인지 설명해야 했죠. 그럼에도 불구하고 바울은 이런 이야기가 자기 자랑처럼 들릴까 봐서 매우 망설이고 주저하는 것을 볼 수 있어요. 자기 변명 같은 이런 말을 하기가 대단히 불편했던 것 같아요. "어리석은 말을 하겠으니 용납하라."^{고후 11:1} 고 부탁하기도 해요. 머뭇거리면서, 자기를 자랑하는 것 같은 이런 이야기가 어리석게 들릴 것이라고 부끄러워해요. 이런 구차한 자기 자랑을 할 수밖에 없는 자기 입장을 변명하듯이 이야기하죠. 이런 모습은 자기애적 성격에서는 볼 수 없는 태도예요. 자기도취적인 나르시시스트는 자기 권위에 도전을 받으면 즉각 분노의 칼을 뽑아들거든요. 상대를 굴복시키기 위해서 모든 방법을 다 동원해요. 기관총을 쏘듯이 자기 자랑을 거침 없이 입에 거품을 물고 늘어놔요. 안하무인 격이에요. 바울처럼 이렇게 부끄러워하는 법이 없어요. 바울은 그리스도를 위하여 엄청난 고난을 당했지만 겸손했어요. 돌에 맞아 죽을 뻔도 했고 물에 빠져 죽을 뻔도 했죠. 천국 체험을 했지만 말을 아꼈어요. '바울은 무식하다.'는 말도 생각해 보세요. 지금 누가 바울을 무식하다고 할 수 있나요? 바울은 자기애적 성격이 아니었어요.

바울은 냉혈한?

바울이 '남의 감정을 살피는 공감 능력이 결여된 사람'이라는 말도 사실이 아니에요. 바울은 "아직도 날마다 내 속에 눌리는 일이 있으니 곧 모든 교회를 위하여 염려하는 것이라 누가 약하면 내가 약하지 아니하며 누가 실족하게 되면 내가 애타지 않더냐."^{고후 11:28-29}라고 썼어요. 자기애적 성격은 누가 약해지면 무시하고 '쓸모없는 인간, 약해 빠진 놈'이라고 무시해요. 누가 죄를 지으면 욕하고 비난하지요. 남의 아픔을 같이 아파하는 것이 공감 능력이에요. 바울은 인정이 많은 사람이었어요.

바울은 비난하는 사람?

어떤 학자는 바울이 다혈질이고 화를 잘 내는 성격이라고 평가하더군요. 베드로 사도를 공개적으로 비난한 걸 그 근거로 제시해요. 그러나 그것도 사실이 아니에요. 바울이 베드로를 공개적으로 책망할 이유가 있었어요. 개인감정에 치우친 행동이 아니었다고요.

베드로가 이방인들과 식사를 하고 있었어요. 그때 경건한 유대인들이 들이닥쳤어요. 유대 율법은 유대인이 이방인과 식사하는 것을 금했는데, 베드로는 유대인들의 구설에 오르는 것을 두려워했던 것 같아요. 얼른 자리를 떴죠. 마치 이방인과 식사를 하지 않은 것처럼요. 율법을 잘 지키는 유대인처럼 행세했어요. 위선적 행동이었던 거예요. '예수의 십자가와 부활을 믿는 믿음이 있느냐, 없느냐'가 인간 구별의 기준이어야 했어요. 그런데 베드로는 출생 혈통을 기준으로 삼는 유대 율법을 따르는 사람처럼 행동한 거예요. 입으로는 이방인도 예수를 믿으면 의롭게 될 수 있다고 선포했으면서요. 심지어, 로마와 이방 나라에 선교사도 파송했고요. 베드로는 선교사 파송의 후원 교회였던 예루살렘 교회의 당회장이었다니까요. 그런 베드로가 실제 행동은 이방인과의 동석을 숨기려 했던 거예요. 아직도 율법의 영향권 하에 있었던 거죠. 그래서 식사 자리에 동석하지 않은 척 위선적인 행동을 했어요. 그리고 그 식사 자리에 동석했던 바나바를 포함한 제자들까지도 모두 베드로를 따라 식사하다가 말고 자리를 떴어요. 위선적인 행동을 따라했다는

성격, 아는 만큼 자유로워진다

게 더 큰 문제예요. 이렇듯, 막강한 영향력을 가진 지도자의 모순적 행동은 선교에 악영향을 미쳐요.

당시 교계는 '믿음으로 의롭게 되느냐? 율법을 지킴으로 의롭게 되느냐?' 하는 문제가 화두였어요. 그런 시점에서 베드로의 태도는 애매했어요. 다분히 '율법으로 의롭게 된다.'는 쪽이었는데, 이건 복음의 핵심을 부정하는 아주 위험한 태도였죠. '믿음으로 의롭게 된다.'는 복음은 바울이 생명을 걸고 전파한 복음이었어요. 베드로의 위선적인 태도를 공개적으로 다루지 않으면 복음이 설 자리를 잃고 말아요. 위험 상황이었던 거예요.

어떤 분은 이렇게 생각할 수도 있어요. '베드로가 원로이고 대사도이니까 조용히 뒤로 가서 개인적으로 말씀드릴 수도 있지 않았을까?' 그랬더라면 바울이 온유한 사람으로 평가받았을 것이라고 하는 분도 있을 거예요. 그러나 이 상황은 베드로의 체면을 볼 상황이 아니었어요. 바울은 당당하게 이 문제를 거론하고 책망했지요. 바울 입장에서도 사도 베드로에게 이런 말하기가 편치 않았을 거예요. 그러나 어렵지만 바울은 몸을 던져 이 문제를 다뤘어요^{갈 2:11-14}. 만일 바울이 자존감이 낮은 성격이었다면, 이럴 때 베드로의 눈치를 보았을 거예요. 복음의 위기 상황보다 베드로가 자기를 싫어할 것을 더 크게 의식했겠죠. 베드로는 바울로서는 무시하지 못할 존재였어요. 당시 교계의 실세요, 거물이었잖아요. 베드로의 눈 밖에 나면 매우 안 좋을 수 있어요. 그럼에도 불구하고 바울은 따질 것을 따졌어요.

그런 의미에서 바울은 자존감이 높았던 것 같아요. 남의 눈치를 보지 않고 바른 말을 할 수 있었으니까요. 자존감이 높은 사람은 분명하게 자기 목소리를 낼 줄 알아요. '자기 가치감'을 갖기 때문이에요. 자기 생각의 가치를 인정하기 때문에 가능해요. 자존감이 낮은 사람은 자기 생각의 가치를 인정할 수 없어요. 바울이 만일 자존감이 낮은 사람이었다면 이렇게 생각했을 거예요. '나 같은 것이 어떻게 감히 베드로 사도 같은 예수님의 수제자를 비난할 수 있겠어. 저렇게 높은 분이 저렇게 행동하셨다면 저분 나름대로 다 높으신 뜻이 있어서 그랬을 거야. 아무 소리 말고 숨죽이고 있는 게 나아.' 그러나 바울은 병들고 가난한 선교사였지만 자존감이 높았어요. 자기가 믿는 복음에 대한 확신이 있었지요.

바울은 감정 조절 장애?

바울을 감정 조절이 안 되는 사람이라고 평하는 학자도 있어요. 바울이 자신을 신으로 모시려는 사람들에게 '옷을 찢으며' 격한 감정을 표출한 것 ^{행 14:13-14}을 보고 그렇게 평했지요. 그러나 이것도 사실과 달라요.

자초지종은 이래요. 바울이 바나바와 일 차 선교 여행 중이었어요. 루스드라에서 바울은 날 때부터 하반신 마비로 앉은 뱅이가 된 사람을 걷고 뛰게 만들었어요. 주민들은 충격을 받았죠. "신들이 사람 형상을 입고 우리 가운데 임하셨다." 그리고 바나바와 바울을 신으로 알고 제사를 드리려 했어요. 놀란 바울과 바나바는 옷을 찢고 군중 가운데 뛰어들어 갔어요. 그리고 이렇게 말했어요.

"여러분이여 어찌하여 이러한 일을 하느냐 우리도 여러분과 같은 성정을 가진 사람이라 여러분에게 복음을 전하는 것은 이런 헛된 일을 버리고 천지와 바다와 그 가운데 만물을 지으시고 살아 계신 하나님께로 돌아오게 함이라"행 14:15.

바울은 자기가 절대로 신이 아니라는 것을 말과 행동으로 분명히 밝혔어요. 만일 바울이 나르시시스트였다면 어땠을까요. 나르시시스트는 자기를 신적인 존재로 알아주기를 원해요. 세상 모든 일이 자기를 중심으로 돌아가기를 원하는 사람들이에요. 이런 사람에게 "당신은 신입니다. 우리 제사를 받아 주십시오." 한다면 만족스러운 미소를 지으며 제사를 받아들였을 거예요. 자기를 신으로 모시려는 사람들에게 보여준 바울의 태도를 보면 바울이 나르시시스트가 아니라는 것이 분명하지요.

독립적인 바울
또한 바울은 남의 신세 지기를 싫어했어요. 독립적인 사람이었던 것 같아요. 선교사 생활을 하면서도 생활비는 스스로 일해서 벌었지요. 천막을 만들어 팔았어요. 이런 것을 자비량

선교라고 해요. 당시에 이런 노동일은 천민들이 하는 일이었는데 거리낌이 없었어요.

바울의 '가시'

사도 바울도 예수님을 만나기 전에는 인간적 갈등으로 괴로워했어요. 하나님의 뜻대로 살고 싶은데 육체적 욕구가 자꾸 가로막았어요. 율법대로 살고 싶었지만 그럴 수 없었어요. 심한 죄책감에 시달렸지요. 바울은 완벽주의자였어요. 신앙적으로는 율법주의자며 바리새인이었거든요. 어릴 때부터 바울은 훌륭한 바리새인이 되기 위하여 모든 율법을 지키려 혼신의 노력을 기울였어요. 율법을 철저히 지켜야 자신의 이상을 실현할수 있다고 믿었지요. 그러나 바울은 율법을 완벽하게 지킨다는 것이 불가능하다는 사실을 깨닫게 됐어요. 아프고 두려운 깨달음이었어요. 자신이 율법을 지키려 노력하면 할수록 그것을 막는 더 큰 힘이 자신의 내부에 도사리고 있는 것을 보았어요. 그의 고백을 들어볼까요?

"내가 행하는 것을 내가 알지 못하노니 곧 내가 원하는 것은 행하지 아니하고 도리어 미워하는 것을 행함이라"롬 7:15.

"그러므로 내가 한 법을 깨달았노니 곧 선을 행하기 원하는 나에게 악이 함께 있는 것이로다 내 속사람으로는 하나님의 법

성격, 아는 만큼 자유로워진다

을 즐거워하되 내 지체 속에서 한 다른 법이 내 마음의 법과 싸워 내 지체 속에 있는 죄의 법으로 나를 사로잡는 것을 보는도다"롬 7:21-23.

율법대로 선하게 살고 싶은데 마음속에 악이 그걸 가로막는다는 거예요. 마음에서 선과 악이 싸우는 거죠. 여기서 바울이 말하는 선과 악은 무엇일까요? 앞장에서 배운 성격 이론을 대입해 볼게요.

선은 엄격한 종교 교육과 율법이 내재화되어 형성된 초자아예요. 악은 본능적 욕구 충동인 이드라고 할 수 있어요. 그리고 바울의 자아는 자신이 이 싸움내적 갈등에서 결코 승리할 수 없다는 것을 깨닫고 절망해요.[6] 아무리 율법으로 무장하고 금욕적인 삶을 살아 보려 해도 속에서 올라오는 성적 충동 같은 본능적 충동을 이겨낼 수 없었어요. 어느 누구라도 인간이라면 이런 갈등을 경험할 거예요. 시시때때로 욕구 충동과 싸우지요. 그러나 이 싸움에서 늘 이길 장사는 없어요. 바울의 마음속에서 초자아는 욕구에 패배하는 자신을 비난해요. 벌 받아야 한다고 위협하죠. 그래서 죄책감에 시달렸을 거예요. 그럴수록 바울은 더욱 율법에 매달렸을 거고요. 자연히 하나님도 두렵기만 해요. 죄인에게 하나님은 처벌자일 뿐이니까요. 가까이할 수 없는 두려운 분인 거죠. 이런 사람의 삶은 위로해 줄 사람도

---

6   존 드레인 저, 이중수 역, 『바울』(두란노서원, 1989). pp. 28-46, 120.

없는 외롭고 춥고 어두운 삶이에요. 밤중에 무서운 아버지를 피해 도망 나온 아이와 같아요. 두렵고 떨려요. 절망뿐이에요. 바울은 악순환 즉, 욕구와 이에 대한 비난의 악순환 끝에 탄식 하지요.

"오호라 나는 곤고한 사람이로다 이 사망의 몸에서 누가 나를 건져 내랴"롬 7:24.

절망에 빠진 바울의 자아는 새로운 초자아를 찾을 수밖에 없었을 거예요. 그리고 이에 때 맞추어 예수님이 바울 앞에 나타나셨어요. 예수님은 이전에 알지 못한 전혀 새로운 초자아였어요. 은혜롭고 너그러운 초자아였죠. 예수님 덕분에 바울은 죄책감으로부터 자유를 얻게 되었어요. 그래서 이렇게 외쳐요.

"우리 주 예수 그리스도로 말미암아 하나님께 감사하리로다" 롬 7:25.

율법주의는 이드를 죄로 정의하고 벌로 다스리려 해요. 가혹한 초자아죠. 그러나 죄책감으로는 죄를 이길 수 없어요. 예컨대, 성에 대한 죄책감을 심하게 느끼는 사람은 아이러니하게도 성에 더욱 몰두하게 돼요. 목이 말라 바닷물을 마시면 마실수록 더욱 갈증을 느끼는 것과 같아요. 사태를 더 악화시키는 것은 죄책감이에요. 죄책감은 어느 정도 필요한 것이지만 역기능도 있

성격, 아는 만큼 자유로워진다

어요. 죄책감 때문에 하나님께 가까이 갈 수 없다는 거죠. 성경
에는 "하나님께 가까이 함이 내게 복이라"^{시 73:28}고 했는데 말이
지요.

그러나 바울이 찾은 길이 있었어요. '육체의 가시' 즉 정욕
^{고후 12:7} ⁷을 '나의 약함'으로 인정한 것이었어요. 자신과 화해한
거죠. 완벽하지 못하다고 미워하고 보기 싫어했던 자신을 그
대로 인정하고 받아들였어요. 부정하고 싶었던 자신을 받아들
인 거예요. 분열되었던 자기가 통합된 거죠. 그리고 하나님께
서 이렇게 나약하여 정욕에 패배하는 자신도 겸손하기만 하면
용납하시고 사용하신다는 사실을 깨달았어요. 그것은 놀라운
은혜였어요. 자신이 약하기 때문에 주님의 능력이 더욱 드러날
수 있다는 긍정적 결과도 발견했어요. 자기 긍정인 거예요. 이
렇게 바울은 죄책감에서 해방되고 자존감도 회복되었어요. 하
나님과 가까워진 거죠. 이렇게 되면 성적 갈등도 수그러들어
요. 한마디로 말한다면, 하나님과 가까워지는 것이 비결이었던

---

7 바울은 '육체의 가시'를 갖고 있었어요. 이걸 제거해 달라고 하나님께 기도했지요. 그러나
   하나님의 대답은 'no'였어요. 하나님은 가시 때문에 고통받지만, 겸손해진 바울을 원하셨던
   거예요. 바울이 약할 때 하나님의 능력이 더욱 돋보이기 때문이지요. 바울은 이것을 기쁘게
   받아들였어요.
   바울의 '육체의 가시'를 간질병이라고 하는 사람도 있고 눈병이라고 하는 사람도 있어요.
   그런데 저는 '육체의 정욕'이라고 하는 사람들의 생각에 동의해요. '육체의 가시'에서 '육체'
   라는 단어가 팔다리 같은 신체(body)를 지칭하는 단어가 아니고 욕정을 가진 몸(flesh)을
   지칭하는 단어로 사용되었기 때문에 그렇게 해석해요. 바울에게 육체의 가시 즉, 정욕은 사
   탄의 종 같은 존재였어요. 시시때때로 그를 공격하여 자존감을 무너뜨렸을 거예요. 바울은
   고문당하는 것처럼 아팠을 거고요. 그래서 정욕을 제거해 달라고 기도했어요. 그러나 하나
   님은 약한 바울 즉, 정욕과 싸우며 괴로워하는, 겸손한 바울을 원하셨죠. 하나님께 쓰임
   받은 바울은 '성자 바울'이 아니라 우리처럼 육체의 가시 즉, 정욕을 가진 바울이었죠. 다만
   '겸손하여 쓰임받는 바울'일 뿐이었어요.

거예요. 다른 말로 하면 성령 충만이죠.

율법은 죄를 보여주는 거울과 같아요. 그런데 거울로는 몸의 때를 씻을 수가 없죠. 더러운 때는 은혜의 비누로만 씻어낼 수 있어요. 바울은 비로소 하나님의 은혜를 체험한 것 같아요. 처벌하시는 하나님, 율법주의 하나님이 아닌, 용서하시는 하나님, 은혜의 하나님을 만나게 되었어요. 가혹한 초자아를 벗고 너그러운 사랑의 초자아를 찾은 거예요. 두려운 '처벌자 하나님'이 아니고 '은혜의 하나님'을 찾았어요. 그렇게 바울은 인간적 갈등에서 벗어날 수 있었어요.

"우리 주 예수 그리스도로 말미암아 하나님께 감사하리로다."

이 말씀은 마치 환호성처럼 들려요. 바울은 자기처럼 갈등하는 인류 모두에게 이 복음을 들려주고 싶었을 거예요.

바울이 용서와 은혜의 주님을 만난 것은 시리아의 수도 다메섹으로 가는 길 위에서였어요. 그러나 그 전에 예비적 만남이 있었던 것 같아요. 스데반 집사가 순교하는 자리에서 예수님에 대해서 들었을 때 말이에요. 스데반을 통해서 예수님의 모습을 뵈었던 거죠. 스데반은 자기를 돌로 치는 자들을 예수님처럼 용서하며 죽어 갔어요^{행 7:59-60}. 당시 바울로서는 이해하기 어려운 죽음이었을 거예요. 율법주의 가치관에는 '이에는 이, 눈에는 눈'의 처벌 논리밖에 없기 때문이에요. 스데반은 바울에게 용서의 세계를 보여 주었어요. 은혜의 세계로 나가는

성격, 아는 만큼 자유로워진다

문을 열어 주었던 거죠. 그렇게 준비된 상태에서 바울은 다메섹에서 주님을 직접 만났던 거예요. 예수님은 먼저 바울 자신에게 구원의 메시아였을 거예요. 은혜의 복음인 거죠.

바울은 실천적 행동파

바울은 자기가 옳다고 믿는 것은 소신을 갖고 밀고 나가는 성격이었어요. 실천적 의지가 강한 행동파였지요. 자존감이 높은 사람들의 특징이 자신감이 높은 건데요, 바울도 자신감을 갖고 산 사람이었어요. 그가 아직 주님을 만나기 전에도 그는 행동파였어요. 스데반을 돌로 쳐 죽일 때도 거기 동참했죠. 비록 옷 지키는 자의 역할이었지만요…. 그리고 예수 믿는 유대인들을 색출하는 일에도 매우 적극적이었어요. 외국까지 나가서 그리스도인들을 잡아 죽이려 했거든요. 그러다가 다메섹에서 초자연적인 방법으로 주님을 만났어요. 회심하고 그리스도인이 된 후에도 그는 여전히 소신파, 행동파였어요. 그러나 이번에는 예수님을 위한 행동파였죠. 죽을 고비도 많이 넘겼고 지독한 고생도 했지만 해외 선교 활동은 헌신적이었어요. 세 번이나 선교 여행을 다녀왔잖아요. 게다가 생명을 건 여행이었어요. 추구하는 철학과 내용이 달라졌을 뿐 그의 소신 있는 행동 패턴 즉, 성격은 달라지지 않았어요. 우리가 복음을 받아들여도 성격의 특성은 그대로 남아요. 성격의 색깔이나 개성까지 변하는 것은 아니라는 것을 바울이 보여주지요.

떳떳한 바울

바울은 도덕적 자존감이 높은 사람이었어요. 그의 생애 말기에 제자 디모데에게 쓴 편지가 인상적이에요.

"내가 선한 싸움을 싸우고 나의 달려갈 길을 마치고 믿음을 지켰으니 이제 후로는 나를 위하여 의의 면류관이 예비되었으므로 주 곧 의로우신 재판장이 그날에 내게 주실 것이며 내게만 아니라 주의 나타나심을 사모하는 모든 자에게도니라"딤후 4:7-8.

생애 말기에 이렇게 말할 수 있는 사람이 몇이나 될까요. 자신에게 이렇게 떳떳하고 당당할 수 있어야 자존감을 유지할 수 있어요.

바울은 네로에게 참수형을 받고 순교했다고 해요. 그때 그의 나이가 쉰일곱 살쯤 됐을 것이라고 하네요. 높은 자존감을 갖고 살다 간 그리스도인이에요. 우리의 롤 모델이지요.

성격, 아는 만큼 자유로워진다

"예수님은 이전에 알지 못한 전혀 새로운 초자아였어요.
은혜롭고 너그러운 초자아였죠.
예수님 덕분에 바울은 죄책감으로부터
자유를 얻게 되었어요."

05

"베드로는 일단 결심하면
몸을 던져 헌신하는 성품이었어요.
망설이고 두려워하며 안전을 계산하는
성격이 아니었어요."

부르셨습니까? 당장 달려가겠습니다!

갈등 없는 행동파 베드로

베드로는 어부였어요. 교육은 많이 받지 않았지만 메시아를 사모하던 사람이었어요. 그러던 중에 예수님을 만났지요. 예수님이 "나를 따르라."고 권유했을 때 선뜻 따라나섰어요. 그 자리에서 바로 그물을 버려두고요. '이럴까, 저럴까' 하는 갈등이 없었어요. 나이 든 사람이 어떤 결단을 내릴 때는 가족 걱정을 많이 하지요. '가족들은 어떻게 하지?' 그리고 자기 장래를 걱정해요. '혹시라도 잘못되면 내 인생은 어떻게 되는 거야, 쪽박 차는 거 아냐?' 그런데 베드로는 이런 갈등 없이 자기 직관을 믿고 즉시 올인했던 거예요.

예수님이 제자들에게 질문을 할 때도 대답은 거의 다 베드로가 했어요. 우리 경험을 돌아봐도 선생님이 질문하실 때 선뜻 대답하기가 쉽지 않잖아요. 괜히 엉뚱한 답을 말했다가 창피라도 당할까 봐 망설이게 되지요. 정답을 아는 우수한 학생도 선생님 눈치 보다가 타이밍을 놓치기도 하고요. 영리한 학생들은 정답을 잘 맞추지요. 그러나 베드로는 영리한 편이 아니었어요. 영리하기로는 가룟 유다가 계산도 빠르고 훨씬 영리했을 거예요. 대답을 선뜻 하지 못하는 심리에는 '가만히 침묵

하고 있으면 중간이라도 간다.'는 계산도 깔려 있어요. 사실 베드로는 나이도 많고 교육도 제대로 받지 못한 사람이었어요. 그럼에도 불구하고 예수님이 질문하시면 가장 먼저 대답했어요. 예수님의 눈치를 보지 않았기 때문이지요. 잘 보이려고 계산하는 성격이 아니기 때문이에요. 솔직하고 담백한 성격이죠.

예컨대, 예수님이 제자들에게 "너희는 나를 누구라 생각하느냐?" 하고 물었어요. 베드로가 명답을 말했어요. "주는 그리스도시요, 살아 계신 하나님의 아들이십니다." 예수님은 그 대답에 아주 만족하셨어요^{마 16:15-17}. 그런 명답은 사람이 심사숙고하여 끌어낼 수 있는 대답이 아니에요. 그 순간 성령이 베드로에게 주신 답이었어요. 그때까지 나다나엘 외에는 아무도 예수님을 하나님의 아들이라고 고백한 사람이 없었거든요^{요 1:49}. 물론 귀신들은 예수님을 하나님의 아들로 알아보고 두려워 떨었지만요. 말하자면 베드로는 예수님의 질문에 정답을 맞춘 거예요. 예수님을 하나님의 아들로 인정한 거죠. 그 일로 예수님께 칭찬도 받고 인정도 받았어요. 여기까지는 좋았어요. 그런데 곧 예수님에게 크게 책망받을 말을 하고 말았죠. 예수님이 고난당하실 것을 알려 주시자 베드로가 만류했던 거예요. 만류하던 베드로의 심리도 이해해 볼 만해요. 선하시고 죄 없는 분이 그런 일을 당하는 것을 의협심 강한 베드로로서는 도저히 용납할 수 없었을 거예요. 절대로 안 될 일이었죠.

그리고 예수님을 만류한 다른 정치적인 이유도 생각할 수 있어요. 다른 제자들도 그랬지만 베드로는 예수님을 세상 나라

성격, 아는 만큼 자유로워진다

의 왕이 될 분이라고 믿고 있었거든요. 그런 위대하고 영광스러운 분이 십자가를 지고 처형당하시다니…. 처참한 패배자가 되시다니…. 이건 있을 수 없는 일인거죠. 자기의 인생이 걸린 문제가 되잖아요. 그래서 주님이 십자가를 지실 것을 만류했어요. 베드로의 만류 뒤에는 인정과 정치적 야심이 동시에 작용하고 있었던 거예요. 특히 강력하게 드러나는 것은 인정이었어요. "나는 당신을 사랑합니다. 그래서 당신이 고통당하는 것을 볼 수가 없습니다. 십자가 지시는 것은 안 됩니다." 이렇게 보면 베드로의 만류는 대단히 인정스러운 행위가 돼요. 인간적인 의리가 느껴지죠. 그러나 이것은 사탄의 교묘한 속임수였어요. 인류를 죄의 형벌에서 구하시려는 하나님의 계획을 무너트리려는 꼼수였어요. 의리와 인정으로 위장한 속임수였지요. 사탄이 기뻐할 일인 거예요. 이런 꼼수에 넘어갈 예수님이 아니죠. 단호하게 "사탄아 내 뒤로 물러가라 네가 하나님의 일을 생각지 아니하고 도리어 사람의 일을 생각하는도다."막 8:33라고 꾸짖으셨어요. 아마도 큰 소리로 꾸짖으셨을 것 같아요.

베드로는 위대한 신앙고백을 했어요. 황홀할 정도의 칭찬도 들었고요. 그러나 불과 수 분 후에 같은 자리에서 낯 뜨거운 책망을 들었어요. 베드로의 인간적인 면모이지요. 우리의 모습이기도 하고요. 인간이 이래요. 나약한 것이 인간이에요. 성령의 도구로 쓰임받기도 하지만 수 분 후에는 사탄의 도구가 되기도 해요.

베드로는 행동파였어요. 생각한 것을 곧 행동으로 옮기는 사람이었죠. 호기심도 많았어요. 겁먹고 망설이는 법이 없었는데, 마치 호기심 많은 소년 같아요. 예컨대 예수님이 부활하신 소식을 마리아가 전했어요. 당시 제자들은 겁을 먹고 숨어 있었어요. 예수님이 처형당하셨기 때문에 제자들도 위험했거든요. 기가 죽었겠죠. 그런데 마리아가 부활하신 예수님을 뵈었다고 전한 거예요. 그 말을 듣고 즉시 무덤을 향해 달려간 사람은 베드로와 요한이었어요. 베드로 입장에서는 주님을 세 번씩이나 부인했기 때문에 뵐 면목이 없었겠지만 그래도 확인하러 달려갔어요. 젊은 요한이 더 빨랐던 것 같아요. 무덤에 먼저 도착했거든요. 그러나 요한은 아직 무덤 안으로 들어가지 못하고 주저하고 있었어요. 그때 베드로가 도착했어요. 베드로는 도착하자마자 망설임 없이 무덤 안으로 쑥 들어갔어요. 역시 베드로다운 행동이에요. 베드로는 예수님이 떠나가시고 없는 빈 무덤을 확인했어요. 많은 생각이 떠올랐을 것 같아요.

호기심이 많은 어부 베드로

베드로의 성격을 보여 주는 다른 예를 보지요. 예수님이 오병이어로 5,000명을 먹이신 사건이 있었어요. 사건 직후에 예수님은 급히 제자들을 군중과 격리시켜요. 배에 태워 갈릴리 건너편으로 보내셨어요. 밤중에 바다 가운데서 제자들이 탄 배가 풍랑을 만나 고생하고 있었는데요, 어둠 속에 누군가가 바다를 밟으며 그 위를 걸어오는 것이 보였어요. 예수님이 고생

성격, 아는 만큼 자유로워진다

하는 제자들을 도우시려고 물 위를 걸어오신 거예요. 그러나 제자들은 귀신이라고 생각했어요. 귀신이 아니고는 물 위를 걸을 수 없다고 생각한 거예요. 제자들이 얼마나 놀랐겠어요. 바다 한가운데서 폭풍 때문에 죽을 고생을 하고 있는데 귀신까지 나타났어요. 그런데 예수님이라고 하세요. 반신반의하고 있을 때 베드로가 말했어요. "만일 주님이시거든 나를 명하사 물 위로 오라하소서 하니"마 14:28. 그러자 주께서 오라고 하셨어요. 베드로는 즉시 배에서 물로 뛰어내렸어요. 그리고 걸었지요. 몸이 물속으로 가라앉지 않았어요. 기적이었죠. 그러나 베드로는 걷다가 풍랑을 보고 겁이 났어요. 파도의 위협에 눌려서 주님에 대한 믿음이 사라진 거예요. 그리고 몸이 물속으로 가라앉기 시작했어요. 예수님이 손을 뻗어 베드로를 물에서 건져 올려 주셨지요. 예수님과 베드로가 배에 오르자 폭풍이 멈췄어요. 제자들은 예수님의 초자연적 능력을 또 한 번 목격하고 놀라게 된 사건이에요.

여기서 우리는 베드로의 호기심을 볼 수 있어요. 호기심을 확인하기 위한 용기도 볼 수 있고요. 기적을 체험하고 싶은 욕구도 볼 수 있네요. 그리고 부분적이긴 했지만, 물 위를 걷는 초자연적 체험도 했어요. 어부는 바다를 잘 알아요. 바다에 빠지면 죽는다는 것도 잘 알고요. 어부는 어쩌면 평생을 빠져 죽지 않는 방법을 익히며 살아왔을 거예요. 어부 베드로에게 물에 빠지지 않고 물 위를 걸을 수 있다는 것은 환상적인 능력이었을 거예요. 주님으로부터 이런 능력을 전수받고 싶었던 것 같아요. 더구나 불과 몇 시간 전에 오병이어의 기적을 목격한 참이죠. 초자연적 능력을 가지신 주님의 제자가 되어 초자연적 능력을 전수받고 싶은 욕심을 가졌던 것 같아요. 이런 욕심은 베드로의 정치적인 야심과도 맞물려 있어요. 그러나 주님은 베드로의 올인하는 성품을 높이 사신 걸로 보여요. 베드로는 일단 결심하면 몸을 던져 헌신하는 성격이었어요. 망설이고 두려워하며 안전을 계산하는 성격이 아니었어요. 손익 계산을 하고 눈치 보고 갈등하느라 시간을 소모하는 사람에게 헌신을 기대할 수 없겠죠. 어린 아들이 불길 속에 있을 때 보통 어머니는 계산할 틈도 없이 달려들어 가요. 불의 온도를 계산하고 퇴로와 안전을 계산하는 어머니는 결코 불 속에 뛰어 들어가지 못해요. 베드로는 믿음을 위하여 몸을 던져 헌신할 줄 아는 성격이었어요. 실수도 있었지만 베드로의 성격은 매력적이죠.

로마에 있는 시스티나 성당에 간 적이 있어요. 인상적이었던 것은 기둥 위에 세워 놓은 닭 조각이었어요. 닭 조각은 베드로를 미화하고 칭송하는 교황청과 성당의 분위기와는 맞지 않죠. 베드로의 치부를 드러내는 닭이기 때문이에요.

베드로가 주님을 좋아하고 신뢰한 것은 사실이에요. 예수님이 "나를 따르라."고 하셨을 때는 직업과 가족을 두고 선뜻 주님을 따랐어요. 거룩한 산에서 예수님이 모세와 엘리야와 사시도록 집을 지어 드리겠다고도 했죠. 주님께 좋은 것을 드리고 싶어 하는 마음을 볼 수 있어요. 예수님이 제사장의 군인들에게 체포당하실 때는 칼을 들고 예수님을 지키려 했고요. 칼

성격, 아는 만큼 자유로워진다

도 쓸 줄 모르면서 말이지요. 예수님이 당신이 고난받으실 때 제자들도 주를 버리고 떠날 것이라는 사실을 알려 주셨을 때는 "다 버릴지라도 나는 그리하지 않겠나이다."^(막 14:29)라고 말했어요. "내가 주와 함께 죽을지언정 주를 부인하지 않겠나이다."^{막 14:31}, "내가 주와 함께 옥에도, 죽는 데에도 가기를 각오하였나이다."^{눅 22:33} 라고도 했어요. 이런 말들은 베드로의 성격상 진심이었을 거예요. 그러나 베드로의 이런 말에 대하여 예수님은 뜻밖의 반응을 보이셨어요. "닭이 두 번 울기 전에 네가 세 번 나를 부인하리라."^{막 14:30} 베드로는 예수님의 이런 반응을 이해할 수 없었을 거예요. '왜 이렇게 내 진심을 몰라주시나.' 섭섭했을지도 몰라요. 그러나 베드로는 예수님을 세 번 부인했어요. 생명의 위협을 느꼈기 때문이지요. 예수님과 한패라면 체포되어 예수님처럼 죽을지도 모르니까요. 살기 위해서 베드로는 예수님을 부인해요. 세 번 부인했을 때 닭이 곧 울었어요. 그때 주님이 얼굴을 돌려 베드로를 보셨어요. 시선이 부딪치고 베드로는 주님의 말씀이 생각났죠. 베드로는 주님을 피해 밖으로 뛰어나갔어요. 그리고 큰 소리로 통곡하며 울었어요. 죽을까 봐 두려워서 사랑하는 주님을 부인한 것이 너무나도 부끄러웠을 거예요. 주님 뵐 면목도 없고, 자신이 한없이 실망스럽고 미웠을 것 같아요. 주님은 체포당하여 죽게 되셨고 자신은 면목 없는 배신자가 되었어요. 모든 것이 무너져 버렸죠. 베드로의 참담한 심정을 이해할 수 있을 것 같아요.

이 장면에서 나를 사로잡는 대목은 예수님의 눈길이에요.

시선에는 많은 언어가 담겨 있어요. 눈으로 대화를 해요. 주님의 시선에서 베드로는 어떤 언어를 읽었을까요? 추측해 보게 되네요. 비난일까요? "네가 그럴 줄 알았다. 네가 그럴 것이라고 내가 말했잖아. 너는 비겁한 배신자야. 가룟 유다와 다를 바가 없어. 실망이다." 그러나 이건 아닐 것 같아요. 부활하신 후 갈릴리에서 베드로를 만났을 때 주님의 태도는 이런 것이 아니었어요. 그렇다면 예수님의 시선의 언어는 어떤 언어였을까요? 공감과 연민의 눈길이었을 것 같아요. "괜찮아. 네 마음 내가 잘 알아. 너무 상심하지 마." 그러나 베드로 같은 성격은 차라리 비난을 듣는 편이 더 낫거든요. 이런 위로와 연민은 죄책감의 아픔을 증폭시켜요. 베드로는 밖으로 뛰어나가 꺼이꺼이 울 수밖에 없었을 거예요. "제가 죽일 놈입니다."라고 자책했을지도 몰라요. 목숨을 부지하려고 선생님을 배신했어요. 죽고 싶을 만큼 비참했을 거예요. 누군들 죽음 앞에서 초연할 수 있겠어요. 인간적 좌절이고 비통한 통곡이에요.

낙담한 베드로는 모든 것을 접고 고향 갈릴리로 돌아갔어요. 고기 잡는 일로 돌아간 거죠. 그런데 여기에 부활하신 예수님이 나타나신 거예요. 예수님은 부활하신 자신을 확인시켜 주셨어요. 또한 베드로의 죄책감을 씻어 주시고 사명을 맡기셨어요. 주님의 양을 먹이라는 사명을요. 부활하신 주님을 뵌 후 베드로는 놀랄 만큼 담대해졌지요. 주님의 십자가와 부활에 대해서 대중 앞에서 큰 소리로 설교했어요. 한 번의 설교에 삼천 명이 회개하는 기적 같은 일도 일어났어요 ^{행 2:14-4}.

부활 신앙으로 거듭난 베드로

담대해진 베드로를 보여 주는 흥미로운 기사가 사도행전에 나와요. 사형 집행 전날 밤에 베드로가 곤히 잘 수 있었다는 거예요^{행 12:6}. 당시, 헤롯왕이 유대인들의 인기를 얻기 위하여 야고보를 칼로 죽였어요. 유대인들의 반응이 좋았지요. 그래서 베드로도 죽이려고 옥에 가둔 거예요. 근데 밤중에 천사가 나타나서, 자고 있는 베드로의 옆구리를 쳐서 깨웠어요^{행 12:7}. 옆구리를 쳐야 할 정도로 깊이 자고 있었다는 거죠. 내일 사형 당할 사람인데 말예요. 잠 때문에 고생해 본 분들은 이렇게 잘 수 있다는 것이 얼마나 어려운 일인지 잘 알 거예요. 그런데 지금 감옥이에요. 손발에는 쇠고랑을 찼어요. 간수들도 같은 쇠고랑을 차고 지키고 있고요. 날이 밝으면 목이 잘려 죽을 거예요. 죽음이 두려워 예수님을 부인했던 베드로였었죠. 그런데 이렇게 곤히 잘 수 있었다니요. 두려움을 모르는 장군 같아요. 부활을 믿게 된 베드로의 변한 모습이지요. 부활 신앙이 죽음에 대한 공포를 몰아내 줬어요.

그 후 베드로는 예루살렘 교회의 초대 당회장이 되었어요. 바울의 선교를 후원했고요. 바울의 주장 즉, '율법으로 구원받는 것이 아니라 믿음을 통한 은혜로 구원받는다.'는 바울의 주장을 지지해 주었어요^{행 15:10-11}. 튼튼한 바위 같은 복음의 기초를 놓아 주었지요. 베드로라는 이름은 예수님이 지어 주신 이름인데요, 반석이란 뜻이에요. 베드로의 반석 위에 교회를 세우시겠다고 하신 말씀대로 이루어졌어요.

06

"몇 가지 이상한 점만 보고 곧 귀신을 연상하는 것은
큰 오류와 죄악을 낳게 돼요."

정신 질환자와 귀신 들린 자를 구별하라

거라사의 귀신 들린 자[8]

잘 못 알고 있는 사실들

수년 전 일이었어요. 어느 그리스도인이 경영하는 정신 질환자 수용소에서 안수 기도로 마귀를 쫓아낸다고 환자를 때려 죽인 일이 있었죠. 이런 일은 역사적으로도 흔히 있었어요. 16세기에는 악령을 쫓는다고 스위스 한 지역에서 정신병자 7,000명을 산 채로 불태워 죽였고, '제네바'에서는 1515년 한 해에 500명을 태워 죽였어요. 그때 사람을 태우는 불길을 독일에서도 볼 수 있었다고 해요. 왜 이런 무서운 일이 일어날까요? 귀신 들린 자와 정신 질환자를 혼동하기 때문이에요. 정신 질환자를 귀신 들렸다고 오해했던 거죠. 이 둘을 어떻게 구별할 수 있을까요?

정신과 교수인 나에게 많은 목사님들이 이것을 물어 오셨어요. 그러나 이 질문은 참으로 어려워요. 나에게 정신 질환자의 모델은 충분히 많았지만 귀신 들린 자의 모델은 찾기가 쉽지 않았거든요. 때때로 목사님들이 귀신 들린 자라고 내게 보

---

8 밀라드 살, 김양순 역, 『성경과 심리학의 조화』(생명의말씀사, 1982).
스코트 팩, 윤종석 역, 『거짓의 사람들』(비전과리더십, 2008).

내 주신 분들이 있었어요. 입원시켜 관찰해 보면 번번이 귀신 들린 자가 아니었고 정신 질환자였어요. 그런데 어느 날 나는 마가복음 5장의 거라사 귀신 들린 자의 기사를 읽으면서 전형적인 귀신 들린 자의 모델을 발견할 수 있었어요. 정신 질환자와 귀신 들린 자는 공통점이 있어요. 그리고 차이점도 있지요. 거라사 귀신 들린 자를 모델로 정신 질환자와 귀신 들린 자를 구별해 볼게요. 사건의 개요를 먼저 말씀드리지요.

"예수께서 바다 건너편 거라사인의 지방에 이르러 배에서 나오시매 곧 더러운 귀신 들린 사람이 무덤 사이에서 나와 예수를 만나니라 그 사람은 무덤 사이에 거처하는데 이제는 아무도 그를 쇠사슬로도 맬 수 없게 되었으니 이는 여러 번 고랑과 쇠사슬에 매였어도 쇠사슬을 끊고 고랑을 깨뜨렸음이러라 그리하여 아무도 그를 제어할 힘이 없는지라 밤낮 무덤 사이에서나 산에서나 늘 소리 지르며 돌로 자기의 몸을 해치고 있었더라 그가 멀리서 예수를 보고 달려와 절하며 큰 소리로 부르짖어 이르되 지극히 높으신 하나님의 아들 예수여 나와 당신이 무슨 상관이 있나이까 원하건대 하나님 앞에 맹세하고 나를 괴롭히지 마옵소서 하니 이는 예수께서 이미 그에게 이르시기를 더러운 귀신아 그 사람에게서 나오라 하셨음이라 이에 물으시되 네 이름이 무엇이냐 이르되 내 이름은 군대니 우리가 많음이니이다 하고 자기를 그 지방에서 내보내지 마시기를 간구하더니 마침 거기 돼지의 큰 떼가 산 곁에서 먹고 있는지라 이에 간구하여 이

성격, 아는 만큼 자유로워진다

르되 우리를 돼지에게로 보내어 들어가게 하소서 하니 허락하시대 더러운 귀신들이 나와서 돼지에게로 들어가매 거의 이천 마리 되는 떼가 바다를 향하여 비탈로 내리달아 바다에서 몰사하거늘 치던 자들이 도망하여 읍내와 여러 마을에 말하니 사람들이 어떻게 되었는지를 보러 와서 예수께 이르러 그 귀신 들렸던 자 곧 군대 귀신 지폈던 자가 옷을 입고 정신이 온전하여 앉은 것을 보고 두려워하더라 이에 귀신 들렸던 자가 당한 것과 돼지의 일을 본 자들이 그들에게 알리매 그들이 예수께 그 지방에서 떠나시기를 간구하더라 예수께서 배에 오르실 때에 귀신 들렸던 사람이 함께 있기를 간구하였으나 허락하지 아니하시고 그에게 이르시되 집으로 돌아가 주께서 네게 어떻게 큰 일을 행하사 너를 불쌍히 여기신 것을 네 가족에게 알리라 하시니 그가 가서 예수께서 자기에게 어떻게 큰 일 행하셨는지를 데가볼리에 전파하니 모든 사람이 놀랍게 여기더라"^{막 5:1-20}.

매우 드라마틱한 내용이죠. 불쌍한 한 사람이 더러운 귀신으로부터 해방되어 온전해지는 이야기예요. 이 기사를 통해서 정신 질환자와 귀신 들린 자를 구별해 볼게요. 먼저, 정신 질환자와 귀신 들린 자가 공통적으로 보이는 특징이에요.

정신 질환자와 귀신 들린 자의 공통점

첫째, 이들은 사람과의 접촉을 피하고 고립된 상태에 있어요. 정신 질환자는 인간관계에서 많은 좌절과 절망을 경험했기 때문에 사람을 두려워해요. 귀신 들린 자는 귀신이 시키기 때문에 그렇게 고립이 돼요.

둘째, 이들은 자기 몸을 상하게 해요. 자해 행위이죠. 정신 질환자는 자신이 미워서 자해 행위를 해요. 죄책감 때문에 자살도 하고요. 스스로 자기를 처벌하는 거죠. 귀신 들린 자는 귀신이 시키기 때문에 자해하는 거예요.

셋째, 이들은 옷을 벗고, 소리를 지르며, 혼자 얘기하고 때로는 난폭해져요. 정신 질환자는 자기 환상 속에서 살기 때문에 수치를 모르고 떠들어 대요. 난폭한 행동은 두렵기 때문에 자기 힘을 과시함으로써 자신을 보호하는 거예요.

넷째, 환각을 경험해요. 보이지 않는 대상과 이야기하지요. 정신 질환자가 자신의 내면적 욕구를 투사하기 때문에 나타나는 병적 현상이에요.

정신 질환자와 귀신 들린 자의 차이점

다음은 정신 질환자와 귀신 들린 자의 차이점이에요. 귀신 들린 자가 특징적으로 보이는 능력이 있죠. 귀신 들린 자는 초자연적인 능력을 갖고 있어요.

예컨대, 거라사 귀신 들린 자는 처음 뵙는 예수님의 이름도 알았고, 그분의 부친이 하나님이라는 사실도 알고 있었어요. 어떻게 알았을까요? 그들은 사람과 접촉도 없이 공동묘지

성격, 아는 만큼 자유로워진다

에서 살고 있었기 때문에 예수님을 뵙거나 소문을 들을 기회도 없었을 거예요. 그럼에도 불구하고 그들은 주님을 알아보았어요. 처음 보는 분의 이름을 알고 아버지가 누구시라는 것을 알아보는 이런 초자연적인 능력은 정신병자에게는 없는 능력이에요. 귀신의 초자연적인 능력이지요.

또한 거라사의 귀신 들린 자는 2천 마리나 되는 돼지 떼를 바다로 일시에 몰아 죽였어요. 가만히 앉아서 먼 곳에 있는 돼지 떼를 몰아 죽이는 힘은 정신 질환자에게는 없어요. 2천 마리나 되는 돼지를 한꺼번에 움직이는 힘은 귀신의 초자연적인 능력인 거죠. 그리고 거라사의 귀신 들린 자는 자기를 묶은 쇠사슬과 쇠고랑을 깼어요. 이것도 초자연적인 능력이에요. 정신 질환자는 인간의 힘 이상을 낼 수 없어요. 정신 질환자는 마음고생을 하는 인간일 뿐이에요.

귀신 들린 자의 또 다른 특징은 분리된 개성, 즉 자아 정체 self-identity 를 갖고 있다는 거예요. 즉 인간과 귀신의 혼연일체이지요. 그래서 귀신 들린 자하고는 논리적이고 현실적인 대화가 가능해요. 또한 귀신 들린 자는 예수님을 지독히 혐오하고 만나기를 두려워해요. 예수께서는 "더러운 귀신아!" 하고 귀신 들린 사람 속에 있는 다른 개성을 향해 말씀하셨어요. 정신 질환자도 심한 스트레스를 받을 때 인격의 분리 해리 현상, dissociation 가 일어날 수 있는데요, 그러나 대부분의 경우 현실적인 대화가 곤란하고, 예수님을 특별히 혐오하지도 않아요. 인정스럽게 대하는 사람에게는 고마워해요. 사랑을 주는 사람에게는 사랑의 대

접을 하지요.

정신 질환자와 귀신 들린 자는 치료적인 면에서도 차이가 있어요. 귀신 들린 자는 급속한 치료가 가능해요. 거라사 귀신 들렸던 자처럼 귀신만 쫓아내면 멀쩡해질 수 있잖아요. 치료법은 기도와 금식^{마 17:21}이고 예수라는 이름의 능력이에요. 성경 어디에서도 귀신 들린 자를 구타한 곳은 없어요. 정신 질환자의 치료는 원인 인자의 발견과 해결에 많은 시간이 필요해요. 정신 치료, 성격 이상의 파악, 가족 치료, 약물 치료 등등…. 히스테리, 다수의 자아가 공존하는 해리 현상 등에서는 극적인 호전도 가능하지만 원인 치료에는 역시 오랜 시간과 노력이 필요해요.

정신 질환자는 성장 과정과 성격이 특이해요. 가정 환경에서 받은 상처가 크죠. 외골수적 혹은 고독한 성격을 가지고 있어요. 어린 시절 사랑의 결핍이 있었고, 성장 과정이 불행했어요. 발병할 때 환경적인 어려움 즉, 스트레스를 받은 일이 있고요.

또한 정신 질환자와 귀신 들린 자는 열매로 분별할 수 있어요^{갈 5:22}. 성령의 열매, 악령의 열매, 자기의 영의 열매를 보아 분별할 수 있어요.

정신 질환자는 귀신 들린 자가 아니다

대부분의 사람은 정신 의학의 기초 지식이 없어요. 그래

성격, 아는 만큼 자유로워진다

서 자기가 모르는 것, 이상하거나 자기 힘에 부치는 것은 무조건 귀신이라고 치부해 버려요. 간혹 기도원에서나 선배에게 정신 질환자들을 귀신 들린 사람으로 간주하고 취급하는 것을 배운 사람들도 있어요. 잘못 배운 것이지요. 가정 환경이나 성격의 문제라는 사실을 숨기기 위해서 귀신 탓으로 투사해 버리는 경우도 있지요. 귀신 때문이라고 핑계를 대 버리면 서로 편하기 때문이에요.

정신 질환자를 귀신 들린 사람으로 치부해 버리면, 심리적으로나 신체적으로 문제를 해결할 기회를 잃게 돼요. 그릇된 방법을 택하게 되는 거예요. 의사나 전문가를 찾지 못하게 되잖아요. 환자 입장에서는 자기가 더러운 귀신 들린 사람이 되므로 자존심에 손상을 입고, 스스로 절망감에 빠지게 돼요. 묶이고 구타당하는 등 비인간적인 대우를 받게 되고요.

귀신 들렸다고 평가하기 전에 정신과 의사와 상의하는 것이 필요해요. 종합적인 판단이 필요하지요. 몇 가지 이상한 점만 보고 곧 귀신을 연상하는 것은 큰 오류와 죄악을 낳게 돼요.

정신 질환자는 나와 똑같은 인간의 능력과 마음을 가지고 있는 사람들이에요. 정신병자가 되면 인간은 두려움에 빠지고 혼란을 경험하게 되므로 이들에게는 더 많은 사랑이 필요하고, 생각을 정리할 시간과 공간이 주어져야 해요. 교회에는 사랑이 있기 때문에 목마른 사람처럼 그들은 교회를 찾게 되지요. 그런데 이게 웬일이에요? 일부 교회들은 그들을 사랑하고, 억울한 그들의 편이 되어주긴커녕 귀신으로 취급하고 묶고 때리고 무서운 얼굴로 학대를 해요. 그것도 예수의 이름으로….

주님은 지극히 작은 자에게 사랑을 베푸는 것이 곧 당신에게 하는 것이라고 하셨는데, 이 시대에 정신병자들보다 더 작은 자들이 어디 있겠어요? 이 글을 쓰면서 G 목사님이 생각나네요.

G 목사님과 정신 질환자

G 목사님에게 직접 들은 이야기예요. G 목사님이 신학교를 막 졸업하고, 시골 교회에서 목회를 시작하셨을 때였어요. 새벽 기도를 마치고 나오는데, 청년 한 사람이 마을을 내려다보며 망연히 서 있더래요. "안녕하십니까, 나는 이 교회 목삽니다."하고 간단한 인사를 나누었어요. 그리고 나서 약 한 달 정도 지난 후였는데, 캄캄한 밤중에 누군가 사택 문을 격렬히 두드렸어요. 사택은 동네에서 산 쪽으로 멀리 떨어져 있었다고 해요. 현관 불을 켜고 나가 보니, 웬 남자가 발가벗은 채 칼을 들고 서 있었대요. 깜짝 놀랐지만, 자세히 보니 새벽 기도 후에 인사를 나눈 그 청년이었어요. 청년은 추위로 떨고 있었어요. "웬일이시오? 이리 들어오시오." 그는 순순히 목사님을 따라 들어왔어요. 목사님은 청년을 기도실로 데리고 가서, 떨고 있는 그의 몸을 담요로 감싸 주셨어요. "내가 당신을 위하여 기도하고 싶은데 괜찮겠소?" 청년이 고개를 끄덕였고, 목사님은 그를 품에 안고 간절히 기도하셨어요. 얼마 동안 기도하다 보니 청년이 잠들었길래, 편하게 눕혀 놓고 나왔대요. 다음 날 아침이

되었어요. 동네에서 사람들이 청년을 찾으러 올라왔어요. 알고 보니 청년은 정신 질환자였어요. 가끔 발작을 일으키는데 그때마다 부모는 동네 사람을 동원하여 묶어 놓았대요. 그런데 어제는 묶으려고 하니 처음으로 칼을 들고 사람들을 위협했다는 거예요. 동네 사람들이 멈칫 물러서는 사이에 그는 도망칠 수 있었고요. 동네 사람들은 몽둥이와 횃불을 들고 그를 추격했고, 추위 속에 산속을 헤매다가 목사님을 찾아온 것이었어요.

청년은 외아들이었어요. 부모의 간섭을 견딜 수가 없어서 한 번씩 집을 뛰쳐나갔어요. 그럴 때마다 부모님은 자식이 미쳤다고 묶어 놓았고요. 답답함을 견딜 수 없었지요. 이번에 또 묶이면 다시는 안 풀어 줄지도 모른다고 생각했어요. 그래서 청년은 위협하려고 칼을 들었죠. 이 청년은 위기에 처해 있던 거예요. 위기에 처한 사람은 피난처와 보호자를 찾게 돼요. 이때 청년의 머리에 떠오른 피난처는 한 번밖에 본 적이 없는 G 목사님이었어요. 20여 년을 사귀어 온 친구들도 아니고, 부모님도 아니고 친척들도 아니었어요. 사랑과 신뢰를 주는 사람만 환자를 도울 수가 있어요. 잠시, 딱 한 번밖에 뵌 일이 없지만 목사님은 그에게 신뢰감을 주었던 거죠. 그리고 목사님은 믿고 찾아온 그를 보호해 주었고요. 그 청년은 그 뒤 교회에 다녔고, 닭, 쌀, 콩 같은 좋은 것이 생길 때마다 그것들을 목사님께 갖다 드렸다고 해요. 그러나 만일 G 목사님이 정신 질환자를 귀신 들린 자로 보는 편견을 가졌었다면, 그날 밤 현관에서 "사탄아 물러가라."고 외쳤을 거예요. 그랬다면 피난처를 찾아 달려

온 상처 난 사슴 같은 청년의 실망과 절망감은 어떠했을까요? 참으로 존경스러운 목사님이에요. 정신 질환자가 귀신 들린 자로 매도당하고 학대당하는 슬픈 현실을 볼 때 마다 G 목사님이 그리워져요.

성격, 아는 만큼 자유로워진다